6 Mayıs 2019
moda sahnesi

Alenka Zupančič

Komedi: Sonsuzun Fiziği

1966 Slovenya doğumlu felsefeci ve sosyal teorisyen. Lacan etkisinin hâkim olduğu Ljubljana Psikanaliz Ekolü'nün kurucularından. Yapıtlarında Mladen Dolar ve Slavoj Žižek gibi Slovenyalı Lacancı düşünürlerin etkisi büyük ölçüde hissediliyor; Kant, Hegel, Bergson gibi klasik felsefecilerin metodolojilerinden yararlanıyor. Esasen bir Nietzsche araştırmacısı olarak tanınıyor; Nietzsche ve Lacan'ın eserlerinden yola çıkarak, psikanaliz ile felsefe arasındaki alanda kalan kavramları keşfe çıkıyor. Başlıca yapıtları: *Gerçeğin Etiği: Kant ve Lacan* (Epos, 2010), *En Kısa Gölge: Nietzsche'nin "İki" Felsefesi* (Encore, 2005) ve *Neden Psikanaliz* (Metis, 2011).

Metis Yayınları
İpek Sokak 5, 34433 Beyoğlu, İstanbul
Tel: 212 2454696 Faks: 212 2454519
e-posta: info@metiskitap.com
www.metiskitap.com

Komedi: Sonsuzun Fiziği
Alenka Zupančič

İngilizce Basımı:
The Odd One In: On Comedy
MIT Press, 2007

Birinci Basım: Eylül 2011

Yayıma Hazırlayan: Savaş Kılıç
Kapak Grafik Uygulama: Emine Bora
Kapak Resmi: Thomas J. Peterson

Dizgi ve Baskı Öncesi Hazırlık: Metis Yayıncılık Ltd.
Baskı ve Cilt: Yaylacık Matbaacılık Ltd.
Fatih Sanayi Sitesi No. 12/197-203
Topkapı, İstanbul Tel: 212 5678003

ISBN-13: 978-975-342-819-4

Alenka Zupančič

Komedi: Sonsuzun Fiziği

Çeviren:

Tuncay Birkan

Sevgili Büke

Yüzünde gülüşün eksik olmasın!

Yüreğinin dediği yere git!

Serdar
26. 4. 2019

metis

Martin'e

İÇİNDEKİLER

GİRİŞ

KOMEDİNİN son derece zor bir araştırma konusu olduğunu söylemek pek şaşırtıcı olmayacaktır — sadece komedi sürecine dahil olan çeşitli teknik ve usullerin çokluğu yüzünden değil, bu sürecin kendisi sürekli hareket halinde olduğu için de böyledir bu. Bahsettiğim karşı konmaz hareket komedinin en temel özelliklerinden biri olduğu içindir ki onu kavramlar ve tanımlarla sabitlemek bu denli güçtür. Üstelik komedi, kendi hakkında yapılan tanımlarla aynı dünyada yaşamaktadır (bu başka türler için de söylenebilir belki ama en güçlü biçimde komedi için geçerlidir) ve kendi tanımlarını tekrar komik bir muameleye tabi tutmaya, tepetaklak etmeye ya da tersyüz etmeye fena halde muktedirdir...

Bu bakımdan —ki bu noktada Hegel'i izlemiş oluyoruz— bu kitabın argümanı şudur: Tam manasıyla komik öznellik, komedi yapan öznede ya da onda zuhur eden özneler veya egolarda değil, tam da bu kesintisiz ve karşı konmaz, önüne çıkan her şeyi tüketen harekette ikamet eder. Komik öznellik komedinin hareketinin ta kendisidir. Gelgelelim, komedinin bütün hikâyesi hareketten ibaret değildir. Bu hareketin öbür yanında, tökezlemeler, kesintiler, noktalamalar, süreksizlikler ve her türden takıntı ve tutkulu bağlanışlar vardır ve bütün bunlar komedinin —tam anlamıyla nesnel değil belki ama nesneyle-bağlantılı— yüzünü oluştururlar. Bu denemede de komedi ve komik olan fenomenler işte bu çifte perspektifin makasıyla kavramlaştırılmaya çalışılacak.

Felsefenin komediyle ilişkisi, komediyle daha kurumsal olarak ilgilenmesini sağlayabilecek kitabın ortadan kaybolmasıyla başlayarak bizatihi bazı komedi unsurları içerse de, pek de basit bir hikâye değildir. Umberto Eco'nun çoksatar romanı *Gülün Adı* (ve ondan uyarlanan film) sayesinde, Aristoteles'in *Poetika*'sının ikinci kitabını ve filozofun komedi ve gülmeyi ele aldığı bu kitabın maalesef kayıp olduğunu artık herkesler biliyor. Bu kitap kaybolmasaydı felsefenin komedi karşısında takındığı çoğunlukla horgörür tutum farklı olur muydu? Olurdu veya olmazdı, ama Eco'nun hikâyesinde olay örgüsü bu kitabın bir kopyasının ortaçağda bir manastır kütüphanesinde bulunuyor olması "olgusu" etrafında döner; fanatik bir keşiş olan Jorge dünyanın geri kalanının bu kitabı öğrenip okumasını önlemeyi hayatının görevi haline getirmiştir. Artık bunu garantileyemeyince de kitapla birlikte bütün kütüphaneyi yakar. Jorge, gülmenin Şeytan icadı olduğuna ve sağlam dini inançların altını oyduğuna kanidir. Aristoteles'in komedi kitabının içeriğini herkes öğrenirse, Hıristiyan düzeninin temelleri yıkılacaktır. Jorge'nin hasmı ve hikâyenin başkahramanı, Baskerville'li aydın keşiş William ise gülmenin insanlığın temel bir özelliği olduğunu savunmakta ve kültürel-entelektüel bir girişim olarak Hıristiyanlığı asıl Jorge'ninki gibi fanatizmlerin tehdit ettiğini düşünmektedir.

Hemen şunu söylemekte fayda var: Elinizdeki kitap, ideolojinin katı fanatizmi ile onun en beter düşmanı olarak görülen oyuncul ve ironik rahatlık arasında fazla basit bir karşıtlık kuran bu bölünmenin ideolojik koordinatlarını paylaşmıyor. Hatta ironik mesafe ve gülmenin çoğunlukla her türlü has ideolojinin içsel koşullarından biri olduğu rahatlıkla gösterilebilir, zira ideolojinin başlıca özelliklerinden biri, doğrudan "dogmatik" baskıdan kaçınması ve üzerimizde tam da kendimizi eylemlerimizde en özgür ve özerk hissettiğimiz zamanlarda güçlü bir etki yaratmasıdır. Bu nokta Eco'nun romanıyla bağlantılı olarak vurgulanmıştı:

> Gülme ideolojinin bir koşuludur. Gülme bize ideolojinin tam manasıyla harekete geçebildiği mekânın ta kendisi olan mesafeyi sağlar. Ancak gülmeyle birlikte ideolojik özneler haline gelir, ideolojik taleplerin dolaysız baskısından kaçıp serbest bir köşeye çekilebiliriz. Ancak güldüğümüzde ve özgürce nefes aldığımızdadır ki ideoloji üzerimizde gerçekten etkili olur — ancak burada tam manasıyla ideoloji işlevi görmeye başlar; özgür rızamızı ve kendiliğindenlik görüntüsünü sağlama alacak, ideolojik-olmayan dışsal kısıtlama araçlarına duyulan ihtiyacı ortadan kaldıracak ideolojiye özgü araçları ancak burada edinir. (Dolar 1986, s. 307)

Bu noktayı akılda tutmak çok önemli, özellikle de özgürlük ve özgür iradenin, mizahın, "pozitif tavır takınma"nın ve bütün ideolojiler karşısında mesafe almanın egemen ideolojinin başlıca tarzı haline geldiği zamanlarda. Komediyi etrafımızda olup biten her şeyle aramıza mesafe koyma biçimine bürünen entelektüel bir direniş olarak gösteren hümanist-romantik sunum, komedide bizi ilgilendiren şey değildir, hem de hiç değildir. Komedinin gerçekten yıkıcı bir yanı varsa —ki bana kalırsa vardır— başka bir yerde aranmalıdır.

Günümüz ideolojik ikliminde başımıza gelen bütün korkunç şeyleri son kertede olumlu bir şey olarak —mesela gelecekteki hayatımızda meyve verecek değerli bir deneyim olarak— algılamak bir mecburiyet olup çıkmıştır. Olumsuzluk, eksiklik, tatminsizlik, mutsuzluk gittikçe daha fazla ahlaki kusurlar olarak, daha da beteri tam da varlığımız veya çıplak hayat düzeyindeki bir bozulma olarak görülmektedir. Biyo-ahlak olarak adlandırabileceğimiz şeyin (ve de duygu ve heyecanlara dayalı bir ahlakın) çarpıcı bir yükselişi söz konusudur ki bu da şu temel aksiyomu savunan bir ahlaktır: Kendini iyi hisseden (ve mutlu olan) kişi iyi bir kişidir; kendini kötü hisseden kişi de kötü bir kişi. Günümüzdeki ideolojik mutluluk retoriğine özgül rengini veren şey de dolaysız hisler/duyumlar ile ahlaki değer arasındaki bu kısa devredir. Bu da çok etkili bir retorik; zira sesini yükseltip de "Ben sahiden de mutsuzum, hayatımdaki bütün hayal kırıklıklarını gelecek yatırımında kullanılacak olumlu bir deneyime dönüştürmeyi beceremiyorum — daha da beteri bu umurumda bile değil," demeye cüret eden kimseler çıkmıyor.

Bununla kendi başarısızlıklarımızdan ve başımıza gelen talihsizliklerden her zaman büyük ölçüde sorumlu olduğumuzu ileri süren klasik girişimcilik formülü arasında önemli bir fark vardır. Bu klasik formül yine de ne olduğumuz ile başarımızın simgesel değeri arasında belli bir uzaklık olduğunu ima eder. En azından ilkesel olarak, başka türlü davranabilecekken davranmadığımızı (dolayısıyla da başarısızlıklarımızdan veya mutlu olmayışımızdan kendimizin sorumlu olduğumuzu) ima eder. Yukarıda bahsedilen biyo-ahlak ise klasik sorumluluk kavramının yerine hasarlı, bozulmuş varlık kavramını geçirmektedir: Mutsuz ve başarısız olanlar çıplak hayatları düzeyinde zaten bir şekilde bozulmuşlardır ve bütün hatalı eylemleri veya eylemsizlikleri de amansız bir zorunlulukla bu bozulmuşluğun sonucudur. Başka bir deyişle, sorun başarı ve verimliliğin içinde bulunduğumuz geç kapitalist toplumun en üst değerleri haline gelmelerinden ibaret değildir (bu toplumun eleştirmenlerinden bunu sık sık duyarız) — bunda yeni bir yan yoktur; (farklı şekillerde tanımlanmış olsa da) başarının toplumsal olarak teşvik edilmesi fi tarihinden beri görülen bir şeydir. Sorun daha ziyade, başarının neredeyse biyolojik bir kavram haline, dolayısıyla en hasından bir başarılılık ırkçılığının temeli haline gelmekte olmasındadır. En yoksullar ve en sefil vaziyette olanlar, artık sosyoekonomik bir sınıf olarak değil neredeyse başlı başına bir *ırk* olarak, özel bir yaşam biçimi olarak algılanmaktadır. Sahiden de ırkçılıkta, daha doğrusu "ırksallaştırma"da çarpıcı bir artış var karşımızda. Yani artık sadece diğer ırklara duyulan nefretin öne çıktığı geleneksel anlamda ırkçılıkla değil, ayrıca ve öncelikle ekonomik, siyasal ve sınıfsal farklılıklardan ve etkenlerden yola çıkarak (yeni) ırklar üretilmesiyle ve de bu farklılıklara dayalı ayrımcılıklarla da karşı karşıyayız. Geleneksel ırkçılık, biyolojik özellikleri toplumsallaştırma —yani bu özellikleri dolaysızca verili bir toplumsal düzenin kültürel ve simgesel noktalarına tercüme etme— eğilimdeyken, günümüz ırkçılığı ters yönde işler. Sosyo-simgesel düzenin ürettiği farkları ve özellikleri "doğallaştırma" eğilimindedir. Bu eğilim, özel hayat, hayat tarzı ve alışkanlıklar temasının ideolojik yükselişini anlamamıza da yardımcı olabilir.

Basit bir örnek verelim: "Başarılı bir sanatçı" bir TV programına davet edildiğinde odak hiçbir zaman eserleri üzerinde olmaz, daha ziyade yaşam tarzı, gündelik alışkanlıkları, nelerden keyif aldığı vs. üzerinde durulur. Sadece röntgenci bir merak değildir bu; bize sistematik olarak iki unsur sunan bir işlemdir: Bir yanda "başarı", öbür yanda da bu başarıya tekabül eden hayat; böylece ikisi arasında güçlü ve dolaysız bir eşdeğerlik olduğu ima edilir elbette. Nesnel artı, fazla (*surplus*), yani ortaya çıkmış eserin kendisi, daha en baştan bertaraf edilmiştir. Başka bir deyişle, hayat tarzlarımız, alışkanlıklarımız, duygularımız, şu ya da bu ölçüde kendimize özgü keyiflerimiz — bütün bunlar artık merakımızı doyurmak için incelemeye açılmış "özel meseleler" değildir. Her türlü sosyoekonomik ve ideolojik farkın kademe kademe "insani farklara", varlığımızın çekirdeğindeki farklara dönüştürülmesini sağlayan canalıcı önemdeki kültürel katalizörlerlerdir; bu da onların yeni bir ırkçılığın zemini haline gelmelerini mümkün kılar. Varlık ("çıplak hayat") ile sosyoekonomik bir değer arasında dolaysız bir bağlantı kurmayı amaçlayan süreçtir bu.

Nitekim ekonomik, siyasal ve diğer toplumsal farkların kitlesel olarak ve zor kullanarak doğallaştırılmasıyla karşı karşıyayız ki bu bu doğallaştırma da bizatihi kusursuz bir siyasal-ideolojik süreçtir. Yukarıda da dediğim gibi, "doğallaştırma" her şeyden önce bu farkların dolaysızlığına, yani hayatın kendisiyle veya genelde mevcut gerçeklikle organik bir bağları olduğuna duyulan inancın teşvikini içerir. Bunu şöyle de söyleyebilirim: Bütün İdeolojiler ve Projeler (elbette başkalarının İdeolojileri sıfatıyla ve hepsi illaki totaliter veya ütopik oldukları için) ile kendi arasına mesafe koyma jestini teşvik etmeyi ve övmeyi seven günümüz söylemi, kendi gerçekliğini bütünüyle ideoloji-dışı olarak sunmaya çalışır. Halen içinde bulunduğumuz sosyoekonomik gerçeklik, gittikçe daha çok dolaysız bir doğal olgu, bir doğa olgusu olarak, dolayısıyla ancak mümkün olduğunca başarılı biçimde uyum sağlamaya çalışabileceğimiz bir olgu olarak sunulmaktadır.

Şayet mutluluk, olumlu düşünme ve neşelilik buyruğu bu ideolojik hegemonyayı genişletip tahkim etmenin kilit araçlarından biriyse, komediyi savunmanın da aynı sürecin parçası olup olmadığını sormaktan kaçınmak mümkün değildir. Komedi demek neşelilik, tatmin ve "olumlu duygular" demek değil midir? Hollywood tam da bunun için farklı seyircilerin zevkine hitap edecek şekilde ambalajlanmış mebzul miktarda komedi üretmiyor mu: romantik komediler, kara komediler, ergen komedileri, aile komedileri, mavi yaka komedileri, beyaz yaka komedileri...?

Bu zorlantılı eğlencenin komediyle pek bir alakası yok, işin aslına bakarsanız; tıpkı komedinin doğayla (ya da doğallaştırmayla), dolaysızlıkla ve duygularla pek bir alakası olmadığı gibi. Tamam, komedi insana doğanın istisnası olarak, doğanın yasalarını ihlal eden nokta olarak bakmaz — bu daha ziyade trajedinin perspektifidir. Ama komedinin insanı sık sık doğaya (doğasına) indirgemesi bizzat doğa hakkında komik bir şey daha söyler: Doğanın zannettiğimiz gibi doğallıkla uzaktan yakından ilgisi yoktur, kendisi de sayısız çelişki ve uyumsuzluğun hükmü altındadır. Dolaysızlık meselesine gelince: Komedi ayrı ayrı düzenler arasında dolaysız bir bağlantı kuran her türlü kısa devreye dayanarak serpilir. Yine de komedinin ortaya koyduğu dolaysızlık bir düzenden öbürüne sorunsuz, fark edilmez bir biçimde geçmenin dolaysızlığı değil, bu düzenler arasındaki maddi kopukluğun dolaysızlığıdır. Bu işlemin en basit örneklerini düşündüğümüzde (sözgelimi Marx Biraderlerin komedilerinde sık sık gördüğümüz türden örnekleri, mesela A "Bir rahat ver" —"*Give me a break*"— deyince B'nin cebinden bir "fren lastiği" —*brake*— çıkarıp vermesini*), buradan çıkacak temel ders her zaman şu değil midir: Bu iki şey arasındaki tek sahici dolaysız bağ tam da aralarındaki kopukluktur? Komedinin öznel his ve heyecanlarımızla alakasızlığı meselesine gelince, komedi hakkındaki literatürde çok sık yapılan bu tespit Horace Walpole'un şu sözüyle muhteşem bir biçimde özetlenir: "Bu dünya düşünenler için bir komedi, hissedenler içinse bir trajedidir." Ama komedi ile hisler arasındaki bu ayrılık komedinin hislerle arasına mesafe koyma yolundan ibaret değildir, öncelikle bizatihi bu hislere bir mesafe (ya da dolaylılık) sokma yoludur. Özellikle mutluluk örneğinde ilginç olur bu: Komediler son derece zekice yollardan mutluluğun aslında kendimizi nasıl hissettiğimizden büyük ölçüde bağımsız olduğunu gösterir bize... Başka bir deyişle: Son dönemlerde insanların hissettiklerini düşündükleri şey ile gerçekten hissettikleri şey arasındaki farka dair felsefi bir tartışma yapılmakta. Artık resmen "mutluluk çalışmaları" adı verilen çalışma alanının temel aksiyomlarından biri, bu ikisi arasında hiçbir fark olmadığı yolunda. Komedi bu bakımdan kesinlikle karşı tarafın yanında saf tutar, sık sık gerçekten ne hissettiğimizi bilemediğimizde ve duyguların (öznenin Gerçeğine dair dolaysız bir içgörü filan sağlamak şöyle dursun) diğer her şey kadar yalan söyleyebileceğinde ve aldatıcı olabildiğinde ısrar eden tarafın.[1]

İyi bir komedi her zaman nadir bulunan bir şey olmuştur. Ve her türlü eğlence tarzını bol bulamaç övgülere boğan, mutluluğu Ana-Gösteren'i haline getiren ve farklı sosyo-simgesel ilişkilerin dolaysızlığının/doğalaştırılmasının zemini olarak duygularımızın dolaysızlığından medet uman bir iklim kadar komik ruha yabancı ve düşman bir şey olamaz belki de. Eğlenme, "olumlu düşünme" ve dolay-

* *Break* ve *brake* kelimeleri arasındaki sesteşliğe dayalı bu sahneyi Türkçeye çevirmek pek mümkün değil. –*ç.n.*

1. Bu noktaya dair bir tartışma için bkz. Žižek 2006, s. 170-4, 220-30.

sızlık buyruğu, komedinin kalbini sıkıştırıp pırıltısını ortadan kaldırmaktadır adeta, hem komedinin hem de komedi duyarlılığımızın yaşayıp serpilmek için ihtiyaç duyduğu sivriliği törpülemektedir. Bu kitabın kendine verdiği mütevazı(lıktan uzak) görev bu sivriliği kavramsal olarak canlandırmaktır. Yani okur komedi literatürünün tarihi ve teorisini ortaya serme anlamında bir komedi incelemesi veya farklı komedi tarzlarına ve yazarlarına dair sistematik bir sunuş girişimi beklemese iyi olur. Bu kitap, daha ziyade, komedi pratiğinin ortaya koyduğu ve bence sadece komedi "anlayışımız" için değil felsefe ve genelde (eleştirel) düşünce için de canalıcı önem taşıyan bazı güçlü kavramsal noktaları öne çıkarma girişimidir.

Şöyle bir terminolojik netleştirme yapmak lazım belki de. "Komedi" kelimesi sık sık gülünç olan (hemen) her şeyin genel adı olarak, komedinin şaka, ironi, mizah vs. gibi çeşitli farklı, daha özgül tarzlarını kapsayan bir etiket olarak kullanılır. Bense komedi kelimesini genelde (hem bütün bu türleri hem de bazı başka türleri kapsayabilecek) genel komik türü adlandırmak için kullanıyorum ama bu kitapta "komedi" ve "komik" terimleri çok daha özgül bir biçimde de kullanılıyor. Bu kullanımın derin bir kavramsal kanaate dayalı şöyle bir önkabulü var: "Komik olan" bizatihi özgül bir (geniş anlamda) "komedi" tarzıdır ve bu tarz şakaların, ironinin ve mizahın özgül işlemlerinden farklıdır. Başka bir deyişle, vurgu öncelikle, komedilerde iş başında olan belli ve başka biçimlerden ayırt edilebilen bir "matraklık" biçimi olarak komik olanın özgüllüğü üzerindedir. Komedi ile şakalar arasındaki fark doğrudan ve uzun uzadıya ele alınıyor, ama diğer komşu kavramlar için bu yapılmıyor. Bunun başlıca nedeni de komik olanın özgüllüğünü onu komşu fenomenlerden sistematik olarak ayırt ederek değil, deyim yerindeyse kendi kendisinden çıkarmayı amaçlıyor olmam. Bir başka neden de, özgüllüklerine rağmen bu fenomenlerin sınırlarının genellikle bulanık olması, hatta belki de şöyle demek daha doğru olacak, bu farklı matraklık fenomenlerinin bütün o tekillikleriyle birbirlerinin alanında matrak bir biçimde zuhur etme âdetlerinin olmasıdır. Sözgelimi sadece "trajik ironi"den değil "ironik ironi"den de farklı olan bir "komik ironi" olduğundan bahsetmenin anlamlı olmasının nedeni de budur.

Felsefe ve komedi — bu karşılaşmadan bir hayır çıkar mı? "Komedi hakkında felsefe yapmanın" faydası nedir? Aslında muhtemelen pek bir faydası yoktur, ama komedi tam da burada felsefenin yardımına koşabilir. "Felsefe yapmak" çoğunlukla fena halde faydasız bir iş gibi görülür: "Felsefe yapmayı bırak da işini adam gibi yap!" ya da bu buyruğun son versiyonu "Felsefe yapmayı bırak da hayatın keyfini çıkarmaya bak!" bize bunu hatırlatan iki ifadedir. Ama felsefenin komediyle paylaştığı şey de tam bu reddir; şeylerin artık herhangi bir dolaysız amaca hizmet etmeyip hedefi şaşırdıklarında (ve —umalım ki— başka, beklenmedik bir yeri vurduklarında), bırakmanın reddedilmesidir; "Bırak şu komikliği!" lafının da bu türden başka bir ifade olmasının nedeni de budur. Nitekim "Kavramsallaştırmaya dirençli olduğu dillere destan olduğu halde komediyi kavramsallaştırmaya çalışmak da niye?" sorusuna şu soruyla cevap verilmelidir: İş komediye geldiğinde felsefenin en içindeki komediyi neden bırakalım ki?

I. Kısım

Somut Evrensel

DİVANA YATIRILAN MUTLAK

KLASİK FİLOZOFLAR ARASINDA komediye ve komik ruha en yüksek değeri biçenin Hegel olduğuna şüphe yoktur. *Tinin Fenomenolojisi*'nde komediyi en yetkin tinsel sanat eseri olarak görür ve bu konuyu "Sanat Biçimindeki Din" kısmının sonunda epik-trajedi-komedi üçlüsü içerisinde ele alır. Hegel'in sanatı din hakkındaki kısımda ele alması, *Fenomenoloji*'nin yapısıyla ve sanat tartışmasının onun içindeki statüsüyle ilgili olarak giriş kabilinden bazı tespitler yapmayı gerektiriyor. Bu eşsiz felsefi eserin (kısmen Hegel ilerledikçe ilk planlarını değiştirdiği için hâlâ epey tartışılmakta olan) yapısına dair ayrıntılı bir tartışmaya girmeden bazı genel noktalara işaret etmek istiyorum. *Fenomenoloji*'de iki büyük üçlü vardır. Bunların birincisi Bilinç, Özbilinç ve Akıl ile ilgili bölümlerde, ikincisi de Tin, Din ve Mutlak Bilgi ile ilgili bölümlerde oluşturulur. Ben birinci üçlüyü bir kenara bırakacağım. Böylece elimizde idealizmin neredeyse karikatür mahiyetinde bir zirvesini temsil ediyormuş ve günümüz felsefesinin önemli bir bölümünün hâlâ aleyhinde savaş verdiği her şeyi cisimleştiriyormuş gibi görünen Tin-Din-Mutlak Bilgi üçlüsü kalıyor elimizde. Ama bu Tin tiyatrosunda Hegel bize birden fazla komik sürpriz sunar ve Tinin son tahlilde büyük ölçüde bir komedi meselesi olduğuna tanıklık eder.

Hegel'e göre, Tin dünyadan başka bir şey değildir; bu haliyle de fena halde maddidir — deyim yerindeyse, bilincin bütün şekillerinin hâlâ "onun soyut biçimleri" olduğu Bilinç-Özbilinç-Akıl hareketinin materyalist bir biçimde tersine çevrilmesidir (Hegel 1977, s. 264). Akıl, kendisinin kendi kendinin dünyası olduğunun, dünyanın kendisi olduğunun bilincine vardığında Tin haline gelir. Tinin şekilleri (*Gestalten*) artık "gerçek Tinlerdir, kelimenin tam anlamıyla gerçekliklerdir ve salt bilince ait şekiller olmak yerine dünyaya ait şekillerdir" (*a.g.y.*, s. 265). Özetle, Tin maddi olarak varolan, öncelikle de bir topluluğun etik hayatı ve pratikleri içinde varolan akıldır. Nitekim Tinle ilgili bölüm (bu yeni bakış açısından, yani topluluğun bakış açısından), Antik Yunan'dan başlayarak bütün tarihi kapsar (Tinin dolaysızlığı — etik düzen); Tin dünyasının ikiye bölünüp kendi kendine yabancılaştığı *Bildung*, yani Kültür süreci ile devam eder (Hıristiyanlığın tarihi burada devreye girer); ve en sonunda (Aydınlanma ve Fransız Devrimi'nden sonra) Tin "kendinden emin Tin" olarak, Öte dünyayla ilişiğini kesmiş Tin olarak "Ahlak" biçiminde zuhur eder. Tin hakkındaki bölüm böyle biter. Burada, Din hakkındaki bölümün eşiğinde, çok manidar bir perspektif kayması olur. Tinle ilgili bölümde vurgu Tinin (dünya olarak) bilince nasıl göründüğü ve bilincin onu tasavvur ettiği üzerinde iken, Din hakkındaki bölümde vurgu Tinin (ya da Mutlağın) kendi kendini nasıl tasavvur ettiği üzerindedir. İki farklı vurguyla karşı karşıyayızdır: "kendinde" ile "bilinç için" arasındaki ikilik ya da gerilim şüphesiz bakidir ve bilincin Mutlağı algılama ya da kavrama tarzı, yine Din hakkındaki bölümde, diyalektik hareketin önemli bir itici gücü olarak kalır. Ancak kavramsal netleştirme amacıyla meseleyi biraz keskinleştirip şöyle diyebiliriz: Her iki bölümde de vazgeçilmez önemde failler olan bilinç ve Mutlak rol değiştirirler. Bu bölümden önce baş rolü dünyanın tini içerisinde kendi Mutlağına ulaşmış olan bilinç oynuyorduysa, artık bu rol kendi özbilincine ulaşması gereken Mutlağa geçmiştir. Nitekim Din hakkındaki bölüm, deyim yerindeyse, Mutlağın kendisinin (yani, farklı farklı din ve sanat biçimleri içerisinde varolduğu haliyle Mutlağın) bir "bilinç-yükseltimi"nden geçtiği kendine özgü bir İlahi Komedya'dır. Artık mesele sadece bilincin Mutlağı nasıl tasavvur ettiği ya da gördüğü meselesi değil, Mutlağın kendi kendisini nasıl gördüğü meselesidir de. Büyük Hegel yorumcularından Jean Hyppolite'i, Din hakkındaki bölümde artık sadece "tinin fenomenolojisi" ile değil, aynı zamanda, hatta öncelikle "numenolojisi" ile karşı karşıya olduğumuzu söylemeye yönelten şey de bu ikinci, benzersiz perspektif olmuştur (Hyppolite 1978, s. 522-3).

Din hakkındaki bölümün (komedi tartışması da burada yapılır) statüsüne gelince, Hegel'in girdiği parodoksal —ve son kertede ateist— bahisin şu olduğu söylenebilir: Bilincin, belli noktadan sonra ona kendi ulaşılmaz Öte'si, Ötekisi gibi görünen Mutlak Tin'in kaynağı ve itici gücünün aslında bizatihi kendisi olduğunu öğrenmesi (ve onu yeniden temellük etmesi veya bir yanılsama olduğunu, aslında bizatihi bilincin ürününden başka bir şey olmadığını ilan etmesi) yetmez. Hegel şunu der asıl: Bilincin ürünü olarak Mutlak Tin, tam da böyle bir ürün olma sıfatıyla, gerçek bir şeydir, maddi ve tarihsel varoluşa sahip olan bir şeydir. (Bu bakımdan, Hegel'in ideolojinin maddiliğiyle ilgili Althusserci tezi öncelemiş olduğu söylenebilir — Althusser'in "Devletin İdeolojik Aygıtları" dediği şey tinin dünya olarak varolma biçimlerinden biri değil midir?)

Aydınlanma aklının, Ötekinin (dünyanın) varolmadığını bilen, ama bu bilgiye rağmen, hâlâ bir tür dini inanç şeklinde tezahür eden (kendisininki de dahil) bütün pratikler karşısısında güçsüz kalan aklın nihai iktidarsızlığının nedeni de budur. "*Je sais bien, mais quand même...* (Gayet iyi biliyorum, ama yine de...)", Aydınlanma-sonrası inancın bugün büyük ölçüde hâlâ paylaştığımız neredeyse evrensel paradigmasıdır. Tam da şu zekice fıkranın paradigmasıdır burada söz konusu olan: Adamın biri bir darı tanesi olduğuna inanıyormuş. Akıl hastanesine götürmüşler, doktorlar da ellerinden geleni yapıp en nihayet onu darı değil de insan olduğuna ikna etmişler. Ama adam hastaneden dışarı adımını atar atmaz, çok korkmuş bir vaziyette geri dönmüş, dışarıda bir tavuk olduğunu ve kendisini yiyeceğinden korktuğunu söylemiş. "İyi de güzel kardeşim," demiş doktoru, "sen darı tanesi değilsin ki insansın, sen de gayet iyi biliyorsun." "Ben biliyorum bilmesine de," diye cevap vermiş hasta, "tavuk biliyor mu bakalım?" Özetle: Bizim şeylerin aslında nasıl olduğunu bilmemiz yetmez; bir bakıma şeylerin kendilerinin de nasıl olduklarının farkına varmaları gerekir. Aydınlanma ile din arasındaki hesaplaşma bağlamında, bu fıkra belki de şu şekilde yeniden formüle edilebilir. Mesela devrimci terör döneminin aydınlanmış toplumunda, adamın biri Tanrı'ya inandığı için hapse atılmış. Çeşitli yollarla, en başta da aydınlanmaya özgü açıklamalarla Tanrı'nın olmadığı bilgisine kavuşmuş. Adam serbest bırakılır bırakılmaz, koşa koşa geri dönüp Tanrı tarafından cezalandırılmaktan çok korktuğunu söylemiş. Tamam, demiş, ben Tanrı'nın olmadığını biliyorum da Tanrı da bunu biliyor mu bakalım?

Tinin Fenemonolojisi'nde din hakkındaki bölümün tamamı, Hegel'in işte bu hareketi, Mutlak Tinin kendisinin (insanların ve dünyanın somut bilinci dışında) varolmadığı sonucuna ulaştığı hareketi sahneye koymaya yönelik olağanüstü bir girişimdir bir bakıma. Nitekim bu bölüm tinin fenomenolojisinin öbür yüzüdür; bilinç deneyimi anlatısının, bu deneyimin kendi tarihsel hareketi içinde ürettiği şey tarafından nasıl görülüp okunduğuna dair paradoksal, neredeyse postmodern bir hikâyedir. Bu perspektiften bakıldığında, din hakkındaki bölümden sonra gelen ve *Fenomenoloji*'yi sona erdiren "Mutlak Bilgi" —yine yukarıdaki fıkraya atıfta bulunacak olursak— hastanın bilgisiyle tavuğun bilgisinin paradoksal bir biçimde örtüşmesinden başka bir şey değildir.

Burada bu çifte hareket ile psikanalizde söz konusu olan şey arasındaki çok önemli bir yakınlığa dikkat çekebiliriz elbette. Psikanalizde (adına layık bir psikanalizde) asıl sorun, öznenin kendi bilinçdışının, eylem ve deneyimlerini (çoğunlukla acı verici bir biçimde) belirleyen her şeyin bilincine varmasından ibaret değildir. Bu yetmez: Asıl sorun tam da bu bilinçdışının, kendisi dışında, kişinin davranış, konuşma, başkalarıyla ilişki tarzlarında, başına "gelip duran" belli durumlarda cisimleşmesini sağlayan simgesel ve imgesel yapıların nasıl değiştirileceği meselesidir. Kısacası, mesele analiz sırasında öznenin kendi konumunu değiştirmek (hatta kendini adapte etmek) zorunda olması değildir; analitik çalışmanın önemli kısmı tam da bu dışsal pratikleri değiştirmekten, öznenin bilinçdışının (ve kendisiyle kurduğu ilişkinin) dışsallaştığı bütün o "tavukları" kışkışlamaktan ibarettir. Ve analizde ortaya çıkabilecek en önemli engellerden biri tam da öznenin, analiz sayesinde bir tür mahrem vahiy yaşayıp bunun sonucunda da tekrar dünyaya girdiğinde her şeyin farklı ve daha kolay olacağı inancıyla kendi kendisini ve kendi dünya algısını değiştirmeye fazla hevesli olabilmesidir. Başka bir deyişle, özne birçok şey yapmaya, kökten değişmeye hazırdır, velev ki Öteki içinde (Hegel'in terimleriyle söylersek, öznenin kendine dair bilincinin, kendisinin bilinç olduğunu henüz bilmeyen bir şey olarak cisimleştiği, maddilik kazandığı dış dünya olarak Simgesel içinde) değişmeden kalabilsin. Bu durumda, ne tür öznel değişimlerden ve permütasyonlardan geçilirse geçilsin, durumun aynı kalmasını sağlayan şey tam da Ötekine duyulan inançtır (ama bunun, Öteki'nin bilmediğine inanma şeklindeki modern biçiminde). Öznenin evreni ancak Öteki'nin (var olmadığını) bildiği bilgisine ulaştığı anda gerçekten değişecektir.

Lacan'la Hegel bu bakımdan bu Öteki boyutunu —sırf yüksek sesle "Öteki yoktur" diyerek dağıtılabilecek öznel bir yanılsama ya da büyü olarak değil (bu ortak teorik mantranın her türlü gizli ya da o kadar da gizli olmayan inançla gayet rahat yan yana varolabildiğini düşünsek yeter), varolmamasına rağmen, varolmasını sağlayan kayda değer maddi etkilere sahip bir şey olarak— son derece ciddiye alma tavrını paylaşırlar.

Hegel için de Lacan için de bu ilişkide bir şeyin sahiden değiştirilebileceği gerçek noktanın Öteki'nin imhası ya da öznede özümsenmesi değil de öznedeki eksikle Öteki'deki eksiğin örtüşmesi olmasının nedeni de budur. Başka bir deyişle, gerekli olan bu iki kendiliğin, topolojilerinin çok net (ya da net bir biçimde doğru) bir noktasında karşılaşmalarıdır. İçsel ile dışsal arasındaki kısa devredir bu, ikisinden birinin bertaraf edilmesi değil. Bu ikisi arasında böyle bir kısa devre olabilmesi ya da bölgesel olarak birbirleriyle örtüşebilmeleri için, bilinç üzerinde yapılan içsel bir çalışmadan ibaret olan özne üzerinde çalışma yetmez; Öteki üzerinde de çalışmak gerekir. Psikanalizde Öteki üzerindeki bu çalışmanın koşulu aktarımdır. Aktarım da son kertede öznenin, kendi dışında işleyen Öteki'deki aynılığına ya da özdeşliğine duyduğu güvendir. Bu güven ya da "itimat" gereklidir, çünkü öznenin kendi aynılığının ne yaptığı ve bu dışsallıkta nasıl konuştuğu üzerinde herhangi dolaysız bir denetimi yoktur.

Bu özellikte analiz deneyiminin tam manasıyla komik bir boyutunu görebiliriz. Aynılığın (öznenin aynılığının) "dışarıda" işleyip her türlü işi yapan, özneyi çeşitli mümkün ve imkânsız durumlara, bazen de feci tuhaf durumlara sokan özerkliğinden bahsediyorum. Analize girdiği anda özne bunu, kendisini, kendi arzularını vs. algılama tarzı ile "başına gelip duran" ve "gerçeklikte" durum neyse onu oluşturan nahoş şeyler arasındaki trajik, acı verici bir yarılma olarak deneyimlemektedir çoğunlukla. Analist de —bazen zannedildiği üzere— sadece özneyi kendi kendine geri yollayan, sistematik olarak "başına gelenler"den aslında kendisinin sorumlu olduğuna işaret eden otorite değildir; analist her şeyden önce "başa gelen" bütün bu şeylerin özneye gelmesi için *zaman* (ve mekân) vermesi gereken otoritedir. Analizin uzun sürmesinin başlıca nedenlerinden biri de bu olabilir, çünkü bilginin hızlandırılması aslında hiçbir şeyi çözmez: Bilinecek ne varsa kısa sürede bilecek duruma gelebiliriz, ama bilginin verdiği bu içgörü yetmez; analiz çalışmasına da ihtiyaç vardır; sadece (şeyleri) analiz etme çalışmasına değil, daha ziyade tekrarlama çalışmasına, "entropi" olarak çalışmaya ihtiyaç vardır. Analiz sırasında özne sık sık farklı farklı doğrultularda acele eder, her seferinde kurtarıcı bir bilgi, onu çektiği acıdan kurtaracak gizli bir formül bulmayı umar. Ama değişmez bir biçimde bütün bu farklı yollardan tekrar tekrar aynı şeylere ve kendi kendini tekrarlayan bilgiye gelir. Nitekim özne genellikle aynı yollardan tekrar tekrar geçer. Ama bu çalışma, bütün o entropisiyle, içi boş bir şey değildir, zaman ziyanlığı değildir, (çok erken bir aşamada bile mevcut olabilecek) bilginin hakikat yerine gelebilmemesi için gereken şeydir.

Ama gelin şimdi Hegel'e ve Din hakkında yazdığı bölüme dönelim; burada tam da çoğunlukla din adı verilen şey açısından bakıldığında basbayağı bir skandal denebilecek bu diğer, ters hareket öne çıkar. Bilincin Mutlağı nasıl algıladığı sorusundan çok Mutlağın kendi kendisini nasıl algıladığıyla ilgilendiğimiz bu perspektifte ihmal edilemeyecek bir komedi tohumunun çoktan devreye girmiş olduğu söylenemez mi?

Bu tür hareketin müthiş bir örneği Chaplin'in *Altına Hücum* filminde, komik muameleye tabi tutulan şeyin açlık olduğu ve baş rolün yine bir tavuğa ait olduğu bölümde bulunabilir. Gerçi bu sefer durum tersine dönmüştür; delinin tekinin kendisini yemesinden korkan, tavuktur. Charlie ve Koca Jim küçük kulübelerinde kar yüzünden mahsur kalmışlardır ve fena halde açtırlar. Birdenbire Koca Jim açlık yüzünden halüsinasyon görerek Charlie'nin tombul bir tavuk olduğunu zanneder ve ve onu yemek ister. Charlie'nin Koca Jim'in çılgın bakışları altında bir tavuğa dönüştüğü bu sahnenin çekim sırasında nasıl geliştiğini öğrenmekte fayda var. Ekip birkaç gün bu sahnenin, Koca Jim'in sadece sofrada oturan güzel şişko bir tavuk hayali gördüğü bir versiyonunu çekmiş. Koca Jim tam ona hamle ettiğinde görüntü kaybolup biraz sonra Charlie'nin şahsında yeniden zuhur ediyor, Koca Jim de elinde bıçak kulübenin içinde onu kovalıyormuş. Sonra Charlie'nin aklına daha iyi bir fikir gelmiş: İnsan boyu bir tavuk kostümü sipariş etmiş ve Koca Jim'in *fata Morgana*'sını kendisi oynamaya karar vermiş. Sahnenin bütün komik potansiyeli de bu sayede ortaya çıkmış. Neden? Çünkü sahne artık Charlie'nin gerçekte ne olduğu ile ötekinin onu nasıl (bir tavuk olarak) gördüğü arasındaki uyumsuzluk etrafında kurulmak yerine, yeni bir şey eklemektedir: İnsan-Charlie'nin kendisinin tavuğumsu özelliklerini açığa çıkartmaktadır. Birdenbire bizzat Charlie'nin, tam da bildik Chaplinvari jestleriyle (kollarını kanat gibi çırpması ve ayak başparmakları meydanda paytak paytak yürümesi) "tavuk hareketleriyle tam tamına örtüşen özellikler" (Robinson 1989, s. 340) sergilediğini görmeye başlarız. Komedinin zirvesine de bu kısa devre sayesinde çıkarız: Olay sadece Koca Jim'in Charlie'ye baktığında yanlışlıkla bir tavuk görmesi değil, aynı zamanda bütün bu yanılgısına rağmen, bir şekilde de haklı olması, Charlie'nin sahiden tavuk gibi görünmesidir. Şu da denebilir: Bu krizin çözümü için Koca Jim'in önünde gördüğü tavuğun aslında arkadaşı olduğunu fark etmesi yetmez — tavuğun kendisinin de aslında Charlie Chaplin olduğunu fark etmesi gerekir. Çekim aşamasından verilebilecek ve bu yorumu destekleyen bir başka ayrıntı da bir noktada tavuk kostümüne başka bir aktörün sokulmuş olması; ama bu şekilde hiç olmayınca Chaplin'in işi tekrar devralmak zorunda kalmasıdır. Robinson'ın altını çizerek belirttiği gibi: "Bu aktör sadece tavuk kostümüne girmiş bir insan olabiliyordu. Chaplin ise istediğinde bir tavuk *olabiliyordu*" (*a.g.y.*, s. 341).

Hegel'in komedi konusunda dediklerine geçmeden önce, son birkaç tespit yapıp birkaç yönlendirici nokta belirleyelim. "Sanat Biçiminde Din", bölümün en başındaki "Doğal Din" ile sonundaki "Vahyedilmiş Din" kısımları arasında yer alır. Hegel'in Din'i *Fenomenoloji*'nin tarihsel yanı içinde konumlandırdığı dikkate alındığında, sanat biçiminde Din münhasıran Antik Yunan dönemini ele alır: heykel, ilahi ve Kült hareketi ("soyut sanat eseri"), Dionizyak kutlamalar ("yaşayan sanat eseri") ve Yunan destanları, tragedya ve komedi ("manevi sanat eseri"). Burada bizi ilgilendiren son grupta aslında sanatın Homeros (destanlar), Aiskhylos ve Sophokles (tragedya) ve Aristophanes (komedi) isimleriyle temsil edilen son derece dar ve belirli bir parçasıyla ilgilenmekteyizdir. Yani Hegel Din'le ilgili bölümde sanatı tartışmakla kalmıyor, aynı zamanda sanatın gayet özgül bir uğrağını tartışıyordur. Böyle (din sorunu tarafından) üstbelirlenmiş ve aynı zamanda da (atıfları bakımından) son derece sınırlı bir sanat tartışmasından ne bekleyebiliriz ki diye sorsak yeridir. Hegel'in sadece belli sanat biçimlerini, bunlardan bağımsız olarak geliştirip kurduğu spekülatif çerçeveyi, Mutlak Tin'in kendi kendini temsil etmesi çerçevesini doldurmak için (ama ustaca) kullandığı açıkça ortada değil midir? Bir yere kadar bu bütünüyle doğrudur. Sanat tartışmanın dolaysız konusu değildir, başka bir şeyi tartışma süreci içinde ortaya çıkar. Bugün içkin bir sanat yaklaşımı adını verdiğimiz şey sayılmaz bu pek (gerçi bu içkin yaklaşımla tam ne kastedildiği de merak konusu); ama basit bir uygulama jesti de değil söz konusu olan. Hegel kavramlarını farklı sanat biçimlerine uyguluyor değildir, aksine bu biçimleri kavramın somut olarak varolan uğraklarının örnekleri olarak devreye sokar ve bu dolaylı yaklaşım birkaç çok değerli içgörü sunmasını sağlar. Özellikle de komedi ile ilgili yorumları için geçerlidir bu. Nitekim *Tinin Fenomenolojisi*'nde komediye ayrılmış birkaç sayfada, sözgelimi komedinin farklı dönemleri ve yazarları arasında, ayrıca da bu yazarların eserlerinde yaratıp kullandıkları farklı komedi usulleri arasında kavramsal ayrımlar yapmamızı sağlayacak, her şeyi kuşatıcı bir komedi teorisi aramamamız gerekir. Biz onun yerine başka bir şey, felsefi bir komedi tartışması için çok verimli bir kalkış noktası olabilecek bir şey arayacağız: Tin'in, komedide iş başında olan uğrağı nedir? Farklı komediler çokluğundan ortak bir öz çıkarmaya çalışmaktansa, Hegel'le birlikte "komik perspektifi" felsefi olarak inşa etme yolculuğuna çıkacağız. Bu yolculuk da umuyorum ki, komedinin ne olduğuyla ve nasıl işlediğiyle ilgili birçok kalıp fikre önemli ölçüde meydan okumakla ve bu fikirlerin altını oymakla kalmayıp bizi din, psikoloji ve psikanalizin bazı merkezi noktalarını, özellikle de bu kısmın son bölümünde ele alınacak (ve sorgulanacak) insan sonluluğuyla ilgili noktaları daha geniş bir şekilde tartışmaya davet edecek.

İŞ BAŞINDAKİ EVRENSEL

HEGEL'İN komediyle ilgili tespitlerini doğru dürüst değerlendirecek-sek, epikle ve trajediyle ilgili, komedi tartışmasından hemen önce yaptığı ve onun yolunu açan tespitleri kısaca özetlemek şart.

Manevi/tinsel sanat eseri hakkındaki bütün bölümün kilit meselesi temsildir. Epik, trajedi ve komedi türlerini sadece tarihsel değil aynı zamanda diyalektik de olan bir silsile içine yerleştiren şey tam da temsilin (tedricen) ortadan kaldırılmasıdır. "Manevi sanat eseri"nin kalkış noktası birçok adı olan bir yarılma veya ikiliktir: İnsani/ilahi, özne (benlik)/töz, olumsallık/zorunluluk, birey/evrensel, özbilinç/dışsal varoluş, özsel dünya/eylem dünyası. Nitekim öz, töz, zorunluluk, evrensellik gibi kavramların (ve bunlara tekabül eden kendiliklerin — tanrıların), görünüş, öznelik, olumsallık, bireysellik gibi kavramların (ve tabii bunlara tekabül eden kendiliklerin) zıddında yer aldığı dünyayı epey kaba bir biçimde bölen bir ikilikle karşı karşıyayızdır. Kilit sorun bu çiftler arasındaki ilişkiyle ilgilidir ve temsilin yazgısı tam da bu sorun içerisinde sahneye konacaktır. Manevi sanatın her üç biçimi de —her biri kendine özgü bir biçimde— bu ikiliğin terimlerini dolayımlar.

Nitekim epiğin evreninde bir yanda sıradan insanlar, öte yanda tanrılar vardır; epik de tam da bu iki terimin "sentetik olarak birbirine bağlanması", "karışımı"dır (*Vermischung*). Epiğin biçimsel yapısına damgasını vuran şey, öncelikle, içeriğin (insani olanla ilahi olan arasındaki iilişkinin) ilk kez bilince *sunulmasıdır* (yani temsil edilmesidir). Dolayısıyla epiğin tarzı temsil olarak anlatı tarzıdır ve karışım süreci de bu düzeyde ortaya çıkar. Nasıl? Evrenselle/tümelle bireyselin karışımı olarak: Epiğin mecrası, evrensele ait olan dildir, ama —aynı zamanda— Ozan bu dünyanın bir öznesi olarak bu dili üreten ve taşıyan bir bireydir. Evrensellik ucu, tanrıların dünyası, bireyselliğe, Ozan'a bağlanır. Bunlar birbirine orta terim niteliğindeki tikellik yoluyla bağlanırlar ki bu tikellik de kahramanları (yani Ozan gibi tek tek bireyleri, ama mevcut ve dolayısıyla evrensel olan insanları) ile ete kemiğe bürünen ulustan ibarettir. Hegel'in epikte gördüğü tasım (*syllogism*) biçimi temel olarak budur. Nitekim temsil esas itibariyle "evrensel ile bireyselin sentetik bir bileşimi"nden başka bir şey değildir (Hegel 1977, s. 441). Ama bu bileşim ya da bağlantı dışsal kalır: Özneye ya da benliğe ait olan eylem ilkesi, deyim yerindeyse, evrensel güçlere (tanrılara) dışarıdan (yani öbür taraftan) yansıtılır; onlara uygulanır. Evrensel güçler bireyselliğin biçimine ve eylem ilkesine sahiptir: Eylemleri insanlarınkiyle özdeştir; insanlar gibi davranırlar. Ama aynı zamanda bu evrensel güçler somut olanla bağlantısından ricat etmiş evrensel olarak kalırlar: Kendi özgül karakterleri içinde sınırsız kalan evrenseldirler (tanrılar bireysel tanrılardır, birbirlerinin karşısına yerleşmişlerdir, ama ilahi varoluşları bireysellikten bağımsızdır). Ezcümle: Bu tür evrenselin sınırı tam da kendi somut bireyselliği tarafından *gerçekten sınırlanmayıp* onun üzerinde kalmasındadır. Hegel'e göre bu evrenselin zaafı (belki denebileceği gibi gücü değil) budur. "Birliğinin aşılmaz elastikliği sayesinde eyleyen kişinin ve kurduklarının atomcu tekilliğini silen, kendini kendi saflığı içinde koruyan ve akışkan doğasıyla bireysel olan her şeyi çözüştüren" türden bir evrenseldir bu (*a.g.y.*, s. 442). Somut özneler, bütün o belirli doğalarıyla, bu saflıkta kendilerini bulamazlar. Bu haliyle, bu evrensel de sahip olduğu güçler de kahramanların ve başka her şeyin *üzerinde* yüzen bir "zorunluluk boşluğu" olarak kalır.

Şimdi manevi sanat eserinin bir sonraki biçimine, trajediye geçelim. Trajedi —bazen aşırı otomatik bir biçimde Hegel'den beklendiği üzere, epiğin antitezi olmak şöyle dursun— iç özsel dünyanın ve eylem dünyasının dağınık anlarını daha sıkı bir biçimde bir araya getirir. Yunan trajedisinde dil artık sadece evrensel bir temsil aracı değildir; anlatı olmaktan çıkar ve içeriğe girer: Kahramanlar hakkında konuşulmaz, artık kahramanlar kendi adlarına konuşurlar, konuşanlar onlardır. Böylece göreceğimiz üzere, temsil ânı trajedide başka bir düzeyde mevcut kalsa da içerik temsili olmaktan çıkar. İcra seyircilere "haklarını ve amaçlarını, kendi özgül doğalarının gücünü ve iradesini ve bunları şimdi nasıl ortaya koyacaklarını *bilen* özbilinçli insanlar" sunar (Hegel 1977, s. 444). Bunlar artık kahramanları canlandıran ve onları anlatı biçimiyle değil bizatihi aktörlerin gerçek konuşmaları ve eylemleriyle tasvir eden gerçek insanlar olarak varolan *karakterlerdir*. Başka bir deyişle, aktörler aracılığıyla evrenselin kendisi konuşmaya başlar. Epik, Öz'ü *anlatma* biçimini devreye sokup uyguluyorsa, trajedi de onu *eyleme geçirme* veya sahneye koyma biçimini devreye sokup uygulamaktadır diyebiliriz.

Tarihsel ve yapısal perspektifleri birbirine bağlarsak, "trajedinin doğuşu" bize yüzlerine maskelerini geçirip maskenin yardımıyla özü temsil eden gerçek insanlar, aktörler sunar. Bir bireyin (aktörün) benliği bir maskeye ve onunla birlikte oynadığı karaktere bürünür. Böylece anlatı olmayan (ve bu anlamda mecazi, düşsel de olmayan), ama aktör ile karakter arasındaki mesafe olarak bizatihi maskenin Gerçeğiyle bağlantılı olan yeni bir temsil tarzına ulaşırız. Maskenin kendisinin hiçbir içeriği yoktur, daha ziyade aktörün benliğini (temsil edilen) öz olarak karakterden ayıran saf yüzey, daha doğrusu, kelimenin en düzanlamıyla arayüzey gibidir. Aktör maskeyi taktığında artık kendisi değildir; maskeyle temsil ettiği (evrensel) özü hayata geçirir. Ancak bu demektir ki, burada da öz son kertede sadece, maskeyle somut ve gerçek benlikten ayrılan evrensel uğrak/an olarak varolur ve bu haliyle bu öz hâlâ gerçek değildir. Benlik sadece karakterlere *tahsis edilmiş* gibi görünür.

Nitekim özbilinç ile töz ya da iman arasındaki birlik dışsal kalır; "bir ikiyüzlülüktür,... seyirciler önünde zuhur eden kahraman maskesiyle aktör arasında, oyundaki kişi ile gerçek benlik arasında bölünür" (Hegel 1977, s. 450). Özü temsil etmek üzere orada bulunan aktörün bize kendi gerçek benliğini unutturup sadece öz olarak sahip olduğu yüce karakteri görmemizi sağlamak zorunda olduğunu da söyleyebiliriz. Bize maskenin ardındaki aktörün gerçek varoluşunu hatırlatabilecek her şey (örneğin, bedensel işlevleri, sürçmeleri vs.) temsilin etkisini bozar; kötü temsil, kötü icradır.

Peki komedide durum nasıldır? Komedide tam da, maskenin asla bütünüyle yüceltime uğratamayacağı ya da özümseyemeyeceği fiziksel kalıntının (simgesel temsil jestinin görmezden gelinemeyecek —gerçek— bir reddinin kalıntısının, kendine komedide ses bulan bir tür "vicdani itiraz"ın) hatırlatıcısı olan, temsilin bu öbür, insani yüzü üzerindeki vurguyu gören birçok yazar vardır. Komediyi temsilin öbür yüzünün, başarısızlığının temsili ya da ses bulması olarak gören bu yazarların tersine, Hegel bayağı ileri gidip şöyle formüle edilebilecek epey şaşaalı bir perspektif kaydırması yapar: Komik karakter özün simgesel temsilinin fiziksel kalıntısı değildir; *fiziksel* [bir şey] *olarak bu özün ta kendisidir*. Hegel'e göre komik sanat eserinin temsille işinin kalmamasının nedeni tam da budur. Ne demek bu şimdi?

Trajedide (Yunan trajedisinde) ve temsil tarzında, bir yanda soyut evrensellik ve Kader, öbür yanda da özbilinç, bir sahne karakteri olarak bu kaderi temsil eden bireysel benlik vardı. Hegel'e göre, (Yunan) komedisinde ise "aktörün gerçek benliği, canlandırdığıyla (sahne karakteriyle) örtüşür, seyirci de önünde icra edilen dramada kendini bütünüyle evinde hisseder ve kendini de onun içinde oynarken görür" (Hegel 1977, s. 452). Bu pasaj canalıcı önemdedir ve yorum gerektirir. Hegel'in komedide aktörlerin artık rol yapmadığını, sadece kendileri olarak göründüklerini iddia ettiğini düşünmememiz gerekir. Hegel'in kendisinin de dikkatle işaret ettiği gibi, icra yine icradır. Temsil biçimini (yani, gerçek benliğinden ayrılmış olma biçimini) kaybeden, evrensel güçlerdir, tanrılardır, Kader'dir, özdür. Komedide, "*bireysel benlik* tanrıların ve bulundukları uğrağın... ortadan kaybolmasını sağlayan olumsuz güçtür" (*a.g.y.*, s. 452). Ancak, diye devam eder Hegel, bireysel benlik bu ortadan kayboluşun boşluğu değildir, aksine tam da bu hiçlikte kendisini korur, kendisine göre hareket eder ve tek gerçeklik (*actuality*) odur. Kendini bu mutlak güç olarak teşhir eden kendinden emin bireysel bilinç olması sayesinde, bilince *(yeniden) sunulan/temsil edilen* bir şey, bilinçten bütünüyle ayrı ve ona yabancı (epiğin içeriği ya da trajedideki başlıca karakterler gibi) bir şey olma biçimini yitirmiştir. Bu vurgu mutlaka gereklidir. Mutlak güçler kendileri bizatihi özneler ya da somut varlıklar olarak görünerek, temsil edilen şeyler olma biçimini yitirirler.

Bu son derece yoğun spekülatif argümanı açımlayabilmek için şu yorumu öneriyorum. Komedi bütün evrensel öz figürlerini ve güçlerini (tanrıları, değerleri, devlet kurumlarını, evrensel fikirleri vs.) birbiri ardına gülmeye açarken, bunu şüphesiz somut ve öznel olanın açısından yapar; ve yüzeysel bakıldığında gerçekten de komedide bireysel, somut, olumsal ve öznel olanın evrensel, zorunlu, özsel olana (kendi ötekisi olarak) karşı çıktığı ve onu baltaladığı izlenimine kapılabiliriz. Ki bu da birçok yazarın komedinin paradigması olarak sundukları görüştür elbette. Gelgelelim, Hegel'in vurguladığı nokta şudur: Komedi tam da (komik özneliğin ortaya çıkmasını sağlayan) bu "olumsuzun çalışması" yoluyla kendi zorunluluğunu, evrenselliğini ve tözselliğini üretir (tek "mutlak güç" bizatihi kendisidir) ve bunu "kendinde evrensel" olanın figürlerinin son tahlilde bütünüyle içi boş ve olumsal şeyler olduklarını gözler önüne sererek yapar.[1]

Komedi evrensel olanın altının oyulması değil, (kendi kendini) somut olana çevirmesidir; evrensel olana karşı bir itiraz değildir, evrenselin kendisinin somut emeği ya da çalışmasıdır. Tek bir sloganla ifade edersek: *Komedi iş başındaki evrenseldir.* Artık eylem halinde (yeniden) sunulmayan/temsil edilmeyen, ama eylem halinde *olan* bir evrenseldir bu. Başka bir deyişle, "tanrıların ortadan kaybolmasını sağlayan negatif güç" tam da daha önceleri (temsil tarzında iken) tanrılara atfedilen ve artık eyleyen özne haline gelmiş olan güçtür. Toparlarsak: Epikte, özne evrensel, özsel, mutlak olanı anlatır; trajedide özne evrensel, özsel, mutlak olanı canlandırır ya da sahneye koyar; komedide özne evrensel, özsel, mutlak olandır (ya da bu hale gelir). Ki bu aynı zamanda, evrensel, özsel, mutlak olanın özne haline geldiği anlamına da gelir.

Komedide, der Hegel, *Benlik mutlak Varlıktır.* Komik bilinçte, "her türlü ilahi varlık geri döner ya da komedi tözün bütünüyle yabancılaşmasıdır" (Hegel 1977, s. 455). Yani: Komik bilinçte töz ("mutsuz bilinç"te olduğu gibi) benliğe ya da özneye yabancılaşmaz, kendine yabancılaşır, ki özbilince ve kelimenin tam anlamıyla hayata gelebilmesinin tek yolu da budur. Komedi öznenin yabancılaşmasının hikâyesi değil, özne haline gelmiş olan tözün yabancılaşmasının hikâyesidir.

1. "Nitekim saf Güzel ve İyi düşünceleri komik bir görüntü arz ederler: Hem içerik olarak sahip oldukları özgül belirlenmişliklerini hem de mutlak belirlenmişliklerini sınırlayan kanaatten kurtularak... içi boş hale ve tam da bu yüzden kanaatin eğlencesi ve herhangi bir rastlantısal bireyselliğin kaprisi haline gelirler" (Hegel 1977, s. 452).

Bu canalıcı nokta ne kadar vurgulansa yeridir. İlk bakışta komedide somut olan ve içeriğe ait olan her şey evrensel-biçimsel olanı çürütüyormuş gibi görünür. Komedinin temeline kadar sarsmayacağı hiçbir kutsal şey ya da katılık yoktur. Mesela Monthy Python'un *The Meaning of Life / Hayatın Anlamı* filmini ele alalım: Deyim yerindeyse birbiri ardına bütün insani kesinliklere ve evrensel değerlere güldüğümüz çılgın bir komedidir bu film. Yine de Hegel'in demek istediği, evrensel olanın "tesadüfi bireyselliğin kaprisinin oyunu" olduğunu gösteren bu hareketin ancak ve ancak temel yapıdaki radikal bir kaymayla mümkün olduğudur: Komedide, evrensel, "evrensel"in altını oyma tarafındadır; komik hareket, bu hareketin "olumsuz gücü" *evrensel olanın kendisinin hareketidir* (bu evrensel tam da hareket olarak aynı zamanda öznedir de).

Komedinin epey paradoksal bir özelliğini açıklamamıza da yardımcı olur bu, çünkü komedinin genelde dikkat çekilen materyalizmiyle, somut olanı ve insani sınır ve kusurların Gerçeğini vurgulamasıyla çelişiyormuş gibi görünür. Komik evren, kural olarak, imha edilemeyenin evrenidir (bu özellik zirvesine çizgi filmlerde varır, ama daha incelikli şekillerde komedilerin çoğunda bulunur). Komik karakterlerin başına hangi türden (fiziksel, psişik ya da duygusal) kaza ya da felaket gelirse gelsin, kaostan her zaman zerre değişmeksizin çıkar ve hedeflerinin, rüyalarının peşine düşmeye ya da neyseler o olmaya devam ederler. Aslında hiçbir şey onlara nüfuz edemiyormuş gibidir ki bu da komedinin savunduğu farz edilen gerçekçi dünya görüşü ile bir şekilde çelişir. Neredeyse arketipik bir örnek verecek olursak: Burnubüyük bir baron bir muz kabuğuna basıp düşer (böylece kendisinin bile yerçekimi yasalarına tabi olduğunu gösterir), ama anında tekrar ayağa kalkıp kendi yüceler yücesi şahsiyetine olan güveni zerre sarsılmadan kibirli kibirli yürür, ta ki gene onu "yerle yeksan" eden bir sonraki, daha da sonraki, daha da sonraki kazaya kadar bu böyle devam eder. (Mesela Shakespeare'in *Windsor'un Şen Kadınları* komedisindeki Sir John Falstaff böyle biridir.)

Komedinin bu değişmez özelliğini, somut olana ait bu türde somut olanın aslında insanlara hiç nüfuz etmemesi şeklindeki bu şaşırtıcı olguyu nasıl anlamamız gerekir peki? Aslına bakılırsa cevap gayet basittir. Bu durum ancak komedide soyut ve somutun daha en baştan yer değiştirmiş olduğunu fark etmediğimiz sürece bir paradoks gibi görünür. Ne demek istiyoruz? Komedi boyunca adeta önüne çıkan her çamur gölüne düştüğü halde aristokratik üstünlüğüne şaşmaz biçimde iman eden o arketipik kasıntı baron karakterinde kalalım. Burada karşılaştığımız şeyin hiçbir surette, soyut-evrensel bir fikrin altının, bizi eğlendirmek için maddi gerçekliğin müdahaleleriyle oyulması olmadığını anlamak için biraz düşünmemiz yeter. Ya da başka türlü söylersek, bu mühim şahsın her halükârda tabi olduğu insani zaaflar ve sınırlar tarafından yalanlanan soyut bir kusursuzlukla karşı karşıya değilizdir. Aksine, buradaki en belli başlı insani zaafın —en insani, somut ve gerçekçi şeyin— tam da baronun kendisine ve kendi önemine duyduğu sarsılmaz inanç, yani haddini bilmezliği olduğu son derece açık değil midir? Onu "insani" kılan da işte *bu* özelliğidir, çamur gölüne düşmesi ya da muz kabuğuna basıp kayması değil. Muz kabukları, çamur gölleri ve gerçekliğin kendi varoluşunun komik karakterini bize hatırlattığı diğer araçlar son kertede baronun kendi aristokratik Benliğine duyduğu son derece canlı ve elle tutulur inançtan çok daha soyutturlar (ve şunu da unutmayalım, genellikle çok daha gerçekdışıdırlar). Ayrıca arketipik (hayali) komedimizde gerçekten komik olan ve bizi güldüren şeyin baronun çamura düşmesi değil, oradan kalkması ve hiçbir şey olmamış gibi işine devam etmesi olduğunu da gözden kaçırmamamız gerekir elbette. Nitekim çamur gölünün kendisi somut gerçekliğin mahalli (herkesin sadece insan olduğunun ortaya çıktığı mahaldir bu) filan değil, kavramın kendisinin —bu örnekte baronluk veya aristokrasi kavramının— somutluğunun veya insaniliğinin işlenmesini, billurlaşmasını ve somutlaşmasını sağlayan aksesuarlardan ya da araçlardan biridir. Başka bir deyişle, komedilerde ve komik karakterlerde imha edilemez olan şey tam da somut evrenselliğin bu *hareketidir*.

Burada doğru ve yanlış komediler adını vermeye cüret edeceğim komediler arasındaki ayrıma da geliyoruz (kabaca yıkıcı ve muhafazakâr ayrımına tekabül eden bir ayrımdır bu). Mesele komik muameleye *neyin* (hangi içeriğin) tabi tutulduğu değildir —bu bakımdan Rahibe Teresa, Lenin, maşizmo, feminizm, aile kurumu ya da eşcinsel bir çiftin hayatı, fark etmez—, mesele komik işlemin kendisinin tarzı meselesidir. Yanlış, muhafazakâr komediler, soyut-evrensel ile somutun yer değiştirip aralarında bir kısa devre üretmediği komedilerdir; bunun yerine, ("insani zaafların" konumlandığı) somut-evrensele dışsal kalır ve aynı zamanda da bizleri onu evrenselin vazgeçilmez eşlikçisi, zorunlu fiziksel *dayanağı* olarak görmeye davet ederler. Bu komedilerin paradigması şöyledir: Aristokrat (veya kral veya yargıç veya rahip ya da simgesel statüsü olan başka herhangi bir karakter) aynı zamanda (horlayan, osuran, ayağı kayan ve diğer ölümlülerle aynı fiziksel yasalara tabi olan) bir insandır *da*. Vurgu şüphesiz bu "da"nın üzerindedir: somutla evrensel yan yana varolurlar, somut, evrenselin vazgeçilmez zeminidir. Aslında çoğunlukla komik olana giden yolun yarısında takılıp kalan komedilerin çoğunun hikmeti budur: Şeylerin maddi, fiziksel, somut ve insani yönlerini dikkate alıp kabul etmemiz gerekir, aksi halde tehlikeli soyut bir idealliğe, aşırıcılığa, hatta fanatizme (sözgelimi kendi sınırlarımızı ve ölümlülüğümüzü unutma fanatizmine) savruluruz; sanki evrenselle somutu, aristokratla insanı birleştirmeye yönelik bu perspektif başlı başına, hem de tepeden tırnağa soyut değilmiş gibi. Bu mekanizma tam da doğru komedinin başladığı yerde istimini kaybeder ve insani yanını teşhir etmeye çalıştığı bütün evrenselleri bütün o soyut saflıkları içinde temelde dokunulmamış bırakır, zira pislik insani yan tarafından özümsenmiş, sonra da "zorunlu kötülük"lerden biri diye görülerek affedilmiştir. (Nitekim, bu örnekte baronluğun komedisi hiçbir zaman tam anlamıyla baronluğun komedisi olmayacaktır, her zaman onun olumsal taşıyıcılarının, "sadece insan" olan tikel bireylerin komedisi olacaktır.) Bu tür komedi soyut bir somut-evrensel ikiciliğine yakalanır ve somut tarafını ne kadar vurgularsa vurgulasın, bu somut, başlı başına bütünüyle soyut olan evrensele karşı somut kümesinin sadece bir unsuru olarak kalır. Bu paradigmanın muhafazakârlığı şüphesiz izleyiciye, "insani" veçhe yoluyla, ben ideali olarak baronla özdeşleşme imkânı (böyle olunca da dokunulmadan kalmanın ötesinde, daha da pekiştirilen bir imkândır bu) vermesinden kaynaklanır. Kahramanların zaaflarıyla özdeşleşiriz, ama böylece onların daha yüksek meşgaleleri (ya da evrensel simgesel işlevleri) daha da fazla saygı ve merak nesnesi haline gelir (halbuki komik gülüşün nesnesi olmaları gerekirdi).

Peki doğru komedi nedir bu bakımdan? Bizleri Majestelerinin aynı zamanda ya da "öte yandan" bizler kadar insan *da* olmasıyla ilgili aldatıcı bir aşinalık duygusuna kapılmaya ayartmayan komedi mi? Kasıntı bir baronla ilgili doğru bir komedi bütün maddiliğiyle şu formülü üretmelidir: Gerçekten ve içsel olarak bir aristokrat olduğuna inanan bir aristokrat, *tam da bu inancı yüzünden*, sıradan aptal bir insandır. Başka bir deyişle, aristokrasi ile ilgili doğru bir komedi kartlarını öyle oynamalıdır ki bu kavramın tam da evrensel olan yönü kendi insaniliğini, bedenselliğini, öznelliğini kendi üretmelidir. Burada beden ruhun vazgeçilmez bir temeli değildir; insanın kendi baronluğuna duyduğu kaskatı inanç tam da ruhun kendisinin mümkün olduğunca *bedenselleştiği* noktadır. Baronun tekrar tekrar insan zaaflarının çamur gölüne düşen somut bedeni, çamurda iki seksen yatan ampirik beden olmaktan çok "baronluğuna" duyduğu inançtır. Komedi tarafından bizzat evrenselin özü olarak üretilen asıl komik nesne bu "baronluk"tur. Psikanaliz terimleriyle söylersek: Burada, ben idealinin kendisinin kısmi (komik) nesne olduğu ortaya çıkar ve bu ideal tersinin kısmi özelliklerinden biriyle özdeşleşme yoluyla özdeşlik kurduğumuz bir şey olmaktan çıkar. Ben ideali doğrudan doğruya insani bir zaaftır — yani, bu tür komedide. Kısmi özellikle özdeşleşme süreci, komikliği yüzünden, her zaman aynı zamanda bir özdeşliği-bozma sürecidir de. Mesele, aristokratın aynı zamanda sıradan bir insan da olması değildir. Tam da *bir aristokrat olarak*, aristokrasisinin zirvesindeyken sıradan bir adam olmasıdır. Burada Lacan'ın şu ünlü lafını hatırlamamızda fayda var: Kral olduğuna inanan zavallı bir adamcağız değildir deli olan; gerçekten kral olduğuna inanan bir kraldır. Bu komedi için daha da geçerli değil mi? Komik olan kendisinin kral olduğuna inanan zavallı bir adamcağız değildir (bu daha çok acıklıdır), ama gerçekten kral olduğuna inanan bir kraldır.

Bu türden bir komik özdeşliği-bozma işleminin yakın tarihten çok iyi bir örneği *Borat* filmidir. Borat'ın "A ve BD'deki" çıraklık dönemine dair neredeyse bütün epizotlar evrensel (ve kabul edilebilir) bir kavram ya da inanç ile onun müstehcen öbür yüzü arasındaki bir kısa devreyi içerir. Ama bu ikincisi "evrensel olarak kabul edilebilir" olanın öteki yüzü rolünü değil, Borat'ın tam gözümüzün önünde infilak ettirdiği en mahrem çekirdeği rolünü oynar. Kısa ama son derece etkili silah mağazası epizodunu ele alalım. Amerika'daki ateşli silah sahipliği meselesinde, bir yanda evrensel olarak kabul edilmiş kendini savunma hakkı ile bu hakkın yarattığı (ölümcül kazalar, kolayca edinilen silahların suistimal edilmesi vs.) feci yan etkilere dair sesi gittikçe gürleşen hatırlatıcılar vardır. *Borat*'taki sahnede, Borat (gerçek) bir silah mağazasına girip silah satan adama (o "Kazak İngilizcesi" ile) bodoslamadan sorar: "Bir Yahudiye karşı kendini savunmak için en iyi silah hangisi?" Tezgâhtar gözünü bile kırpmadan "Ya bir 9 mm'lik ya da bir 45'lik tavsiye ederim" diye cevap verir. "Kendini (ateşli silahlar edinerek) savunma hakkı" ile "Yahudi vurma" zevki arasındaki ibretlik kısa devre tezgâhtar tarafından hiç mi hiç anlaşılmadığı için bu konuşma hem şoke edici hem de komiktir. Ki şüphesiz mesele de bu ikisinin *aslında* birbirinden *ayrılamayacak* olmasıdır.

Dolayısıyla yıkıcı ve muhafazakâr komediler arasındaki fark içeriklerinden, komik işleme tabi tutulan şeyin ne olduğundan gelmez. Bu ayrıca, söz konusu farkı, bir tür çileci etiği takip eden bazı yazarların koyduğu yerde, yani başka ve daha basit biçimde söylersek, kendi kendimizle ve kendi inançlarımızla dalga geçmek ile başkalarıyla ve onların inançlarıyla dalga geçmek arasındaki farkta bulamayacağımız anlamına gelir. Bu ayrım birçok nedenle, ama en başta da şu nedenle geçersizdir: Doğrudan doğruya kendinin ve kendi inançlarının parodisini yapma tavrı somutla evrenseli birleştirmeye yönelik muhafazakâr paradigma içinde de gayet güzel serpilip gelişebilir. Tam da insani yanı ve zaafları teşhir edilen ideolojiyi başarıyla savunabilir. Hollywood komedilerinin, kendi inançlarımızla ve "Amerikan hayat tarzı"yla alay etmenin tam da bu inançları ve bu hayat tarzını ayakta tutmak için gereken mesafeyi ürettiği çeşitli türlerinde bunun bol sayıda örneği bulunur. Ya da —daha da bariz bir örnek— Başkan Bush ve onun kendi başkan kişiliğiyle dalga geçmeye yönelik medya stratejisi; bu stratejinin amacı tam da savaştan yana katı bir tutum sergileyen Başkanı "kapı komşusu" gibi, kendi kusur ve hatalarının farkında, yanılmaya açık bir birey gibi tasvir etmektir. Bu örnekte nüktelilik tam da kendin ile kendi somutluğun (ki bu da somutluğun önceliğinin tam tersidir elbette) arasına mesafe koyma işlevi görür: Kişi adeta tahliye edilip nüktelilliğinden ya da espriliğinden ibaret hale getirilir ve böylece insanın kendi sefil somut benliğinden *fazla* bir şey olduğu mesajı verilmiş olur. George W. Bush'un asıl komik yanı komik olmaya gayret göstermeyip vakarla gerçekten Amerikan Başkanı olduğuna inanan bir Amerikan Başkanı görüntüsü verdiği zamanlarda görülebilir. En komik laflarını (bunları derlemek de internet sporu haline gelmiştir) bu anlarda eder. Birkaç örnek verirsek: "Bir çocuğa okuma yazma öğretirseniz, oğlan olsun kız olsun, okuma yazma testini geçecektir" (Townsend, Tennessee, 21 Şubat 2001). Belki de en ünlüsü olan şu lafı Freud'la Heine'nin "samimilyoner" esprisi[2] kadar iyidir neredeyse: "Beni yanlış aşağıladılar (*misunderestimated*)" (Bentonville, Arkansas, 6 Kasım 2000). Veya daha yakın tarihlerden şu örnek: "Düşmanlarımız yenilikçi ve yaratıcılar, ama biz de öyleyiz. Ülkemize ve halkımıza zarar vermenin yeni yolları hakkında düşünmekten bir an bile vazgeçmiyorlar, ama biz de öyle" (Washington, DC, 5 Ağustos 2004). Durmadan ürettiği bu zekâ harikalarına kendisinin de gülebildiğini gösterirken başvurduğu diğer tür Bush mizahı ise, bunun tersine, "Bushçuluğun" kendi kendini yıkan gücünün yeniden şekillendirilerek süzme salaklığı kabul edip hoş görmenin muhafazakâr bir yolu haline getirilmesinden ibarettir.

Komedi töz, zorunluluk ve özün hepsinin, kendi kendisiyle olan her türlü dolaysız —ve dolayısıyla soyut— özdeşliğini ya da örtüşmesini kaybettiği andır. Bu vurgu önemlidir, çünkü temsil tarzının sona ermesinin dolaysızlığa ya da karşıtların organik bir kaynaşmasına dönüşü içermediğini hatırlatır bize. Töz, kendindeki bir yarılma sayesinde kendi kendisiyle ilişki kurmaya başladığı anda özne haline gelir. Bu şekilde temsilin ortadan kaldırılmasından ziyade, aslında Lacancı temsil kavramına çok yakın olan yeni bir temsil kavramına ulaşırız. Komedide tözün bir uğrağı başka bir uğrağı için özneyi temsil eder, diyemez miyiz? Öyleyse, yukarıda aktardığımız haliyle komedi ile trajedi arasındaki Hegelci ayrıma yöneltilebilecek bir itiraza cevap verebiliriz belki. Hegel'e göre, trajedinin başlıca (biçimsel) sorununun özne ya da benlik ile temsil ettiği karakter ya da sahne kişiliği arasındaki mesafeyi koruması olduğunu görmüştük. Komedide bu mesafenin ortadan kalktığı varsayılır. Somut öznelerden bağımsız olarak varolan muhtelif karakterlerin yer aldığı tüm yelpaze-

2. Yoksul bir adam zengin Baron Rothschild ile çok iyi ilişkileri olduğuyla, onun kendisine eşitiymiş gibi —gayet "samimilyoner" (*famillionairely*)— davrandığını söyleyerek övünür.

yi tam da komedide bulduğumuza ve bu karakterlerin ("budala efendi", "kurnaz uşak", "cimri", "hırçın", "serseri"...) bu özneler tarafından ara ara maske kabilinden, komedi amacıyla benimsendiğine işaret ederek itiraz edebiliriz buna. Öte yandan trajedi aktörle karakterini organik bir biçimde kaynaştırmaya çok daha yakındır.

Bu itiraza onu doğuran yanlış anlamayı netleştirerek cevap vereceğiz. Trajedi tam da özne karakteri temsil ettiği içindir ki aktör-özne ile karakter arasındaki organik bir kaynaşma gibi görünebilmektedir (ve temsil ne kadar iyiyse, bu ikisi, yani bireysel ile evrensel arasındaki kaynaşma hissi de o kadar güçlü olacaktır). Hegel olsa buna bütünüyle katılırdı, zaten bunu kendisi de söyler. Sorun şu ki, bu temsil-içinde-kaynaşma ne kadar inandırıcı olursa olsun tam da böyle kalır: İki şeyin kaynaşması, evrenselin bireysel bir temsili olarak kalır ve terimlerden birinin öbürünü kendi içerisinden yaratıp bu öbürü haline geleceği noktaya ulaşamaz. Daha net söylersek: Karşımızdaki hâlâ klasik temsil tarzıdır, iki unsur arasındaki, birinin öbürünü temsil ettiği kümelenmedir. Komedide olan, öznenin yerini değiştirmesidir. Özne artık (aktör sıfatıyla ve maskesinin yardımıyla) bir şeyi temsil eden ve (seyirci sıfatıyla) bir şeyin kendisi için temsil edildiği kişi değildir. Hegel'in şu tezini hatırlayalım: Komedide "aktörün gerçek benliği canlandırdığı şeyle (sahne karakteriyle) örtüşür, seyirci de önünde icra edilen dramada kendini bütünüyle evinde hisseder ve kendisini orada oynarken görür." Benlik (aktör) ile karakteri arasındaki bu örtüşme, bu ikisi arasındaki bölünmenin artık bizatihi karakterin kendisine (yani, öze) geçtiği ve orada ikamet ettiği anlamına gelir ki karakterde öznenin yerini kuran şey de tam bu iç bölünmedir. Bu yüzdendir ki, komediden bahsederken, özne-aktörün seyirci için (komik) bir karakteri temsil ettiğini söylemeyiz, ama özne-aktörün karakterin kendi kendisiyle ilişki kurmasını, "kendisini temsil etmesini" sağlayan o mesafe olarak göründüğünü söyleyebiliriz.

Şu âna kadar çekilen en iyi komedi filmlerinden birinde, Ernst Lubitsch'in *To Be or Not to Be*'sinde bunun muhteşem bir örneğini görürüz. Filmin başında, bir grup aktörün, karakterlerden birinin Hitler olduğu bir oyunun provasını yaptığı müthiş bir sahne vardır. Yönetmen Hitler'i oynayan aktörün görüntüsünden şikâyet etmekte, makyajının kötü olduğunda, Hitler'e hiç benzemediğinde ısrar etmektedir. Ayrıca karşısında gördüğü kişinin sadece sıradan bir insan olduğunu da söyler. Aktörlerden biri buna tepki göstererek Hitler'in zaten sıradan bir insan olduğu cevabını verir. Sahne bundan ibaret olsaydı, doğruları aktarmanın komediye özgü yolunda pek ilerleyemeden takılıp kalan "temel doğruları" açığa çıkarma mantığından ibaret olurdu karşımızdaki. Ama sahne devam eder: Yönetmen hâlâ tatmin olmuş değildir ve umutsuzca Hitler'in görünüşünü karşısındaki aktörünkünden ayıran esrarengiz "fazla şey"in adını koymaya çalışır. Etrafa bakınır, en nihayet duvarda Hitler'in bir resmini (bir fotoğrafını) görür ve muzaffer bir edayla bağırır: "İşte! İşte böyle görünüyor Hitler!" "Ama efendim," der aktör, "o benim resmim." İşte bu gerçekten komiktir. Hitler'in esrarengiz karizması, Hitler'deki, Hitler-denen-adamdan fazla olan şey, önümüzde, Hitler'i oynayan, temsil eden aktör ile aynı aktörün fotoğrafı arasındaki asgari fark olarak beliriverir. Başka bir deyişle, temsil evrenselinin *kendi kendisiyle* ilişki kurması, tam da temsil edilen şeyin somutluğunu üretir. Aynı işlem, az önce anlattığımız sahneden hemen önceki sahnede aynı oyunun provası sırasında da, bir gag şeklinde görünür. Gestapo karargâhındayızdır ve biri Hitler'in geldiğini haykırır. Kapılar açılır ve herkes ellerini kaldırıp "Heil Hitler" selamı verir. Hitler içeri girer, elini kaldırır ve "Heil kendim!" der.

Evrenselin somutlaştığı ve özne haline geldiği hareketi yaratan da işte "evrensel özler"in (karakterlerin) kendileriyle ve başka "evrensel özler"le bu şekilde ilişkilendirilmesidir (her zaman ya fazla başarılı olan ya da yeterince başarılı olmayan bir ilişkilendirmedir bu —ki komik durumlar ve diyalogların çoğu da bu fazlayı kullanarak kurulur). Soyut evrensellikler gibi "klişe" karakterler harekete geçirilir ve somut, öznel evrensellik (yani iyi komedilerde son derece inandırıcı ve güçlü bir hale bürünen özne olarak evrensel) farklı rastlantı ve olaylar sayesinde yoğunlaştırılır veya üretilir. Chaplin'in Serseri karakterini düşünelim. Bu karakter o haliyle (yani "kendi içinde") gayet klişedir ve (başka bir yerde olmasa bile Chaplin'in kendi sayısız sessiz komedisinde) yüzlerce kere görülmüştür. Ama aynı zamanda Serseri kadar aynı anda somut, öznel ve evrensel olan başka bir şey bulmak güç olurdu. Bu sadece Serseri için de geçerli sayılmaz. *Altına Hücum* veya *Asri Zamanlar* filmlerini düşünün; Chaplin her ikisinde de türsel bir adla yer alır: Birincisinde "Yalnız

Maden Arayıcısı", ikincisinde ise "İşçi". Yani işe soyut bir evrensellikle başlarız ve bu evrensellik Chaplin tarafından "temsil edilmekten" çok perdede gördüğümüz bireyin somut evrenselliğine çıkmaya/inmeye zorlanır. "Serseri", "Yalnız Maden Arayıcısı" ve "İşçi", komedide, tam da "serserilik", "maden arayıcılığı", "işçilik" haline gelme hareketinin kendisidirler, yani öznedirler (kendilerinin öznesi). Biraz düşünürsek, trajedide aslında bunun tam zıddı bir hareketle karşı karşıya olduğumuzu anlarız: İşe her zaman gayet somut ve güçlü bir kişilikle, çoğunlukla trajediye de ismini veren bir özel ismi olan önemli bir bireyle başlarız. Evrensel ya da türsel isimlerin trajedi başlığı olduğunu düşünmek, mesela *Antigone*'yi *(Uslanmayan) Hırçın Kız*'a, *Othello*'yu *Kıskanç Koca*'ya, *Romeo ve Juliet*'i de belki de düpedüz *Aşkın Kaybolan Emeği*'ne çevirmek güç olurdu. Hem bunu yapıp hem de hâlâ trajedi alanında kalmak gerçekten de çok zor olurdu. Bu tabii ki rastlantı değildir: Bu iki dramatik uygulama karşıt hareketler gerektirir. Trajedide eyleyen özne, başına gelen çeşitli ezalar yoluyla —çoğunlukla da ölümü pahasına— evrensel bir fikrin, ilkenin ya da yazgının onun kendisi üzerinden ortaya çıkmasına izin vermek zorunda kalır. Komedide ise bir evrensellik ("serseri", "işçi", "insansevmez"...), öznenin bütün somutluğuyla onun kendisi üzerinden —bu evrenselin zıddı (ya da ihmal edilmez dayanağı) olarak değil, kendi içsel hakikati, kendi esnekliği ve hayatı olarak— ortaya çıkmasına izin vermek durumundadır.[3]

3. Başlıkları başkarakterin adı olan komediler vardır elbette. Borat, bunun yakın tarihlerden bir örneğidir. Ama üzerinde düşündüğümüzde görürüz ki "Borat" aslında bir cins isim (dangalaklık seviyesinde önyargılı aptallığın adı) işlevini görür; daha doğrusu, türsel olan ile bireysel olan arasındaki bir kısa devre işlevini görür. *Borat* aynı zamanda komik karakterlerin (farklı) aktörler tarafından sadece temsil edilmediğini, aralarındaki bağın terimin bildik anlamıyla "temsilin ötesine" geçtiğini gösteren iyi bir örnektir: Komik karakterlerin (aktörlerin) ait oldukları kurmaca çerçevenin (sahnenin, filmin) ötesinde de "oynamayı" sürdürmelerinin hiç de sıradışı bir durum olmadığını hatırlatır bize. *Borat*'ın promosyon turu Borat'ın kendisi tarafından yapılmıştı. Bu sayede de Sacha Baron Cohen'in yarattığı bu karakter hakkında konuşacağı, onu neden ve nasıl yarattığını anlatıp kendisini Borat'ın arkasındaki özne konumuna yerleştireceği bir promosyondan çok daha etkili olabilmişti. Öte yandan, mesela yeni bir *Hamlet* prodüksiyonunun promosyonunun Hamlet'in kendisi tarafından, yani "dış" dünyada da da Hamletliği sürdüren aktör tarafından yapılabileceğini düşünmek güçtür.

• kusurlu ve sınırlı olan soyut evrenselin kendisidir.

Bu yüzdendir ki Hegel'e göre komedi evrensel olana (güzel, adil, iyi, ahlaki vs. gibi evrensel değerlere) sırt çevirip yüzünü (her zaman ve zorunlu olarak kusurlu, sınırlı ve her zaman biraz aptalca bir şey olarak) bireysel veya tikel olana çevirmekten ibaret değildir; aksine tam da soyut evrenselden somut evrensele son derece spekülatif bir geçişe tekabül eder. Hegel'e göre, tanımı gereği kusurlu ve sınırlı olan soyut evrenselin kendisidir, çünkü özbilinç uğrağından, benlik uğrağından, somut uğrağından yoksundur; ancak bütünüyle içi boş olma pahasına evrensel ve saf olabilmektedir. Burada söz konusu olan dönüşüm ya da kayma, evrenselin başka bir şeye dönüşmesi değil, evrenselin kendi içindeki bir kaymadır. Bireysele dönmek evrenselin kendisinin dönüşümüdür, evrenselin girdiği risk, geçtiği sınamadır. Evrensel kendi hakikatine ancak somut bir benlik olarak özbilinç mesafesi yoluyla ulaşır. Somut olan, evrenselin kaçınılmaz bir deformasyonu, aksi takdirde kusursuz kalacak olan evrensel "tinsel" İdea ya da Kavram'ın çoğunlukla aptalca bir yerlere sokuşturulması değil, Tin'in kendisinin mihenk taşıdır. Yani —kestirmeden söylersek— evrenselin kendisi de kendi somut ve bireysel görünüşü kadar aptalcadır. Bu süreçten geçmeyen evrensel gerçek bir evrensel değildir, sadece somut olandan yapılan genel bir soyutlamadan ibarettir. Evrenselin gerçek ruhuna/tinine ancak somut olanla ulaşırız; diyebiliriz ki komedinin materyalizmi tam da ruhun, tinin materyalizmidir. (Dilsel olarak bunun gayet iyi farkındayızdır: Dil komedinin, tam da materyalizmi sayesinde, ruhla, tinle ilgili bir mesele olduğunun farkındadır; komedi tarzını o geniş zihinsel kapasite anlamında tine bağlayan sayısız terimin varlığından da belli olur bu. Birkaçını zikredeyim: İngilizcede *wit*; Almancada *geistvoll* veya *geistreich* ve İngilizcedeki *wit*'le ortak kökten gelen *witzig* ve *Witz*; Fransızca ise bu bakımdan özel bir uzdilliliğe sahiptir: *avoir de l'esprit, être spirituel, faire de l'esprit, mot d'esprit* veya sadece *esprit*.)

Tin ile komedi arasındaki bu tescilli ilişki göz önünde bulundurulduğunda "tinin fenomenolojisi"nde komedinin yukarılarda bir yer işgal etmesi şaşırtıcı olmayacaktır herhalde. Hem de sadece tin terimi yüzünden değil. *Tinin Fenomenolojisi*'nin bütün hareketinin Hegel'in betimlediği haliyle komedinin hareketine şaşırtıcı ölçüde yakın olduğunu söyleyebiliriz: Bu devasa felsefe tiyatrosunda birbirini takip eden farklı bilinç figürleri, birbiri ardına, somut bir evrenselin üretilip özbilincin kurulmasını, yani tözün özne haline gelmesini sağlayan süreçten geçerler. *Tinin Fenomenolojisi*'ndeki bölüm başlıklarının çoğunun kusursuz komedi başlıkları gibi okunabilmesi şaşırtıcı değildir yani: "Efendi ve Köle", "Mutsuz Bilinç", "Haz ve Zorunluluk", "Kalbin Yasası ve Kendini Aldatma Çılgınlığı", "Mutlak Özgürlük ve Dehşet", "İkiyüzlülük ve Sahtekârlık", "Güzel Ruh" — ve de nihai komedi (ironi yapmıyorum!): "Mutlak Bilgi".

Bu yüzden Lacan'ın Hegel'in *Tinin Fenomenolojisi* eserini *un humour fou*, çılgın bir mizah olarak betimlemiş olması şaşırtıcı değildir (Lacan 1991, s. 197). Hegel'in bu mizahı özellikle, komediden, bir sonraki bölümde ele aldığı ve bilhassa Ete Kemiğe Bürünme ânına yoğunlaşan (vahyedilmiş din olarak) Hıristiyanlığın özüne geçmeyi sağlayan doğrudan bir bağlantı kurup işlediği noktada iyice çılgınca gelebilir bizlere. Öz göklerden yeryüzüne iner ve somut olanda ete kemiğe bürünür. Temsil edilmez, ete kemiğe bürünür: Yani aşkın, sonsuz Öz'ün bu dünyada somut bir biçimle temsil edilmesi değildir söz konusu olan. Bu dünyada somut bir biçimde zuhur ettiği zaman, öbür dünyadan düpedüz kaybolur ve onunla birlikte bu öbür dünyanın kendisi de kaybolur. Hıristiyanlığın spekülatif boyutunun Hegelci okumasındaki ünlü vurgu budur: Vahiy ve ete kemiğe bürünme ayrıca, İsa'nın Çarmıh'ta ölmesiyle birlikte (yani Özü ete kemiğe büründüren benliğin ya da öznenin ölümüyle birlikte) ölenin aşkın Tanrı'nın kendisi, Öte'nin kendisi olduğunu ima eder. İsa'nın, Hegel'in Diriliş'in içsel bir uğrağı olarak okuduğu ölümü, onun ardından esasen dokunulmamış kalan Öz'ün Öte'ye geri dönüp onu yeniden kurduğu anlamına gelmez. Zira bu, kendi bireysel görünüşleri ile sınırlandırılmayan evrensel güçler olarak Yunan tanrılarının temsili mantığı içinde takılıp kalmamız demek olurdu; sınırı tam da kendi bireyselliği tarafından sınırlandırılmamak olan ("kötü") evrenselliği geçememiş olmamız demek olurdu. Nitekim, İsa'nın ölümü her şeyden önce Öte olarak Tanrı'nın ölümüdür ve bu Öte'nin insan öznelerin somut gerçekliği içindeki içeriminin ölümüdür. İlk Ete Kemiğe Bürünme ânı —yani Ete Kemiğe Bürünme'nin kendisi— "Tanrı insandır" denklemini ortaya kor (bu arada bu denklem tersinmez ve "insan Tanrıdır" ile aynı şey değildir);[4] bu Ete Kemiğe Bürünme'nin ölümü ise temelde iki anlama gelir: Öte'nin gerçekten ölmesi ve "Tanrı insandır" denkleminin nihai teyidi. Tabii ki bu da her türlü aşkınlığın bertaraf edilmesi değil, onun gerçek ve her zaman somut [bir şey] olarak varolduğunun olumlanmasıdır.

Baştaki noktaya dönersek: Mel Gibson sayesinde herkesin İsa'nın Çilesi'nden, akla hayale sığmaz ıstırabından bahsettiği bir dönemde, "İsa'nın komedisi" hikâyesine kulak vermenin doğru ânı gelmiştir belki de.

4. Bu çok önemli bir noktadır: Aynı analiz "Tanrı insandır" yargısına olduğu gibi "töz öznedir" yargısına da uygulanabilir. Bu konuda Slavoj Žižek'in *The Ticklish Subject* (Žižek 1999, s. 70-103) adlı kitabında yaptığı, konusunun hakkını bütünüyle veren kusursuz analize bakınız.

SONLUNUN METAFİZİĞİNE KARŞI SONSUZUN FİZİĞİ

1965'TE NATHAN A. SCOTT tarafından yayımlanan epey ilginç ve zihin uyarıcı bir yazıda, Hıristiyanlığın Ete Kemiğe Bürünme vaadini komediye (ve komedinin materyalizmine) açıkça bağlayan bir tez buluruz. Scott'ın argümanını kısaca tartışmakta fayda var; belki kendisinden çok ele aldığımız tema bağlamında sahip olabileceği stratejik değer yüzünden: Materyalizm ve komedi sorununu ilginç ve şaşırtıcı bir biçimde gündeme getiren bu yazı komedinin materyalizmi hakkındaki argümanımızın son tahlilde Scott'ın da benimsediği daha genel "hümanist" argümandan farkını özgülleştirmemize yardımcı olabilir.

Scott'ın argümanının ilk kısmı bu konudaki modern literatürün yüzüne indirilmiş dev bir tokat adeta. İlginçliği de şuradan geliyor: Bu Hıristiyan yazarın modern literatüre getirdiği itiraz, yeterince materyalist olmaması; Scott'a göre bu literatür fazla ruhanidir, Öz'ün deneyüstü ve ulaşılamaz karakterine güçlü bir inanç besler, insan varoluşunun somutluğuna ve olumsallığına tahammül edemez, bu ona bezginlik ve bulantı verir. "Modern duyarlılığa" en uygun din Bilinircilik'tir (*Gnosticism*) ki modern edebiyatta bu dinin izleri gayet açıkça görülebilmektedir. Bilinircilik dünyanın merkezine habis bir Boşluk koyar, radikal önemi tasfiye edilmiş bir dünya, bir tür kâbus olarak dünyadır bu. Bu modern duyarlılık kökten Önemli olanın tarihsel deneyimin bütün geçici ve yaklaşık anlamlarından mutlak olarak ayrılmış olduğu koyutlamasına dayalıdır ve sonlu varoluş dünyasını aldatıcı ve sahtekârca bir poz kesme olarak tasavvur eder. Gerçekten Önemli veya Özsel olabilecek şeyin radikal bir aşkınlığı olduğu, Varlığın da buna ulaşabilmekten acı verici ölçüde âciz olduğu hissiyatı söz konudur.

Woolf (*Dışa Yolculuk*) ve Sartre (*Bulantı*) Scott'ın tezini mükemmelen örneklerler. Scott'ın akıl yürütme tarzını okurun da sezebilmesi için bir örnek vermek gerekirse, Sartre'ın *Bulantı*'daki kahramanı Roquentin'i şöyle betimler: Roquentin derin bir tiksinti içindedir ve "fenomenler dünyasının şekilsiz olgusallığı, şeylerin onun kendi varoluşuyla hiçbir bağlantısı olmayan ve bu yüzden de kendi iç varlığına karşı çıkıyormuş gibi görünen bir *oradalığı* müstehcen bir inatla sürdürmeleri" midesini bulandırır. Deneyimlediği her nesne ve her olay "o katıksız keyfilikleri ve gerçekliklerinin olumsallığı yüzünden, onun özlediği türden metafizik düzenin bir imkânsızlık olduğunu ima eder gibidir. Bu da adalet hissini incitir ve o müthiş tiksintisi içinde, blues saksafoncusunun çıkardığı sesin içinde bedensizleşmeyi arzular: Böylece meleklerin bedensiz hayatını yaşayacak, artık bir insan değil bir müzik nefesi olacaktır" (Scott 1965, s. 100). Keza Scott Woolf'un kendine özgü zekâsını da "insanlık durumunun kesif, kaba saba gerçeklikleri içine dalamayan bir zekâ" olarak tasvir eder, "çünkü bunlar insanı herhangi bir yere götürüyormuş gibi ya da hayatta Gerçekten Önemli olanla ilişkilendirilebilecekmiş gibi görünmeyen gerçekliklerdir. İnsani sonluluk âlemine yönelik derin bir inanç veya güven yoktur" onda, aksine "insan denen mahlukun hantal kaba sabalığı ve hayatın kaba, pürüzlü kenarları karşısında duyulan müthiş bir sabırsızlık söz konusudur..." (*a.g.y.*, s. 99).

Scott bu ve başka örneklerden modern edebiyatın temel bir idealizmi ve kendine özgü bir dinselliği veya maneviyatı olduğu, hayatımız ve zaman içindeki varoluşumuz karşısında son derece sabırsız davrandığı ve yaratılmış sonluluk düzenlerine karşı temel bir güvensizlik duyduğu sonucuna varır. Zaman içindeki varoluş bizatihi bir yüktür ve hayatımızın gerçekliği Hakiki (önemlilik) ve Gerçek olanın bulunduğu boyuta kapalı, varlığın katıksız sıradanlığı içine batmış durumdadır. Bu varoluşa tıpkı bir hapishane hücresine kapatılmış gibi kapatılmışızdır ve (sıradan, gündelik) hayatımız tam da bizi kelimenin vurgulu anlamıyla Hayat'tan ayıran şeydir. Bu perspektiften bakıldığında, "modern duyarlılık" hayat ile "öteki sahne", acı verici bir biçimde tecrit edilmiş olduğumuz ve ancak —o da ne kadar mümkünse— çok az sayıda istisnai ve aşırı yoğunluk anlarında yaklaşabileceğimiz Hakikat'in ve Gerçekten Önemli olanın sahnesi arasındaki radikal bir yarılma ile bölünmüş durumdadır.

Bu tür bir yoğunluk, bu tür bir maneviyat/tinsellik, bu tür bir bedensizlik, varolan "aptalca" ve anlamsız Varlık karşısındaki bu tür bir tiksinti, Scott'a göre, insan varoluşunun sonluluğu ve maddiliği içine bütünüyle gömülmüş olan ve ondan beslenen komik ruhun tam zıddıdır. Komik tarzda, insan denen mahlukun günlük, koşullu dünyasına inilir, "insanın ikamet ettiği envai çeşit köşenin hepsinde güvenle dolaşılır." Mesela —yine o meşhur örnek!— "Kibirli milyonerin, kafası kendi gururu ve önemi ile meşgul vaziyette caddeden inerken fark etmediği bir muz kabuğuna basıp kayınca yaşadığı aşağılanma ve böylece ... tüm insanlar gibi kendisinin de yerçekimi yasasına tabi olduğunu hatırlaması" (Scott 1965, s. 103). Ama komik insan kendi mahluk-oluşunun en kaba ifadesinden bile utanmaz: Dünya bütünüyle hoş ve de güzel olmasa da kendini zalim bir mahkûmiyet altındaymış gibi hissetmez; demir parmaklıklar arkasına kapatılmış gibi de hissetmez...

Burada Scott'ın argümanının diğer şaşırtıcı yanı devreye girer: Komedi sonluluk alanına duyduğumuz güveni onarırken Hıristiyanlıkla aynı "kaba materyalizm"in hükmü altındadır. Scott'ın bu bakımdan en çok vurguladığı Hıristiyanlık unsuru, —en azından belli bir noktaya kadar— gayet Hegelci bir tarzda yorumladığı Ete Kemiğe Bürünme unsurudur. Ete Kemiğe Bürünme öğretisini "İncil'in kalbi" olarak kabul eder ve çok güçlü bir biçimde "İsa Mesih'in Tanrı'nın ta kendisinin ete kemiğe bürünmesi olduğunda" ısrar eder (Scott 1965, s. 110). Başka bir deyişle, mesele sadece, Celileli marangoz İsa'nın hayatı sayesinde Tanrı'nın nasıl olduğunu sezebilmemiz meselesi değildir. İsa sadece dini bir deha ya da bir tür kahraman değildir. Pagan Yunan tanrıları gibi sadece insan kılığına bürünmüş bir Tanrı da değildir. İsa Tanrı'dır, insan olarak Tanrı, insanlık durumu içinde ete kemiğe bürünmüş ve varolmakta olan Tanrı'dır. Komedinin kalbinde de Ete Kemiğe Bürünme'nin bu veçhesi vardır.

Scott'ın verdiği bu örnekten çıkarak, argümanını şöyle özetlemek geliyor içimden: İsa Mesih muz kabuğuna basmış Tanrı'dır. Ete kemiği bürünme komedidir, komedi de her zaman ete kemiğe bürünmeyi içerir. Nasıl yani?! İdealizme karşı savaş olarak Hıristiyanlık mı? Esasen sonlu, olumsal varlıklardan ibaret olduğumuz fikrine karşı mücadele olarak Hıristiyanlık mı? Kabul etmek gerekir ki Hıristiyan bir yazardan gelmesi insanı biraz ürküten bir itiraz bu.

Ama bu merak uyandırıcı ve güçlü noktanın yanı sıra, Scott'ın argümanının çok daha geleneksel bir biçimde "Hıristiyan" kalan ve komedinin bazı çok önemli boyutlarını açığa çıkarmaktan çok üzerini kapatan bir yanı daha vardır. Zira komediyi fazla basitleştirici bir perspektife, insanın sonluluğunun, sınırlarının ve mahcubiyetlerinin getirdiği "yükü" kabul edip bunda sevinecek bir yan bulma perspektifine yerleştirir. Bu noktayı ele almakta fayda var, çünkü son zamanlarda komedi hakkında söylenip yazılan şeylerin çoğunda (bariz Hıristiyanca çağrışımları olmaksızın) tekrar gündeme geldiği açık. Mesela komik karakterler, birer mahluk olmamızdan ileri gelen[5] sınırları aşmaya çalışan ve dolayısıyla sadece insan olduklarını unutan "aşırılıkçılar" olarak görülen trajik kahramanların karşı kutbuna tam da bu perspektif yüzünden yerleştirilmektedir.

Bu perspektifte, komedi (bu eğilimin zıddı olarak) yine o en sıkıcı ve indirgemeci tanımına geri döner: Komedi, bütün kusur ve zaaflarıyla birlikte sadece insan olduğumuzu kabullenmekle ilgilidir; güzelliğin (ulaşılmaz ideallerde değil) küçük, sıradan ve gündelik şeylerde yattığını fark etmemize yardımcı olur ve —Scott'ın ifadeleriyle— "katıksız bedensiz ruh ya da katıksız bedensiz zekâ olmak istediğimiz zamanlarda, komedyen bize hayatımızın nesnel, maddi koşullarını ve aklımızı koruyup hayatta kalabilmek istiyorsak onlarla uzlaşmamız gerektiğini hatırlatır. İnsan olduğumuzu, melek değil sonlu ve koşullu mahluklar olduğumuzu unutmamıza izin vermez" (Scott 1965, s. 113).

Bu tür tespitlerden yola çıkan komedi tanımı hem basitleştirici hem de ideolojik olarak sorunludur. Basitleştiricidir çünkü komik karakterlerin de çoğunlukla basbayağı "aşırılıkçı" olduklarını görmeyi başaramamakla kalmaz, komedinin her zaman her iki yönde de hareket ettiğini de göremez: Komedi gayet bağımsız bir şekilde dolanırken katıksız bedensiz ruhtan onun maddi, fiziksel koşulları-

5. Mahluk olmanın komediyle de muhtemel bir ilişkisi olan farklı ve çok önemli bir boyutu son dönemlerde Eric Santner tarafından o harika *On Creaturely Life* (Santner 2006) kitabında tasvir edilmiştir.

na hareket ettiği gibi, maddi olandan katıksız bedensiz zekâya da hareket eder. Bu ikincisi de ilki kadar komik olabilir, hatta kesinlikle o kadar komiktir.

Komedinin gerçekten de son derece materyalist olmasının nedeni sadece bizlere (kabullenmemiz gereken) nihai ufkumuz olarak ve hayatımızın bir koşulu olarak çamuru, pisliği, kesif ve kaba saba gerçekliği hatırlatması ve bunda ısrar etmesi değildir. Komedi materyalisttir çünkü bu maddiliğin çıkmazlarına ve çelişkilerine ses verir, onları ete kemiğe büründürür. Komedide devreye giren asıl ete kemiğe büründürme *budur*. Beden bağımsız olmaya çalışan "katıksız zekâ"nın sınırı değil, tam da kökenidir. Şeylerin belli bir noktadan öteye gitmesini önleyen şey bedenin maddiliği ise bile, bu şeyleri en başta harekete geçiren şey de odur. Komedi, idealistçe kaçışları kesif maddi gerçekliğin getirdiği sınırlarla dengelediği için değil, bunu bildiği için materyalisttir. Kaba saba ve kesif olan her şeye düşkünlük materyalizmin maddenin tutarsızlık ve çelişkilerini kendi kendisine atfeden canalıcı önemdeki dersini almaktan kaçınmanın bir yolu olabilir. Komedi materyalisttir çünkü maddiliğin katıksız ruha, katıksız ruhun da maddi bir şeye dönüşümünü, bizatihi maddiliğin bünyesinde bulunan bir güçlükten kaynaklanan *bir ve aynı hareket* olarak görür.

Scott'ın komedi türüyle ilgili olarak ulaştığı ve yukarıda özetlenen sonuçların bazıları, komediyle ilgili modern (ve de postmodern yahut da en iyisi "Hegel-sonrası" diyelim) tartışmalarda sürekli ve tekrar tekrar dikkat çekilen bir noktaya (bu türü daha geniş bir felsefi, siyasi ve ideolojik bağlama da oturtan bir noktaya) şu ya da bu ölçüde doğrudan getirir bizi. Bu bölümde meydan okumak istediğim bu noktanın şöyle özetlenebilecek muhtelif farklı formülasyonları vardır: Komedi temeldeki insaniliğimizi, bu insaniliğin getirdiği sevinçleri ve maruz kaldığı sınırları güçlü biçimde vurgulayan bir türdür. Bizi *sonlu* varlıklar olduğumuz gerçeğini tanıyıp kabullenmeye davet eder, hatta zorlar. Bize bütün kusurlarımız, hatalarımız ve zaaflarımızla sadece insan olduğumuzu öğretir ve insan sonluluğunun getirdiği yükle, onu olumlayarak, sevinçle başa çıkmamıza yardım eder.

Komedi hakkındaki bu "modern" görüşlerin karşı konmaz biçimde *pathos*'a meyletmesi (aslına bakarsanız, gerçek komik ruhtan bunun kadar uzak bir başka duygu durumu da yoktur) ve iş geleneksel olarak hak ettiği değer pek verilmemiş olan bu türe ciddi bir teorik veya felsefi ilgi göstermeyi gerekçelendirmeye geldiğinde de öne sürülen başlıca argümanın çoğunlukla komedinin insan sonluluğunu övdüğü varsayımı olması hayrete şayandır. Modern okurlar Hegel'in komediyi (ve sanatı) din bağlamında ele almasından çoğunlukla rahatsız olsalar da, benzer bir dizi sorun tarafından aynı ölçüde belirlenmiş olduğu söylenebilecek bu tür yaklaşımlarla çok daha az sorunları vardır.

Epey bir zamandır, çok sayıda eleştirel felsefi çalışma, sonsuzluk ve aşkınlık metafiziğinin altını oymanın çeşitli yollarına hasredilmiş durumdadır. Ama bir *sonluluk metafiziği* adını vereceğim şeye dair dikkate değer bir (modern) eserler bütünü olduğunu da gözden kaçırmamamız gerekir; bu eserlerde bariz bir patetik tınıyla, sonluluk *bizim* (çağdaş) büyük anlatımız olarak ortaya çıkar. Bu sonluluk metafiziğinin menzili ciddi boyutlara ulaşır; son derece karmaşık ve incelikli felsefi girişimlerden bütünüyle sağduyu düzleminde bir "gündelik hayatın psikoteolojisi"ne (bu ifadeyi farklı anlamsal içerimler yükleyerek Eric Santner'den alıyorum) kadar uzanır; söz konusu psikoteolojide sonluluk, ("kabullenilmiş") anlamsız varoluşumuzu anlamlandırmak üzere göreve çağrılan yeni bir Ana Gösteren olarak, yeni bir İncil, yani "müjde" olarak (Sen sadece insansın! Rahat bırak kendini! Hiç kimse kusursuz değildir!) yaşadığımız küçük (ya da o kadar da küçük olmayan) hayal kırıklıkları ve talihsizliklerin tesellisi ve açıklaması olarak ortaya çıkar.

Billy Wilder'ın *Bazıları Sıcak Sever* filminin ünlü son sahnesini (filmin son cümlesi de budur: "Kimse kusursuz değildir") hatırlayanlar komedinin şu müthiş hikmeti (ki komedinin hikmetinin de bu olduğu zannedilir) nasıl çarpıcı ve kesin bir biçimde imha ettiğini bilirler: Kimse kusursuz değildir, o yüzden de senin ne dediğinin ya da yaptığının, hatta ne olduğunun önemi yok; en iyisi sen çeneni kapat da seninle ne yapmak istiyorsak yapalım (örneğin, filmdeki gagda olduğu gibi, evlenelim). İnsanın kusurluluğuyla ilgili bu hikmet bazen bir komik muameleden daha geçirilir: "Kimse kusursuz değildir. Ben de kimseyim (*nobody*)."

Komediyi insan sonluluğunun (ve onunla bağlantılı olduğu farz edilen her şeyin: zaaflarımızın, sınırlarımızın ve kusurlarımızın kabullenilmesinin; aşkınlığın yokluğuyla uzlaşmanın ve "insan [sadece] insandır", "hayat [sadece] hayattır" denklemini benimsemenin) *porte-parole*'ü (sözcüsü) olarak görüp ona bu açıdan değer vermek kavramsal olarak son derece sorunludur. Komediyle ilgili olarak benimsenen bu perspektif aşırı basitleştiricidir ve tez vakitte de pek bir işe yaramadığı ortaya çıkar. Bunun tam tersi kulağa daha doğruymuş gibi gelmiyor mu? İnsanlar "sadece insan" (hayat da "sadece hayat") olaydı, insan denklemi bundan ibaret olup geriye hiçbir fazla bırakmayaydı, komedi diye bir şey olmazdı. Tam da komedinin ve komik olanın varlığı bize son derece açık bir biçimde, insanın asla sadece insan olmadığını ve insanın sonluluğunun tam da insanın ve sonluluğunun kumaşına göre kesilmemiş olan bir ihtirasla fena halde aşındırıldığını söylemez mi bize? Çoğu komedide bir ya da birkaç karakterin ortamlarının ve onun içindeki insanların vasat, dengeli rasyonelliğinden ve normalliğinden şiddetle koptuğu bir durum oluşturulur. Ve de "sadece insan" olanlar da tam da bu diğer "normal" insanlardır, halbuki komik karakterlerin bununla hiç ama hiç alakaları yoktur. Komedinin imha edilemez olan üzerindeki, var kalan, kendini tekrar tekrar öne çıkaran ve "sahibi" çoktan ölse bile varlığı süren bir "tik" gibi çekip gitmek bilmeyen üzerindeki gerçekdışı olduğu varsayılan ısrarının son derece gerçek bir yanı vardır. Bu bakımdan komik karakterlerin kusurları, abartıları, aşırılıkları ve mahut insani zaafları, tam da onların "sadece insan" olmamalarını açıklayan şeydir denebilir. Daha doğrusu, "insani" olanın ancak bu tür bir kendinden fazla olma içinde varolduğunu gösterirler bize.

Nitekim, komedinin insani "zaaflar" karşısında belli bir hoşgörü tavrı doğurduğu doğru olmasına rağmen, burada şu önemli ek vurguyu yapmak gerekir: Tam da bu zaaflar yüzündendir ki insan asla sadece bir insan değildir. Burada sadece kelimelerle oynayıp anlamlarını tersine çeviriyor filan değiliz. Komediyi anlamak için elzem bir nokta söz konusu burada: Komedi tam da insani olanın gayri insani olanla örtüştüğü; gayri insani olanın insani olan, sonsuzun sonlu, Öz'ün görünüş ve de Zorunlu'nun olumsal içine "düştüğü" noktada ilgilenir insanla. Ve komik evrenin —trajik evrene kıyasla çok daha büyük ölçüde— içkinlik ufku içerisinde kurulduğu, Öte'ye atıfta bulunmayı terk edip Öz'ü her zaman somut olarak varolan bir durum içine yerleştirdiği doğruysa bile, bunu kendi sonlu benliğini (sonsuz) Öte'ye kapatarak, onu kendi atıf alanından dışlayarak yapmaz. Aksine, onu içkinliğe, verili duruma *dahil ederek* yapar. Öte dünyaya ve insani olana, insanın asla sadece bir insan olmamasını sağlayan heterojen unsur olarak dahil edilir. "İnsan sadece insandır" son tahlilde soyut idealizme ait bir aksiyomdur; temelde "insan Tanrı değildir"den başka bir şey ifade etmez. Oysa komedinin savunduğu hakiki materyalist aksiyom, daha çok şudur: "İnsan insan değildir." Yukarıda bahsedilen sonluluk metafiziğinin kendini insani zaaf ve kusurları kabullenmeye yönelik gönül okşayıcı bir hümanizm içine kapattığı zaman göremediği şey de budur.

Özetlersek: Komediyi sonluluk kavramı (yani sonluluğun tanınıp kabullenilmesi) üzerinden düşünme ve komedinin günümüz sonluluk metafiziğinin *porte-parole*'ü olduğunu savunma yönünde önemli bir girişim söz konusudur. Biz ise buna karşı, has komik ruhun, bu sonluluk metafiziğine indirgenebilmek şöyle dursun, aksine her zaman bir "sonsuzun fiziği" olduğunda ısrar etmeliyiz. Ayrıca, komediyi has materyalizm zeminine yerleştiren, onu her türlü ruhçuluktan muaf kılan ve ona yine din-karşıtı eğilimini kazandıran (sonsuz Öteki'ne yönelik statik bir muhalefet ya da onunla alay etme gibi basit bir anlama gelmeyen, aksine tam da bu sonsuz Öteki'yi insan hayatının kendisinin son derece maddi Gerçeği olarak kullanan bir eğilimdir bu) şey de tam bu sonsuzun fiziğidir.

Bana kalırsa her ikisi epey farklı perspektiflerden yola çıksalar da Hegel'in ve Lacan'ın perspektiflerinin buluştuğu bir noktadır burası aynı zamanda. Lacancı perspektif günümüzdeki insan sonluluğu *doxa*'sından nasıl farklılaşır? Elbette ölümsüzlüğe yönelik bir inanç besleyerek yahut da insanın sonsuz olan bir parçası ya da boyutu —buna (birey ya da egoya karşıt olarak) ruh veya özne diyelim— olduğunu savunarak değil. Aradaki fark çok daha ilginçtir. Günümüzde hâkim konumda olan insan sonluluğu kavramı da şüphesiz, eninde sonunda hepimizin öleceğini ve bedenimizden ayrılıp göklerdeki Baba'sına katılacak herhangi bir ruh filan olmadığını hatırlatmaktan ibaret değildir şüphesiz. Basitçe söylersek, yaşayan insanların sınırlarına ve maruz kaldığı kısıtlamalara atıfta bulunur. Burada sonluluk empatik bir kavramdan, insan hayatının sınırlılık, tamamlanmamışlık, bölünme, çığrından çıkmışlık, antagonizma, başkalarına maruz olma, "kastrasyon" bakımından içerdiği her şeyi, arzu açmazlarını, iki ya da daha fazla ucun asla birleşip de kusursuz bir daire oluşturamayışını işaret eden bir Ana Gösterenden ibarettir. İnsanlık durumunu temelden belirleyen bir çaprazlanma (*chiasm*) ile ilgili bir şeydir. Gelgelelim bu söylemde, bu söylemin sonluluğu kendi Ana Göstereni olarak kullanma tarzında, sonluluk tam da her türlü kapanıma direndiği söylenen şeyin kapanımı olarak ortaya çıkmıyor mu aynı zamanda? Bu en açık biçimde bir tasvirin bir kural koyma ile çoğaltılışında, "Bizler sınırlı, bölünmüş, yaralanabilir varlıklarız"dan "Sınırlı, bölünmüş, yaralanabilir olun!"a geçişte (yani, bunu kabul etmemiz *gerektiğinin* söylenmesinde) görülür; bu buyruk insan sonluluğu ile ilgili günümüz düşüncesinin etik kısmını oluşturur. Wittgenstein'ın ve onun "Üzerinde konuşulamayan konusunda susmak gerekir" sözünün bir tür tersine çevrilişini görürüz burada; imkânsızın parodoksal olarak yasaklanması değildir, daha çok mümkünün, zaten olanın paradoksal olarak emredilmesidir buradaki. Bu etikte değişim ve özgürleştirici siyaset imkânına yapılan sayısız atfa rağmen, bu imkân tam da mümkünün buyrulması tarafından engellenmektedir. Bunun karşısında, Lacancı tavır —bazen böyle betimlense veya böyle görülerek eleştirilse bile— imkânsızın, kendini (veya başkalarını) insani olarak mümkün olanın sınırlarının ötesine geçecek kadar zorlamanın emredilmesi tavrı değildir. Başka bir yerde daha ayrıntılı olarak savunduğum gibi,[6] Lacan Gerçeği imkânsızla özdeşleştirirken meramı, Gerçeğin muhtemelen olamayacak bir Şey olduğu değildir — Lacan'ın Gerçek kavramının bütün söylemek istediği şudur: *İmkânsız, olur*.

Zaten o radikal olumsuzluğuyla arzu —ama özellikle de her zaman aşırı, "fazla" doğasıyla dürtü—, kişinin sonluluğunu kabullenmesi hikâyesini zorunlu olarak karmaşıklaştırır, çünkü *bu sonluluğun kendisi içine* temel bir *çelişki* sokar ya da kendisinde varolan temel bir çelişkiye işaret eder. Buna, bu insani çelişkinin tam da insanın sonluluğunun nişanesi olduğu şeklinde ters bir cevap verilebilir elbette. Ama bu hamle tam da kapatma hamlesidir. Bunun yerine,

6. "Passage à l'art ali umetnost kot dejanje. Drugi del: sublimacija in ljubezen", *Problemi* 1-2/2000. Ayrıca bkz. Zupančič 2003, s. 176-8.

bir kavramsal adım daha atmak gerekir: Mesele sadece insan sıfatıyla temel bir çelişkinin damgasını taşıyor olmamız ve dolayısıyla da sonlu olmamız değildir, çelişkinin içinde bulunduğumuz "insanlık durumu" olarak tam da bu sonluluğun kendisi için de geçerli olması ya da ona da uzanmasıdır. Zira söz konusu olan şey şöyle formüle edilebilir: Bizim sonluluğumuz zaten hep *başarısız olmuş bir sonluluktur* — adeta sızıntı yapan bir sonluluktur. Lacan bu "sızıntı"yı gösterenin vuku bulduğu noktaya yerleştirir. Bu vakanın doğası her zaman sorunludur; beden ile gösteren arasındaki bağlantı her ikisine de indirgenemeyen bir nokta üretir ve bu noktayı kendi bünyesine katar. Çok basit bir şekilde söylersek: Bu bağlantının kurulabilmesi için bir şeyin (bedenden) çıkarılması gerekir. Bu da bir üçüncü unsur üretir; insan varoluşunun kesinlikle beden olmayan ve simgesel bir statüsü olmayan bir üçüncü boyutunun taslağını üretir: Lacan buna "kısmi nesne", *a* nesnesi adını verir. *a* nesnesi Lacan'ın insan sonluluğundaki sızıntının maddiliğine verdiği addır. "Sadece bedenler ve diller vardır" şeklindeki *doxa*'ya (bunu Badiou'nun "demokratik materyalizm" tanımından ödünç aldım) karşı çıkan ve onu yalanlayan şey de budur.[7]

Komedi işte bu "başarısız olmuş sonluluk"tan, özellikle de onun nesne biçiminden beslenir. Komedinin teatral bir biçimde kullandığı kavramsal nokta şundan başka bir şey değildir: İnsan gerçekliğinin sonluluğu en baştan itibaren paradoksal bir sonluluk, kusurlu bir sonluluktur. İnsanlar için (esrarengiz bir nedenle kabullenmeyi reddettikleri) sorunsuz bir sonluluk diye bir şey yoktur. Şöyle demek daha doğru olmaz mı acaba: İnsanlık sonluluğu içinde huzurla yaşayabilmekten son derece mutlu olurdu olmasına ama bu sonluluğu içeriden kemiren, aşındıran, sorgulayan bir şey vardır? Bu durum Beckett kahramanını şu şekilde tanımlayan bir Beckett yorumcusu tarafından mükemmelen tanımlanmıştır: "*À défaut d'être immortel, il est increvable!* — Ölümsüz olmayabilir, ama *ölmek de bilmez*!" (Simon 1963, s. 130).[8]

7. Mladen Dolar bu noktayı nesne-sesle bağlantılı olarak hoş bir biçimde geliştirir (bkz. Dolar 2006).

8. Bu noktayla ve genelde Beckett ile ilgili nefis bir yorum için bkz. Dolar 2005a.

İnsan sonluluğunun içinde bir delik vardır ve de farklı dini söylemlerin hem kendi itici güçleri olarak kullandıkları hem de bu başarısız sonluluk için özgül atıf çerçeveleri sağlayan anlatılarıyla cevap verdikleri şey de tam bu "delik" ve yol açtığı sonuçlardır. Bu bakımdan, eğer ateizmin bir anlamı varsa o da şudur: "Modern" insanın kabul etmesi ya da üstlenmesi gereken tek şey sonluluk değil bu "sonluluktaki delik"tir, bu deliği şu ya da bu ölçüde patetik insan sonluluğu beyanlarıyla ümitsizce "doldurmaya" çalışıp her zaman da başarısız olmak yerine yapması gereken budur.

Bu perspektifte, insan sonluluğu/sonsuzluğu sorusunu ifade etmenin en sağlam yolu şunu demek olacaktır: *Sonsuz olmadığımız gibi, sonlu bile değiliz.*

Burada durup tekrar komedi hakkında düşünürsek, komedilerin tam da çeşitli ve farklı biçimleriyle sonsuzluktaki bu deliğin kumaşından dokunduklarını daha net görürüz. Komik karakterler de komik durumlar da bu olguyu teşhir etmekle kalmaz, bizzat kendilerinin yaratıp oynadıkları şeyin kaynağı olarak da bol bol kullanırlar. Bundan sonraki bölümlerde daha ayrıntılı ve somut bir biçimde gösterilmeye çalışılacak olan şey de budur.

Bu sonluluk tartışmasına sonuç olarak, bir Başka sahne/dünya kavramına karşıt içsel çelişki kavramıyla ilgili son bir tespit daha eklemek gerek. Basit söylersek: "hayatta hayattan fazla (ya da az) olan şey", ya Başka sahnenin yüce fenomenal bir tezahürü olarak ya da hayatın kendi iç çelişkisinin ("bütünlüksüzlüğünün") gerçek bir yaratısı veya ürünü olarak görülebilir. İlk alternatif bütün teolojik içerimleriyle birlikte aşkınlık alternatifidir açık ki. Bizler insanız ve dolayısıyla sonluyuz, ama aynı zamanda daha büyük bir şeyden, hayatlarımızın ampirik tasvirine indirgenemeyecek olan hakikatimizi seyreden sonsuz Başka'dan/Öteki'den de pay alırız.

İçsel çelişki perspektifi (Başka/Öbür taraf diye bir şey yoktur; Öbür taraf diye görünen şey bir ve aynı tarafın bir iç çelişkisidir) hiç de basit değildir. Sadece içkinlikle ilgili değildir, içkin bir aşkınlığı da beraberinde getirir. Lacan bunu ifade edebilmek için topolojiye başvurmuş ve Möbius şeridi şeklini bulup çıkarmıştı.

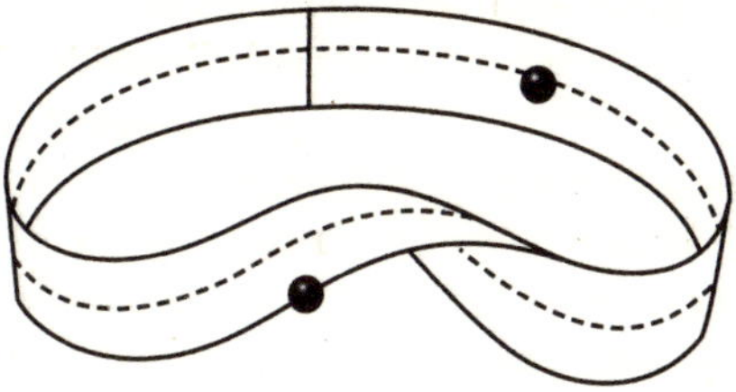

Möbius şeridini tarif etmenin belki de en kolay yolu, her noktada iki tarafı (yüzey ve öbür tarafı) olduğunu, ama ortada *sadece tek bir yüzey* olduğunu söylemektir. Şeridin üzerindeki herhangi bir noktadan başlayıp hareketi aynı taraf boyunca sürdürdüğümüzde eninde sonunda başladığımız tarafın ters tarafına ulaşırız. Lacan bunu şöyle anlatır: Bu yüzeyde yürüyen bir böcek her an henüz araştırmadığı bir taraf, kendisinin üzerinde yürüdüğü tarafın bir öbür tarafı olduğuna inanabilir. Aslında bildiğimiz üzere böyle bir öbür taraf olmasa da bu öbür tarafa, bu öteye güçlü bir inanç besleyebilir. Yani böcek sadece mevcut olan tek tarafı araştırmaktadır ama bunu bilmez (Lacan 2004, s. 161). Nitekim Möbius şeridinin cisimleştirdiği paradoks ortada tek bir yüzey olmasından (bu bakımdan içkinlikle karşı karşıyayızdır), ama her noktada bir de öbür taraf olmasından ibarettir. İşte içsel çelişki (sonlu olanın içsel çelişkisi) kavramını bu anlamda, basit sonluluğa indirgenemeyen bir şeyi doğuran nokta olarak anlamamız gerekir.

Ama bu içsel çelişki perspektifinin kendisinin de farklı varış noktaları ve dile getiriliş biçimleri olabilir. Temelde daima "kötü sonsuzluk" yapısını izleyen varış noktasına/dile getiriş biçimine sonlunun metafiziği adını veriyorum. Bu metafizik sonsuz değil ama *sonu olmayan* bir çelişki hareketine işaret ederek tatmin olur ve bu harekete bitimsiz bir farklılaşma süreciyle cevap verir.

Daha sonra, bu sonu olmayan çelişki hareketinin özneleşmesi —daha doğrusu, bireyselleşmesi— söz konusudur ki bu da trajedinin ya da "trajik paradigma"nın (kahramanlık paradigmasının da denebilir) özü olarak görülebilir. Trajik kahraman bile isteye ya da koşullar öyle gerektirdiği için bu sonu olmayan çelişkiyi cisimleştirmeye, onun sahası olmaya başlar; bu çelişki de kaçınılmaz olarak onu paramparça eder, (bir birey olarak) ortadan kaldırır. Bu da belli bir bütünselleştirme jestini beraberinde getirir: Özne kendi "maddi" yıkımı pahasına, temsil edilemez olanı, "sonsuz" bütünü temsil eder ve bu bütün de böylece öznel bir figür haline gelir/düzeyine çıkarılır ve bu şekilde görünür olur. Kant'ın yücelik teorisinde tartıştığı türden bütünselleştirmedir bu: sonu olmayan bir diziyi tek bir sezgiyle kuşatan, temsilin tam da başarısızlığı sayesinde başarılı olduğu türden bütünselleştirme.

Daha sonra da (sonu olmayan) içsel çelişkinin muhtemel bir "nesneleşmesi" (ya da tekilleşmesi) söz konusudur ki bunu da öncelikle komediyle ve "komik paradigma" ile ilişkilendirmek gerekir. Buradaki mantık çelişkinin sahnelendiği olası bir sonu-olmayan diziyi kuşatma mantığı değil, daha ziyade, onu tekilleştirme, *çelişkinin kendisini* nesneleştirme mantığıdır. Trajik ya da başka türlü cisimleştirmeden farklı olarak tam manasıyla ete kemiğe büründürmedir bu. İçsel çelişki hareketi insan deneyiminin birbirine indirgenemeyen iki heterojen tarafını üretip duruyorsa da, bu bölünmenin cisimleştirilmesi ("kişileştirilmesi") ile ete kemiğe büründürülmesi arasında bir fark vardır. Komik ete kemiğe büründürme bu iki taraf arasındaki şaşırtıcı bir kısa devredir. Möbius şeridinin topolojisini aklımızda tutarak, komedinin yaptığı işlemin temelde bir taraftan öbürüne geçişin imkânsızlığını ya da ikisi arasındaki imkânsız bağlantıyı görmemizi sağlamak üzere tasarlanmış bir işlem olduğunu söyleyebiliriz.

Bunu doğru anlamak için, "kayıp bağlantı/halka" terimini fazla aceleci biçimde anlamamaya dikkat etmemiz gerek. Topolojik Möbius şeridi modelinin değeri, yapısal ya da kurucu kayıp bağlantının tam da kayıp bağlantı ya da eksiklik olarak görecebileceğimiz bir şey olmamasından ileri gelir. Ne de olsa, Möbius şeridi bize aynı yüzeyin hiçbir kesinti, eksiklik ya da sıçrama olmaksızın pürüzsüz bir şekilde devamından başka bir şey sunmaz. İki tarafı arasındaki sıçrama, paradoksal mesafe, yapısının "bir parçasıdır"; ancak aslında hiçbir zaman taraf değiştirmesek de taraf değiştiriyor *oluşumuzda* algılanabilir. Başka bir deyişle, Möbius şeridinin bütün faydası çok özel türden bir kayıp bağlantıyı/halkayı düşünmemize yardımcı olmasıdır: Bir zincirdeki kayıp bağlantı/halka değildir bu (o zaman zincir kesintiye uğramış olurdu), tam da mevcut öğelerin birbirine bağlanmasını, bir zincir, pürüzsüz bir (nedensel) silsile oluşturmasını teşvik eden bir tarzda kayıp olan bir bağlantıdır. Bu bağlantının kaybolmuşluğu asla görülmez, algılanmaz, ama zincirin ("pozitif olarak") oluşma biçiminde, onu birbirine hangi öğelerin hangi noktalarda bağlandığında ima edilir; iki komşu öğe arasındaki bir kayıp bağlantı değildir (o zaman bunlar arasındaki bağ kesintiye uğramış olurdu), aslında kayıp olan tam da iki komşu öğe arasındaki bağdır, deyim yerindeyse.

Bu benzersiz türden kayıp bağlantıyı bir şekilde açığa çıkaran iki temel komik işlem vardır. Bunlardan biri, öbür tarafın aniden devreye sokulması, ardından da iki tarafın bir ve aynı çerçeve içinde "imkânsız bir biçimde eklemlenişi"dir. Bu işlemin iyi bir örneği, bir cep telefonu şirketinin reklamı olarak hazırlanan (İngilizlere ait) mükemmel bir komik skeçtir. Burada tipik (hatta klişe kabilinden) bir zina durumu söz konusudur. Adamın biri eve her zamankinden daha erken döner ve karısını yatakta bulur. Kadının adamın gelişinden rahatsız olduğu barizdir; başı çok ağrıdığı için yattığını iddia eder. Adam kadına duyduğu endişeyi anlatırken, bir telefon çalmaya başlar. Adam telefonuna uzanıp cevaplamaya çalışır, ama çalma sesi devam eder. Kafası karışır, elindeki telefona bakakalır; sonra yatak odasındaki dolabın kapısı açılır ve üzerinde yalnızca çorapları olan bir başka adam dolaptan çıkar. Bu münasebetsiz vaziyet için özür dileyerek hemen odanın bir köşesinde yığılmış duran giysi yığınına hamle ederek, çalmaya devam eden telefonu arar. Bulur, açar ve gayet ciddi bir konuşmaya dalar. Bu arada el kol hareketleriyle (ona bakakalan) karı kocaya bu telefon konuşmasıyla onları rahatsız ettiği için özür dilediğini söylemeye çalışmaktadır. Bu rahatsızlığı asgariye indirmek istercesine dolaba doğru gider, içine girer, kapısını kapatır ve içeride sakin sakin konuşmaya devam eder...

Bu sahneyi komik yapan birçok ayrıntı var elbette, ama bütün yapısında karşı konamayacak ölçüde komik bir şey de var ki o da birbirini dışlayan iki gerçeklik arasındaki o imkânsız uzun karşılaşma. Komedi tam da bu imkânsızlığı içinde bu karşılaşmayı sahneler. "Bildik gerçeklik"te olsa, bu tür bir karşılaşma her iki tarafın da dolaysız bir tepki verip kendilerini karşılıklı olarak ayarlamalarına neden olur, hikâyenin çizgisel olarak devam etmesini sağlardı. Sevgili mahcup olurdu. Koca kendini aşağılanmış hisseder, kadın mahcup olur, belki de korkardı; bir yüzleşme yaşanırdı — yani olup bie zorunlu olarak yol açtığı sonuçlarla bir şekilde hesapla- ...lgelelim buradaki komik örnekte tam da bu hesaplaşma askıya alınır ki bu da birbirini karşılıklı olarak dışlayan iki gerçekliğin yan yana varolmaya devam etmelerini ve üstelik bir ve aynı sahne içinde sahnelenmelerini sağlar. Aralarındaki fiili bağlantı, iki gerçekliğin karşılaşıp birlikte sahnelenmesi (sevgilinin telefonunun neden olduğu rahatsızlık yüzünden çiftten kibarca özür dilemesi ve konuşmalarını bölmemek için düşünceli bir hareket yaparak tekrar dolabına dönmesi) şüphesiz son derece mantıksız ve "fantastik"tir, ama iş görür. Başka bir deyişle, mesele bu komedi işleminin birbirini karşılıklı olarak dışlayan iki gerçekliği bizim için bir ve aynı "çekim" (*shot*) içinde görünür kılması değildir sadece; bize bunların bir arada bulunuşunun, bütün "absürdlüğüne" rağmen bir şekilde iş gören bir biçimini bulup sunmak zorunda da olmasıdır. Bu bağlantı sadece ve bütünüyle absürd olmamalıdır. Daha doğrusu, absürd, komedinin tam da sınırıdır ve çoktan komedi işlevi görüyor olabilir, ama "yine de bir şekilde anlamlı olan saçmalık" biçimi yönünde ne kadar ileri giderse, yarattığı komik etki de o kadar yoğunlaşır. Bu "mantıkdışı ama mantıklı" bağlantı, kurucu anlamda kayıp olan bağın (—tam da kayıp olması sayesinde— verili bir çizgisel gerçekliğin görünüşteki tutarlılığını sağlayan bağın) içinde zuhur ettiği pozitif biçimin ta kendisidir.

Dolayısıyla bu sahnenin komikliğini sadece kahramanlarının gerçekte olan şeyi kasten görmezden gelmelerine, sevgilinin olup bitenlerin Gerçeğinden inanılmaz biçimde yüz çevirmesine indirgememeye dikkat etmemiz gerekir. Zira mesele sevgilinin hesaplaşmadan kaçınmaya yönelik ümitsiz bir çaba içerisinde öyle davranması değildir; telefonda yaptığı konuşmayla sahiden de çok ilgileniyormuş gibi sunulur ve bu konuşma, durumdan duyduğu kaygıya "sahiden" de galebe çalmaktadır; bu da birbirini karşılıklı olarak dışlayan iki gerçekliğin bir arada sahneye konmasını, aynı anda görünür kılınmasını sağlar. Bir başka deyişle, komedinin "teşhir ettiği" Gerçek çoğunlukla olup bitenin Gerçeği değil, gerçekliğimizin tutarlılığını onun bastırılmasının sağladığı yapısal Gerçektir (ya da çıkmazdır). Komedi, olup bitenin Gerçeğini görmezden gelerek, en aşina olduğumuz gerçekliklerimizin ortasındaki çatlağı gözler önüne sermeyi başarır. Komedinin asıl çekirdeği de *budur*. Bu da demektir ki en yaygın komedi işlemlerinden biri olan, *öbür tarafın devreye girişi* sadece söz konusu öbür tarafın bu tarafı tahrip, hatta imha etmesi ile ilgili bir şey değildir. Bu imha bir noktada gerçekleşebilse bile, hiçbir zaman komik bir sahnenin merkezini oluşturmaz. Öbür tarafın devreye girişinin ilk ve başlıca komik amacı, iki tarafın yan yana getirilmesi, aynı anda bulunuşu, "imkânsız" bir şekilde birlikte ifade buluşu bakımından sağladığı şeydedir. Bu birlikte-ifade-buluş çok kısıtlı ve geçici ya da daha sık görüldüğü üzere geniş bir zaman dilimine yayılmış olabilir. Ama sadece kısa ve geçici olduğu zamanda bile komedide merkezi rolü bunun oynadığını gözden kaçırmamamız gerekir.

Bir gerçeklik ile öbür tarafı arasındaki bir tür kısa devreye yol açan bir başka komik işlem de komik hızlandırma veya abartmadır. Möbius şeridi imgesiyle bağlantılı olarak, bunu üzerinde bulunduğumuz noktadan ileri doğru zorla (ama yine bir şekilde "mantıkdışı biçimde mantıklı" olarak) ve fena halde hızlandırılmış birkaç adım atmak olarak tarif edebiliriz. Bu birkaç büyük adım bizi, biz daha farkına bile varmadan kalkış noktamızın öbür tarafına getirir. Mesela *Borat* filminde bol bol kullanılan bir işlemdir bu: Filmin genel konfigürasyonu içinde görkemli, müreffeh, siyaseten doğru Demokrasi'nin öbür yüzü havasız, pespaye ve önyargılı bir mezbelelik ise, şunu söylemek mümkündür: Borat karakteri muhataplarını tahrik edip kendilerini artık tanıyamadıkları ve nerede durduklarını bilmedikleri bir noktaya doğru birkaç hızlı adım atmalarını sağlama konusunda çok başarılıdır. Belli bir noktadan kalkar ve tek bir çekim veya sekans içerisinde öbür yüzüne ulaşırız ki bu da yine birbirini karşılıklı olarak dışlayan iki noktayı yan yana getirme, bir arada ifade-etme etkisi yaratır. Burada da mesela öbürünü tahrip etme ya da onun "hakikatini" oluşturma meselesi değildir. Bunların hakikati birlikte-ifade-bulmalarıdır ki bu verili gerçeklikte asla görülür olmasa da onu kuran şeydir. Bana kalırsa, asıl komik nesne de, bu "imkânsız" birlikte-ifade-buluştur.

Bu işlemlerin her ikisi de öbür tarafın komediye özgü bir biçimde bu tarafa dahil edilişinin örnekleridir. Ve komedinin asla vazgeçmediği sonsuzun mahallini kuran şey tam da bu maddi dahil-ediş noktasıdır. Bir an durup ironi ile komedi arasındaki fark üzerinde düşünecek olursak, buna bir örnek daha vermiş ve somut evrensel sorunuyla tekrar ilişkilendirmiş oluruz. Bu fark tam da mesela evrensel olanın sınır ve sınırlamalarına işaret etmek ile bu sınırları tam da sonsuz olana ve evrensel olanın türsel gücüne ait noktalara dönüştürerek onaylamak arasındaki farktır. Şu çok ünlü iki duvar yazısını ele alalım önce:

> "Tanrı öldü." Nietzsche
> "Nietzsche öldü." Tanrı

En saf haliyle, asgari formülüyle ironidir buradaki. İronik hamle, sınırı, tikel olanı, sözceleme mekânının somut belirlenimini ortaya koyar ve böylece sözcenin evrenselliğini yalanlar. Buradaki ironik kaydırmanın muradı, Nietzsche'ye karşı Tanrı'yı tekrar öne sürmek değildir kuşkusuz; onun devreye soktuğu eklenti, sözce (evrensel olduğu farz edilen içeriği) ile (her zaman tikel olduğu farz edilen) sözceleme mekânı arasındaki mesafeyi öne çıkarmaya yarar; bu mesafe de evrensel sözcelerin veya hakikatlerin imkânsızlığını (içsel çelişkisini) "kanıtlamak" için kullanılır. Her türlü evrensel sözce tikel (somut) sözcelenme mekânına işaret edilerek yalanlanabilir. Bu bakımdan ironi işlemi potansiyel olarak sonsuzdur; gerçekliğin içsel çelişkisini, gerçekliğin verili öğeleri üzerinde icra edilen bir dizi kaydırma yolu ile sergileyerek bu öğelerin *birbirleriyle* çeliştiklerini teşhir eder. Ama bu tür ironinin sınırı "somut bir evrensel"in (ve ayrıca da "soyut bir tikelliğin") mümkün olduğunu fark edememesinde ve soyut evrensellik ile somut tikellik arasındaki karşıtlığın parametreleri içinde kalmasında değil midir? Asıl komik ruhun devreye soktuğu kaydırma tam da bu karşıtlığı kesen ve somut bir evrenselin mümkün olduğu konusunda bahse giren bir şey değil midir? Verdiğimiz örnek bağlamında, gerçek komik kaydırma şöyle bir biçime bürünürdü:

> "Tanrı öldü. Ben de kendimi iyi hissetmiyorum."

Sonluya sonsuzu dahil eden ve şöyle tanımlanabilecek olan "tekil evrenselliğin" harika bir örneğidir bu: Burada söz konusu olan bir sözcenin (içeriğinin) evrensel değeri değil, sözcelenme mekânının evrenselleştirilebilirliğidir. Burada sözcelenme mekânı sözcenin evrenselliğini tahrip etmez, aksine sözcenin tek (mümkün) evrenselliğini yaratan tek şey olan kendi iç mesafesi haline gelir.

II. Kısım

Komedi Figürleri

BEN VE O

BİRÇOK DİLDE sürekli kullanılan nefis bir nezaket sorusu biçimi vardır. İngilizcede bu soru şudur: *How's it going?* (Nasıl gidiyor?) Bu tabirin müthişliği, buna çoğunlukla verilen cevabın (*Gayet iyi, sağol*) bu sorunun muğlaklığını, olası iki "özne"sini harika bir biçimde muhafaza etmesinden gelir. Bunu görebilmek için vurguyu biraz kaydırıp *it*'i vurgulamak (Türkçede gizli özneyi gizlilikten çıkarmak *–ç.n.*) yeterlidir: "O nasıl gidiyor?" Diyeceğim o ki bu soruya verilecek tam cevap pekâlâ şöyle bir şey olabilir: O iyi gidiyor gitmesine de benim vaziyet kötü. Yorgunum, içim sıkılıyor, sırtım ağrıyor...

Burada öne çıkan şey, sorunun iki olası muhatabı olarak —ünlü Freudcu tabirleri kullanırsak— *das Ich und das Es,* "Ben ve İd/O" arasındaki yarılma ve "id'in/O'nun", bağlı olduğu ben'e pek dikkat etmeden çoğunlukla yoluna körlemesine devam ediyor oluşudur, deyim yerindeyse. Başka bir deyişle: O/İd daima iyi gidiyordur, gerekirse şikâyet etmekten başka seçeneği olmayan özne pahasına bile kendine ait tatmin yolları buluyordur. Özetle, iş, hayatın açtığı baht ve bahtsızlıklara geldiğinde "Ben ve İd"in illaki aynı miktarda mutluluk ve tatmin hissetmesi gerekmediğinin güzel bir hatırlatıcısıdır bu.

Anekdot bâbından bu tespit, komik olanın canalıcı boyutlarından birini ele almaya başlamanın fena bir yolu değil. "Ben ve İd/O"' başlığı altına yerleştirilebilecek ve bu ikisi arasında temel bir uyumsuzluk, bağdaşmazlık, orantısızlık bulunmasıyla ilişkilendirilebilecek bir dizi komik durum ve olay vardır. İnsanların çok acayip tatmin bulma yolları vardır. İstediğim şey ile keyif aldığım şey arasındaki uyuşmazlıklar komedinin gündelik ekmeğidir. "Ben" hiçbir tatmin almasa da benim içimdeki bir şeyin tatmin olabilmesi veya "Ben"in aldığı tatminin kendini bedenin isterlerinden koparmaya hazır hale gelebileceği kadar büyük olabilmesi de öyle. Burada olası bütün durumları sayıp dökmenin pek anlamı yok, şunu demek yeterli: Bütün bu durumlar, tatmin ve keyifin kendine ait bir mantığı ve nispeten bağımsız bir özerk hayatı olan bir yanı olması ve bunun da özneyi epey sıkıntılı durumlara sokabilmesi etrafında döner.

Mutluluk ve tatmin meselesi söz konusu olduğunda otomatik olarak mutlu olması gerekenin ego olduğunu ve "mutluyum"un aslında "ben'im (yani ego'm) mutlu" anlamına geldiğini varsayarız. Bu hiç de apaçık bir şey değildir. Freudcu topografya terimleriyle söylersek neden ben olsun da üstben ya da id olmasın? Ya da cinsel organ? Jacques Lacan *XVII. Seminer*'inde, o sıralarda başlıca iki temayla, özerk ben teması ve mutluluk teması (o zamandan beri günlük hayatımızın bütün veçhelerini işgal etmiş temalar olduğu söylenebilir bunların) meşgul olan *International Journal of Psycho-Analysis*'in egemen ideolojik eğilimini, bir tür komik ara fasıl bâbından, azarlar. Lacan önce aslında kimsenin bu mutluluğun nasıl bir şey olduğunu bilmediğine işaret eder; bu olsa olsa "diğer herkes gibi olma" şeklinde yorumlanabilir ki ünlü "özerk ego"nun anlamı da budur zaten: "Egom" başka herkesinkiyle aynı olduğu zaman mutlu ve özerktir. Bu noktada Lacan has bir psikanalitik gag işlevi gören ani bir önermeyle müdahale eder: Sadece fallusun mutluluğu vardır. Bunu açıklarken vurgu şuradadır der: Mutlu olan sadece fallustur, taşıyıcısı değil (Lacan 1991, s. 84). Taşıyıcı kişi kendini hüsrana uğramış hissedebilir: Orada onu ilgilendirmeyen bir şey, onun hislerine karşı sinir bozucu oranda kayıtsız ve bu hislerle alakasız bir şey vardır. Şey mutludur, iyidir hoştur, peki ama kendisi, "Ben", ego? Bu komik Lacancı ara fasılın kendisi de ego/ben ile İd'in/O'nun ayrışmasının komedisine dayalıdır.

Önceki tartışmaya dönersek: Şu ya da bu ölçüde idare eder bir ego imgesinin, tatmin talep eden temel bir ihtiyacın devreye girişinin meydan okumasıyla karşılaştığı türden komik durumlar çok yaygındır ve en basitinden en karmaşığına sayısız alana yayılır. Şu gülünç, aptalca denecek ölçüde basit durumun üzerimizde yarattığı hayret uyandırıcı ölçüde şaşmaz etkiyi nasıl açıklarız: Biri hızlı hızlı, gayet kararlı adımlarla sokakta yürürken birden ayağı kayıyor ve suratı üstü yere seriliyor? Başka şeylerin yanı sıra, benin O ile yollarını ayırmasının ilkel bir matrisi değil midir bu? Adeta kısa bir anlığına da olsa, "ben"in sokakta yürümeye devam ettiğini, iki seksen yere serilmiş olanın ise O olduğunu görürüz. Birbirini dışlayan iki gerçekliğin aynı sahne içinde komediye özgü bir biçimde bir araya getirilmesinden zaten biraz bahsetmiştim, bu basit örnekte de bu mekanizmanın aynısını iş başında görürüz: Öbür gerçekliğin aniden devreye girişi, sadece hırslı ego deyim yerindeyse kendi bedeni tarafından aşağı çekilerek sokağa serilip kaldığı için komik değildir. Bu hareketle ürettiği şey yüzünden, yani ben ile O arasındaki ayrımı görünür kıldığı, bu ikisini tam da birbiriyle ilintili olmakla beraber birbirinden ayrı şeyler olarak görünür kıldığı için komiktir. Normal şartlarda (şu ya da bu ölçüde) tutarlı bir birlik; aslında içerisinde bedenin pürüzsüz ve algılanamayacak biçimde bedene, bedenin de egoya geçtiği bir birlik görürüz. "Kendini toplamak" derken kasdedilen de budur. Ani düşüş bu hayali Birlik yerine bu iki cephe arasında bir kısa devre, Birliğin komik bir biçimde çözülmesine yol açan bir kısa devre üretir ve bizi doğrudan doğruya, aynı "çekim" içinde bu şekilde görülür hale gelmiş olan —kişi kendini tekrar "toplayana" kadar görünürler— aynı gerçekliğin iki tarafı arasındaki (kayıp) bağlantı sorusuyla yüz yüze bırakır. Diyebiliriz ki komik kısa devre tam da kayıp olması hasebiyle verili bir gerçekliği bir arada tutan kayıp bağlantının bir tezahürüdür, oysa Birlik bu kayıp bağlantının üzerinin örtülmesi işlevini görür.

Birinin aniden sokakta yürürken düşüvermesiyle ilgili bu örnek şüphesiz çok basit ve ilkel olduğu gibi, gerçekliğin birbiriyle bağlantılı iki cephesi arasındaki ilişkisizliği sergilemesi çok kısa ve anlıktır. Tam manasıyla bir komedi olmaktan çok bir gagtır, ama komedi de, burlesk versiyonunda, bu türden gagların dizisel olarak biriktirilmesi gibi basit bir yolla yapılabilir tabii. Ama gag tarzı ile gerçek anlamıyla komedi tarzı arasında ayrım yapabilmek için, komedinin kısa devrenin anlıklığını uzatmayı başarma, bu yapısal andan *faire la comédie*'yi, "(koca) bir sahne çıkarma"yı becerme ve bunu da sadece ipin ucunu bırakarak değil, bu anda "makulluğün ötesine" geçmekte ısrar edip onu farklı açılardan araştırarak —başka bir deyişle, "komikliği kesmeyi" reddederek— yapma tarzındaki farkı aramak gerekir.

Bu türden uzatılmış bir kısa devreyi garanti altına almaya yönelik gayet iyi bilinen komedi araçlarından biri, Karakter'in icadıdır. Komedinin icat ettiği şekliyle "karakter", "güçlü bir kişilik"ten, bir kahramandan başka bir şeydir. Walter Benjamin'in işaret ettiği gibi, bir karakterin yaratılması herhangi bir psikolojik analize yaslanmaz, kişiyi bütün "karmaşıklığı" ile içermez, kişiyi karakter özelliklerinin çokluğuyla tanımlamaya çalışmaz, kişinin eylemlerini anlamamızı sağlayacak bir inceleme değildir. Karakter, daha ziyade, *einziger Zug*'u, "tek bir özelliği" ile zuhur eder (Benjamin 2004, s. 205) Bu tek özellik —ya da *ein einziger Zug* teriminin Freudcu-Lacancı literatürde çoğunlukla çevrildiği şekliyle söylersek, bu "tekli özellik"— (komik) karakterin özü ve biçimidir. Buradaki bağlamda, bu ufuk açıcı tespit daha da geliştirilebilir. Bir "tekli özellik" nedir? Gösteren ile beden arasındaki ya da Simgesel'de tedavülde olan katıksız eksik olarak öznellik ile özgül bir keyif alma tarzı olarak öznellik arasındaki tekil bir örtüşmeyi ya da kısa devreyi işaret eden şey olarak tanımlanabilir bu özellik. Ama normal işleyişinde bunun sadece göstergesel cephesini görsek ve ancak keyifle olan bağlantısı örtülü, görünmez, gizli kaldığı sürece onunla özdeşlik kurabilsek bile, komedide böyle olmaz. Zira komik karakter tam da tekli bir özelliğin keyif verici biçimde ete kemiğe bürünmesi olarak tanımlanabilir. Ayaklı bir tekli özelliktir bu. Bizim için kişinin tek bir nesne ya da faaliyete duyduğu tutkulu bağlılık biçimine, yani önceki tartışmamızın terimleriyle söylersek, bir Ben ile onun O'su arasındaki (maddi olarak) görülür bağ biçiminde icat edilir.

Gerçekten de karakterler (ya da karakter komedileri) benim Ben ve O diye tanımladığım komedi figürünün büründüğü başlıca biçimdir, çünkü bir Ben'i bir Karakter yapan şey O ile kurduğu tekil, münhasır ve gerektiği gibi aşırı vurgulanmış ilişkidir. Burada karakter teriminin güçlü anlamıyla alınması gerektiğini, yani bütün "komik karakterler"in bu bakımdan karakter olmadıklarını da ekleyeyim. Belki de komik karakterler ile komik figürler arasında bir ayrım yapılabilir. Karakterler, onları bütünüyle ve münhasıran bir tür tutkunun ya da tutkulu bağlılığın yönlendirmesi ile tanımlanabilirler; dışsal bir nesne veya ritüelde ete kemiğe bürünen bu tutku bu karakterleri bir şekilde "sürükler", onları her nevi mümkün ve imkânsız duruma sokar. Bu tutku ortadadır, açıktadır, komik karakter onu gizlemeye çalışmaz (gerçi bu tutkunun nesnesini inatla gizleyip koruyabilir ama bu başka bir mesele); yani, karşımızda kahramanın "iç mücadelesi"nden çok —dışsal bir nesne veya ritüelde ete kemiğe bürünmüş olan— İd'in, adeta ona görünmez bir elastik iple bağlaymış gibi karakteri düpedüz dört bir yana savuruşudur. Bu bakımdan akla hemen Molière'in bir dizi karakteri geliyor: Harpagon —*Cimri*'nin "cimri"si—, Tartuffe (hatta belki ondan da çok hep "enayi" muamelesi yaptığı Orgon), Don Juan, Alceste (*Adamcıl*), Arnolf (*Kadınlar Mektebi*) vs. Molière komik karakterler yaratma konusunda büyük bir ustaydı kuşkusuz. (Günümüz komedisi bağlamında ise akla önce, Woody Allen'ın bazı daha iyi filmlerinde veya *As Good As It Gets*'de Jack Nicholson'ın oynadığı karakterde gördüğümüz gibi takıntılı nörotik figürü geliyor.)

Karakterin bu türden tutkulu bağlılığının neredeyse darbımesel haline gelmiş komik bir örneği cimri Harpagon'dur. Bahçeye gömdüğü hazine kaybolduktan sonraki ünlü tiradında tutkusunu şöyle açığa vurur:

> HARPAGON: Param! Zavallı paracığım! Canım, sevgilim benim! Aldılar elimden seni! Sen olmayınca ben neye sığınırım artık, neyle avunur, neyle sevinirim? Her şey bitti benim için; dünyada yapacak işim kalmadı benim! Sensiz ne yaparım, nasıl yaşarım? Olacak şey mi? Yaptılar bana yapacaklarını! Dayanamam bu acıya, ölüyorum; öldüm, gömdüler beni! ... Hadi durma git. Git, adalete başvur; çektir işkenceye bütün evi: Hizmetçi kadınları, uşakları, oğlunu, kızını, hatta kendini, kendini bile! Nedir bu kalabalık? Ne diye toplanmışlar buraya? Kimin yüzüne baksam kuşku sarıyor içimi. Hepsi hırsızmış gibi geliyor bana... Hadi, gelsin çabuk jandarmalar, polisler, tüfekler, hâkimler, mahkemeler, işkenceler, darağaçları, cellatlar! Astıracağım, bütün dünyayı astıracağım. Yine de paramı bulamazsam kendi kendimi asacağım.
>
> (*Cimri*, Perde IV. Sahne VII)[1]

Aslında çok daha uzun olan bu tirattan aldığımız bu birkaç kısa bölümde bile karakterin bütün tutkusunu cisimleştiren bir "o"ya olan

1. Kitapta yapılan bütün Molière alıntılarında Türkçedeki şu çeviriler, bazen ufak değişikler de yapılarak kullanılmıştır: *Cimri*, çev. Sabahattin Eyüboğlu, İstanbul: İş Kültür, 2010; *Tartüf*, çev. Ş. Aktaş, A. Selen, Ç. Sarıkartal, İstanbul: Mitos, 2008 ve *Amphitryon*, çev. Ali Teoman, Ankara: MEB, 1943.

tutkulu bir bağlılığın, aynı zamanda, aile bağları da dahil bütün diğer kurumsal bağlardan tutkulu bir biçimde kopmayı da içerdiğini görürüz. (Hatta insanın kendinden ya da kendi ben'inden kopması da dahildir buna: Harpagon işkenceye çekilmesi gerekenler arasında sakin sakin kendini de sayar.) Karakterin belli bir nesneye esir olması yüzünden kazandığı benzer bir paradoksal "özerklik" yapısını, Orgon'da ve onun ikiyüzlü Tartuffe'e duyduğu tutkulu inançta da görürüz. Orgon Tartuffe'e o kadar değer verir ki şöyle der:

> Öyle bir adam, ah, bir adam... bir adam ki...
> Onun derslerini iyi dinleyen derin bir huzuru tadar,
> Herkese birer pislikmiş gibi bakar.
> Evet, bambaşka biri oluyorum onunla konuştukça,
> Hiçbir şeye gönül bağlamamayı öğretiyor bana.
> Her türlü dostluktan koparıyor bağını ruhumun...
> Görsem de öldüğünü kardeşin, ananın, çoluğun çocuğun
> Zerre kadar gam yemem.
>
> (*Tartüf*, Perde I, Sahne V)

Harpagonlar ve Orgonlar Davaları uğruna her şeyi feda etmeye hazır olan kahraman karakterlerden bir adım öteye giderler: Bunu bir fedakârlık olarak bile algılamazlar...

Bu örneklerde bu komik özerklikle ilgili bir şey daha görülür: Karakterler asla "öznelerarası" değildir. Komedi, trajedinin tersine, öncelikle diyalojik bir tür olmasına rağmen (halbuki birkaç büyük monolog olmadan gerçek bir trajedi yazılması güç olurdu), ele aldığımız tipte komik karakterler temelde "monolojik"tir. Söz konusu olan trajik monologların parodisinden ibaret değildir (gerçi bu veçhe de genellikle mevcuttur ve komedide belli bir rol oynar). Asıl önemli olan bu kahramanların, tutkuları yüzünden, normal öznelerarası iletişim dünyasından çıkmış olmalarıdır — sadece kendi "id' leri/o'ları" ile hasbıhal etmekten gayet memnun oldukları söylenebilir. Yine de bu aynı dünyanın parçası olarak kalırlar ve bu dünya da onlara huzur vermez. Bu konfigürasyon da özel bir "diyalojik monolog" türü yaratır; burada teknik olarak başkalarıyla diyalog halinde olan karakterler aslında kendi kendileriyle, yani kendi "o" larıyla diyalog içindedirler. Bu diyalogların komikliği iki özne arasındaki nükteli ve akıllıca konuşmalardan ya da diyaloğun bir başka düzeyinde anlamlı (komik) olabilen yerel yanlış anlamalardan değil, karakterin girdiği diyalogda aslında mevcut bulunmuyor olmasından, daha doğrusu onda bir özne olarak değil de "o"suyla mevcut bulunuyor olmasından gelir. Tartuffe'ün yakın zamanlarda aklına girdiği aile reisi Orgon'un kısa bir seyahatten döndükten sonra uşağı Dorine'i evdeki durum hakkında sorguya çektiği şu örneği ele alalım:

(*Dorine'e*)

ORGON: Bu iki günden beri her şey yolunda gitti mi?
Evdekiler ne yapıyor, nasıl keyifleri?

DORINE: Hanımın önceki gün akşama kadar ateşi vardı,
Bir de akıl almaz bir baş ağrısı!

ORGON: Ya Tartuffe?

DORINE: Tartuffe mü? Onun keyfi pek gıcırdı!!
Eti budu yerinde; cildi parlak, al al dudakları!

ORGON: Zavallı adam!

DORINE: Akşam hanımın midesi çok bulandı,
Yemekte hiçbir şeye dokunmadı;
O berbat baş ağrısı hâlâ devam ediyordu.

ORGON: Ya Tartuffe?

DORINE: O, hanımın karşısında tek başına yemeğine yumuldu;
Pek sofu bir şekilde indirdi iki kekliği midesine,
Kıyılmış yarım bir butla birlikte,

ORGON: Zavallı adam!

DORINE: Bütün gece böyle geçti;
Hanımefendi hiç kırpmadı gözlerini.
Uyutmadı onu hiç ateş nöbetleri,
Sabaha dek başında beklememiz gerekti!

ORGON: Ya Tartuffe?

DORINE: Pek tatlı bir uyku bastırdı birden,
Masadan kalktı, odasına çıktı hemen.
Sıcacık yatağına serildi,
Sabaha kadar deliksiz bir uyku çekti.

ORGON: Zavallı adam!

DORINE: Sonunda hanımefendi dediğimize geldi,
Kan aldırmaya karar verdi.
Ve rahatlayıverdi anında!

ORGON: Ya Tartuffe?

DORINE: Her zamanki gibi cesaretini topladı da,
Tüm kötülüklere karşı güçlendirdi ruhunu,
Telafi etmek için hanımefendinin akan kanını,
Dört koca bardak şarap içti öğle yemeğinde.

ORGON: Zavallı adam!

(*Tartüf*, Perde I, Sahne IV)

Bu diyaloğun komikliği sadece içeriğinden, yani Orgon'un aklı fikri Tartuffe'de olduğu için "hanımefendi"nin —karısının— sağlığına zerre ilgi göstermemesinden gelmez. Bu "diyaloğa" komik yanını veren şey daha çok büründüğü özgül biçimdir, aslında bir çifte monolog olması ya da iki kişinin de birbirleri üzerinden kendi monologlarını sürdürdükleri bir diyalog olmasıdır. Orgon sadece bir şeyle ilgilenmekte, Dorine de ona sadece öbür şeyi anlatmak istemektedir. Orgon kendinden öylesine geçmiştir ki dünyanın geri kalanıyla düpedüz alakası kalmamıştır. Körü körüne ve inatla kendi "o'-su"nun peşindedir, Dorine ise onun ilgisini başka bir şeye çekmeye çalışmaktadır. Bu itiş kakış içinde, Dorine (Orgon'un) "ego"su ile "id"i arasındaki bağın gözle görülür bir biçimde sürekli çekiştirilmesine yol açan koşulları yaratmaktadır ki bu da bu tür komedilerin temel unsurlarından biridir.

Ayrıca bir diyalog biçimine bürünmüş bu çifte monoloğun komediye özgü bir işlemin, yani iki farklı, bağdaşmaz gerçekliği tek bir sahnede birleştirme işleminin bir başka örneği olduğunu da gözden kaçırmamamız gerek. Bir arada ifade edilemeyecek iki unsuru "olmayacak" (ve dolayısıyla komik) ve uzatmalı bir biçimde bir arada ifade etme işlevini görür.

Ego ile İd'in, Karakter biçimi içinde örneklenen, bu komik konfigürasyonunun bir başka özelliği de bu karakter ile mutluluk meselesi arasındaki özgül ilişkidir. Mutluluk komedide önemli bir mesele olduğu için —ileride bunu tartışma fırsatı bulacağız— (kelimenin güçlü anlamıyla) Karakterlerin pek de mutlu sayılamayacak bireyler olabileceğine işaret etmekte fayda var: Çoğunlukla paranoyak, sefil, buruk tiplerdir, sürekli O'larına endişelenirler, kimseye güvenemezler. Ama nesnelerine duydukları bu özgül paranoyakça veya aşırı korumacı tutku daha ilginç bir konfigürasyonu açığa çıkarır: Karakterin Ego'sunun sefaletinin öbür yüzünde İd'inin mutluluğu vardır. Başka bir deyişle —burada işte Lacan'ın mizahi tespitine geri geliyoruz— bu komik karakterler grubunda, mesela fallusun mutluluğunun taşıyıcısının mutluluğundan ayırt edilmesi gereğini açıkça görebiliriz. Daha genel terimlerle söylersek, mutlu olanın sadece İd'leri olduğunu görebiliriz. "Onlar" ise İd'i mümkün olduğunca mutlu edip mutlu tutabilmek için her şeyi yapmakta, ellerinden geleni artlarına koymamaktadırlar; bu da onları stresli ve çoğunlukla sefilce durumlara sokabilmektedir gerçekten. Gelgelelim, burada bir adım daha atıp bu sefaletin aslında hiç mi hiç umurlarında olmadığını da fark etmemiz gerek. Sürekli şikâyet edebilirler, ama bu mevcut durumdan memnun olmadıkları anlamına gelmez. Sefil ve sürekli bir stres durumu içinde oldukları için kendilerini mutsuz hissetmezler. Aksine: İd'leri memnun olduğu ve onu memnun vaziyette tutmayı becerdikleri ölçüde onlar da gayet memnundur hallerinden.

Ego ve Ego

KOMEDİDE SERPİLEN bir sonraki, deyim yerindeyse, yapısal tema ikiz temasıdır. En temel biçiminde —yani bütün olası kimlik çiftleme ve karıştırma varyasyonlarını içerecek şekilde genişlemeden önce— bu tema aslında nesnel gerçeklik denen şeye Ego'nun/Ben'in girmesinden başka bir şey değildir. Komedinin açığa çıkardığı ilk keşiflerden biri, egonun ("ben"in) bir nesne (yani, nesneler dünyası içindeki nesnelerden biri) olduğu, "egoların varolduğu" ve, kuşkusuz, egonun bizatihi son derece komik bir karakter olduğudur. Ama egonun önce sahneye çıkması gerekir — sadece şu ya da bu kişinin egosu, "psikolojik merkezi" olarak değil, başlı başına ego olarak. Bu da yaklaşık olarak MÖ 200 yılında, Plautus en büyük paradigmatik komedilerden biri olan ve sonradan yapılan, muhtemelen en ünlüsü de Molière'inki olan bir dizi çeşitlemenin (yaklaşık olarak kırk tane olduğu söyleniyor) modeli işlevi gören *Amphitryon*'u yazdığında gerçekleşmiştir. Bu komediler komedisi şu çığır açıcı cevapla başlar:

MERKURIUS: Kim o?

SOSIE: Ben.

Sosie "Ben" diyen birinden ibaret değildir kuşkusuz; başka bir şey söz konusudur, daha fazlası: Sosie kelimesi Fransızca sözlüğe girmiştir: *sosie* "Ben"in adı, egonun adı, daha doğrusu dış gerçeklikte karşılaşılan egonun adı, yani öbür egonun, *alter ego*'nun, ikizin adı haline gelmiştir. Fransızca orijinal ile çeviri arasındaki ufak farka dikkat çekmek gerekir belki de; Fransızca metnin Ego sorusu ile başlayışı daha da açıktır. Fransızca gramer kurallarına uygun olarak, Sosie'nin Merkurius'un sorusuna verdiği cevap *moi*'dır (*je* değil

—gerçi daha sonra *je*'nün muğlaklığı da devreye girecektir). Fransızcada bu açılış şuna çok yakın bir şeydir yani: *Kim o? —Ego.*

Amphitryon'un hikâyesini kısaca hatırlayalım. Tanrı Jüpiter dünyevi bir aşka düşüp Amphitryon'un karısı Alkmene'ye fena halde tutulmuş, onu baştan çıkarmak istemektedir. Alkmene daha yeni âşık olup evlenmiş olduğu ve gözü kocasından başka kimseyi görmediği için Jüpiter şöyle bir tezgâh kurmaya kurar verir: Thebai generallerinden Amphitryon uzaklarda bir yerde savaşırken kadına kocasının kılığına girerek yaklaşacaktır — aslında yorumcuların da zaten işaret ettikleri üzere,[2] bir sevgili için çok garip bir yaklaşımdır bu. Jüpiter bu işi halletmek için Merkurius'tan yardım alır, o da Amphitryon'un uşağı Sosie'nin suretine bürünür. Amphitryon seferinden erken dönünce işler (komik bir biçimde) ciddileşir. Merkurius Amphitryon'un evinin önünde Sosie'nin kılığına girerek nöbet tutarken, (Amphitryon kılığındaki) Jüpiter de Alkmene ile oynaşmaktadır. Komedi "gerçek" Sosie'nin, efendisi ("gerçek" Amphitryon") tarafından eve erken döneceğini haber vermek üzere önden gönderilerek eve gelmesiyle başlar. Sosie ile Merkurius arasında —yani, iki Sosie arasında— (yukarıda aktardığımız laflarla başlayan) uzun bir komik diyalog gelişir. Özellikle Molière'in versiyonunda, Sosie'nin karakteri güçlü biçimde tanımlanır ve belli, fazladan bir komedinin, tarzı bakımından Alkmene ile iki kocası arasında gelişen yanlışlıklar komedisinden farklı bir "ego komedisi"nin taşıyıcısıdır. İki Sosie arasındaki diyalog egoya dair esaslı bir incelemedir; gelin bu egolar diyaloğuna daha yakından bakalım.

MERKURIUS: Kim o?

SOSIE: Ben.

MERKURIUS: Ben kim?

SOSIE: Ben işte. [*Kendi kendine*] Cesur ol, Sosie!

MERKURIUS: Söyle bakalım, sen nesin?

SOSIE: İnsanım, konuşurum.

MERKURIUS: Efendi misin, köle misin?

2. Sadece bu nokta için değil *Amphitryon*'da ve genelde komedide ikiz temasına dair mükemmel bir inceleme için de bkz. Dolar 2005a.

SOSIE: Canım hangisini isterse.

MERKURIUS: Nereye gidiyorsun?

SOSIE: Nereye niyet ettimse oraya.

MERKURIUS: Öf, sözlerin canımı sıkıyor.

SOSIE: Ben de buna pek memnun oluyorum.

MERKURIUS: Alçak herif, ya güzellikle söylersin yahut da sana zorla söyletirim. Ne iş yaptığını, böyle gün doğmadan nereden geldiğini, nereye gittiğini, kimin nesi olduğunu öğrenmek istiyorum.

SOSIE: Sırasına göre iyilik de yaparım, fenalık da; oradan geliyorum, şuraya gidiyorum. Efendimin malıyım.

(*Amphitryon*, Perde I, Sahne II)

Önce ego kendini tanıtır ve bunu "Ben" diyerek yapar. Daha özgül olarak kim olduğuyla ilgili soruya da doğru Fichteci cevap verilir: "Ben benim." Peki egonun temel koşulu nedir? — İnsan olmak ve konuşmak. Bunu bundan daha iyi ifade etmek güçtür. Sonra alengirli soru gelir: Ego efendi midir, köle midir? — Sırasıyla her ikisi de. Bu da doğrudur. Lacan oyunla ilgili kısa yorumunda, bunun "gayet güzel bir ego tanımı" olduğunu söyler. "Kendi imgesiyle karşılaşan egonun temel konumu gerçekten de efendi ve köle konumunun böyle dolaysızca birbirine dönüşebilmesidir" (Lacan 1988, s. 265). Devam edelim: Ego nereye gitmektedir? — Nereye niyet ettiyse oraya. Sahiden de ego nereye niyet ettiyse oraya gider, ama bu (oyunun gelişiminin de gösterdiği gibi) oraya gerçekten de vardığı anlamına gelmez. Sonra da egolardan birinin memnuniyetsizliğini bildiren ünlem, ardından da öbürünün bundan duyduğu hazzın teyidi gelir — bütün bunlar ego ile haz ilkesi arasındaki yakın ilişkiyi işaret ediyor gibidir. Sonra da bir dizi daha özgül soru. Ego ne yapıyordur? — Sırasına göre iyilik ya da fenalık. Bu da egonun temel özelliklerinden biriymiş gibi görünen bir tersine çevrilebilirliktir. Bu böyle devam eder...

Bu ego incelemesinden sonra, Merkurius bu diğer egonun adını bulmak için onu daha fazla sıkıştırmaya karar verir. Anlaşılır ki bu ad Sosie'dir — ezcümle, tam da o gece ve orada Merkurius tarafından işgal edilmiş olan egodur. İki ego aynı zamanda aynı yerde bulunamayacağından, Merkurius öbür egoyu döve döve kendisi olmaktan çıkarma işine girişir. Sonrasında da (dayaktan sonra) şöyle konuşurlar:

> MERKURIUS: Pekâlâ, pekâlâ. Şimdi sen hâlâ Sosie misin; söyle bakalım?
>
> SOSIE: Attığın dayak beni değiştirmedi ya! Biraz evvel Sosie idim, şimdi dayak yemiş Sosie oldum. Bence değişen başka bir şey yok.
>
> MERKURIUS: Demek hâlâ ısrar ediyorsun ha? Bu yeni küstahlığın için de ayrıca yüz sopa yiyeceksin.
>
> (...)
>
> MERKURIUS: Söyle bakalım melûn hâlâ Sosie misin?
>
> SOSIE: Heyhat ne istersen oyum. Talihimi ellerine teslim ediyorum, kuvvetinle ona hâkim oldun.
>
> MERKURIUS: Adının Sosie olduğunu söylemiştin galiba?
>
> SOSIE: Evet şimdiye kadar öyle zannetmiştim. Fakat sopayı yedikten sonra anladım ki bu işte yanılıyormuşum.
>
> MERKURIUS: Sosie benim, bütün Thebai halkı da bunu tasdik eder. Amphitryon'un benden başka bir Sosie'si yoktur.
>
> SOSIE: Sen Sosie'sin demek?
>
> MERKURIUS: Evet Sosie'yim; bu işe kim burnunu sokarsa vay haline.
>
> SOSIE (*kendi kendine*): Aman yarabbi, şimdi ben artık benliğimden mi vazgeçeceğim, bir sahtekârın ismimi çalmasına razı mı olacağım? Dua etsin ki ben korkak bir adamım. Yoksa alimallah...
>
> (*Amphitryon*, Perde I, Sahne II).

Sosie'nin, koşullar onu alenen bunu reddetmeye zorlasa da, gizliden gizliye kendi kimliğine inanmaya devam eden bir ego olduğu açıktır. Gerçek dönüşüm ancak Merkurius onun kafasını "psikolojik olarak" karıştırmayı başardığı zaman ortaya çıkar. Ona "birinci ağızdan" ancak ego-Sosie'nin bildiği mahrem şeyler anlatır, beriki de yavaş yavaş araya giren bu öbür egonun belki de gerçekten "kendisi" olduğuna inanmaya başlar. Kafası böyle karışık bir vaziyette limana, efendisinin yanına döner ve ona Alkmene'ye ulaşamadığını söyler. Bu noktada ego komedisi zirve noktalarından birine ulaşır. Amphitryon Sosie'ye onun eve girmesini engelleyenin kim olduğunu sorunca, Sosie şöyle cevap verir:

SOSIE: Sosie; emirlerinizi kıskanan başka bir ben, onu limandan Alkmene'ye yollamışsınız, tıpkı şurada konuşan ben gibi bütün sırlarımızı biliyor.

Amphitryon "Olur mu böyle şey?" gibilerinden bir tepki verince, Sosie şöyle devam eder:

SOSIE: Hayır efendim. Bunlar tam hakikat, benden daha fazla ben olan o adam evde idi. Yemin ederim ki ben eve varmadan evvel eve gelmişim de haberim yokmuş.

Biraz ileride de şöyle der:

AMPHITRYON: Dövdüler mi seni?

SOSIE: Elbette.

AMPHITRYON: Peki kim dövdü?

SOSIE: Ben!

AMPHITRYON: Sen, kendini dövdün demek?

SOSIE: Evet ben, ama buradaki ben değil, evdeki ben; vallahi öyle dayak atıyor ki.

(*Amphitryon*, Perde II, Sahne I)

Molière'in burada çıkardığı ego anatomisi aslında komik işlemin ve komediye özgü nesneyi yaratan temelde ikili hareketinin numunelik bir örneğidir. İlk hareket hayali Birliğin, bu örnekte kişiliği (hem dış görünüşünü hem de zaman içinde birikmiş deneyimlerini) "ifade eden" hayali bir oluşum olarak egonun çözülmesidir. Sosie' nin egosu iki Sosie'ye bölünür (bunlar aynı görünürler ve aynı deneyim geçmişine sahiptirler — Merkurius Sosie'ye gerçekten de Sosie'nin kendisi olmasaydı bilemeyeceği şeyleri bildiğini kanıtlar) ve bu işlem sayesinde hem görüntüsünden hem de deneyiminden arınır, herhangi bir birliği veya tözselliği kalmaz. İşlemin bu kısmının postmodern yüreklerimizi ısıtması çok muhtemel: Kimlik daima bir inşadır, hatta katıksız fantazidir; özne yoktur, sadece heterojen simgesel ve imgesel işlemler ve belirlenimlerin oluşturduğu bir toplama verilen bir isimdir; Bir yoktur, sadece çokluk vardır... Ama bu komik hareketin, kendi başına henüz komediyi oluşturmayan birinci kısmıdır sadece — bunun yanı sıra bir hareket daha vardır. Oyunda aslında ne olmaktadır peki? Olan şey, I. Kısım'da hayali Bir'in yerine bir çokluk değil gerçekliğin kurucu nitelikte ama birbirini dışlayan iki tarafı arasındaki bir kısa devrenin, yani bunlar arasındaki imkânsız (ve uzun) bağlantının geçirildiği komediye özgü işlem olarak tarif ettiğim şeydir. Ayrıca —ve bununla bağlantılı olarak— tam ben/ego bütün özelliklerinden arınıp sadece içi boş bir sözcük olarak, konuşmacının saf bir anlamlandırıcı işareti olarak kaldığında, "Ben"in —başkalarının oluşturduğu bir çokluk içerisindeki saf yüzer-gezer bir monad olmak şöyle dursun— başkasına (bir başkasının "Ben"ine) çözülemez biçimde *bağlandığını* görürüz. Komedi, hayali Bir'in dağılıp çokluğa ya da ikiye bölünmesinden ibaret değildir, ancak bu ikisinin tam da birbirinden bütünüyle ayrılamadıklarını ve "iki tane bir" haline geldiklerini gördüğümüz anda başlar. Bunları birbirine bağlayan görünmez ip gibi bir şey vardır ve komedinin asıl nesnesini oluşturan da işte bu ipliktir. *Yemin ederim ki ben eve varmadan evvel eve gelmişim de haberim yokmuş* gibi lafların komikliği de buradan gelir. Bu laf tam da oyun onu mümkün kıldığı için komiktir, çünkü anlamsız ya da feci bir mantıksal paradoks filan değil olguların gayet sarih bir tasviridir.

Geriye dönüp bakıldığında Sosie'nin ilk komik lafının (*Kim var orada?—Ben* [moi]) sonraki (komik) kaderinin meşum bir öngörüsü olduğu ortaya çıkar. Komedi ona aslında ne söylediğini gösterecek ve onu yavaş yavaş sadece ve sadece bu "ben"e indirgeyecek, onun için "ben olmanın", "bir ego olmanın", yani herhangi biri olmanın ne demek olduğunu gözler önüne serecektir.

Sosie ile Merkurius-Sosie arasındaki ilk uzun diyalogda komedinin bir başka çok önemli özelliği de iş başındadır. Bu diyaloğun temeldeki acayipliği, tuhaflığı nereden gelir? — Bütünüyle ikiz (*semblable*) teması etrafında kurulmuş olmasına rağmen, bu diyalogda eksikliği göze batan şey tam da benzerlik temasıdır. Merkurius bir tanrıdır ve Sosie'nin görünümüne tam tamına bürünebileceğine ve en küçük ayrıntıda bile ona tam olarak benzeyebileceğine şüphe yoktur (zaten Jüpiter de Amphitryon'un görüntüsünü sahiplenip karısını bu sayede kandırmaktadır). Ama Sosie hık demiş burnundan düşmüş ikiziyle karşılaşır, onunla "varlık ve ego", "varlık ve ben-oluş" hakkında uzun bir varoluşsal diyaloğa girer, ondan dayak yer ve sonra da iddialarını dinler... Ve ancak son yaklaşınca, Merkurius argümanlarıyla (yani fazla-bilgisiyle) onu ikna ettikten sonra bu öbür Sosie'nin tuhaf bir biçimde kendisine benzediği yolunda bir gözlem dile getirir, o da laf arasında. Dramatürjik olarak bu tuhaflık (Plautus'daki versiyonda olduğu gibi) söz konusu sahnenin gece geçmesiyle açıklanabilir. Ama bu sahnenin geceleyin geçmesi gerekse bile, komik yazar istese Sosie'nin eline kolayca bir meşale tutuşturabilir ya da evin önünde başka bir ışık kaynağından yararlanabilirdi. Kısacası, dolaysız, imgesel bir tanıma boyutunun yokluğu bir tesadüf olamaz, aksine sürmekte olan diyaloğu destekleyen komik işlemin önemli bir parçasıdır. Bu tuhaflık (en azından) iki önemli ve birbiriyle bağlantılı komik işlemin canalıcı önemde bir unsuru olarak görülebilir. Birincisi, Sosie'nin egosunun kişiliğinin hayali bir birliği olarak değil, tekli özelliği, bir ve tek karakteristiği olarak alınmasının doğrudan sonucudur. Sosie'nin egosu Sosie'nin kişiliğinin farklı katman ve karakteristiklerinin toplamının adı değildir, onun *karakterinin özelliklerinden biri* olarak —daha doğrusu, onun başlıca özelliği olarak, karakterinin önde gelen acayipliği olarak— görünür.

İki Sosie arasındaki benzerliğin bu aşikâr önemsizliği, sadece benzerliği değil, dolaysız duyu algısının bize söylediği her şeyi bariz biçimde umursamamaktan ibaret olan bir başka komik işlemin de bir parçasıdır. Akla hemen iki komik örnek daha geliyor. Birincisi Marx Biraderler'in *Duck Soup / Ördek Çorbası* filminden. Chico, Groucho kılığına girmiş vaziyette Margaret Dumont'un odasına girer (kadının kasasında sakladığı savaş planlarını ele geçirmek istemektedir), tam bu sırada Harpo da yine Groucho kılığına girmiş olarak girer; Chico yatağın altına saklanıp Harpo'nun rol kesmesine izin verir. Harpo-Groucho odadan çıkınca, Chico-Groucho tekrar meydana çıkar; Margaret Dumont onun çıktığını "kendi gözlerimle gördüm" deyince de, şu cevabı verir: "İyi de kime inanacaksın — bana mı kendi gözlerine mi?"

Georges Courteline'in *Boubouroche*'unda (1893; Fransa dışında pek bilinen bir oyun değildir) da benzer bir durum olur:[3] Adamın biri karısını sevgilisiyle yatakta yakalar, ama kısa bir süre kadının öfkesi onunkini bastırıverir, zira kadın ısrarla adamın gördüğü şeyin

3. Bu örneği, benden daha ayrıntılı tartışan Dolar'a borçluyum; bkz. Dolar 2005a.

olmadığını söylemektedir. Kadının infialle dile getirdiği argümanları da şöyle özetlenebilir pekâlâ: "Kime inanacaksın, benim sözlerime mi kendi gözlerine mi?"

Gelgelelim, Sosie'nin durumunda mesele biraz farklıdır, yahut da katmerlenmiştir: Sosie öbürünün görüntüsünün duyusal kesinliğini umursamazken, öbürü (Merkurius) onu kendi kendisinin, kendi "ben"inin duyusal kesinliğinden şüphelendirmeye çalışır. Bu bakımdan Sosie de bir filozof tavrı takınır:

> SOSIE: Şimdi ben kendimden iyice şüphe etmeye başladım. Bana Sosie olduğunu zorla kabul ettirdi ama bu gidişle aklım da bu işe yatacak gibi. İyi ama, kendimi şöyle bir yoklayıp hatıramı topladığım zaman bana Sosie imişim gibi geliyor. Başıma gelen bu işi nasıl aydınlatmalı? Hiç kimse görmeden yalnız başına yaptığım şeyi bizzat ben olmadan bilmek kabil mi?
>
> (*Amphitryon*, Perde I, Sahne II)

Bu satırlar tuhaf bir biçimde Descartes'ın *Meditasyonlar*'ından çıkmış gibi gelmiyor mu kulağa? Aslında, modern felsefenin —tam da egoyu her türlü (hayali) nitelik ve duyumdan arındırılmış katıksız bir sözceleme noktasına, sadece "ben" diyen bir noktaya indirgeme yoluyla ontolojik bir kesinlik kuran— bu kurucu kitabını şöyle bir karıştırdığımızda Sosie'nin bu düşünceleriyle ufak tefek birkaç benzerlikten ötesini bulabiliriz. Bunu göz önünde bulundurduğumuzda belki de Molière'in imgesel düzeni bir kenara bırakarak tam da Kartezyen öznenin komedisini sunduğunu söyleyebiliriz: sözceleme yeri olarak öznenin komedisi. Peki "benim" sözceleme yerim kendi dışımda olduğunda ne olur? Lacan'a göre, özne kavramında söz konusu olan tam da budur işte: Sözceleme noktası "kendim"le ya da "ego"mla örtüşmez. Ve bu barizleştiği anda da komik bir etki ortaya çıkar. Sosie "kendisinin dışında" konuşur, yani kendi kendisine dokunarak gerçekten "ben" olduğunu kanıtlamaya çalışan "ego"nun dışında.

"Gözler ile sözler" arasındaki, duyu algısının dolaysız kesinliği ile sözlerin simgesel düzeni arasındaki ilişki sorununa dönerek şunu vurgulamakta fayda vardır. Söz konusu olan, yukarıda verdiğimiz örneklerde komedinin, bize aslında olduğundan farklı bir gerçeklik sunan sözlerin bu garip gücü ile alay etmesi değildir sadece.

Daha doğrusu, komedi bu noktayı "komikleştirse" bile, bu hiçbir şekilde kendisinin duyu kesinliğinden yana taraf alıp onu Simgesel' in saçma olduğu farz edilen etkilerine karşı savunduğu anlamına gelmez. Komedinin kendisi de büyük ölçüde sözün bu gücüne bağımlı olduğu gibi, son kertede "dış sözler"de dolaysız ya da iç duygularda olduğundan daha fazla hakikat (belki de "hakikate daha fazla yer" demem lazım) olduğunun gayet iyi farkındadır. Aslında daha ileri gitmek gerek: Komedi çoğunlukla sözlerde, dolaysız dolayımlarda ve algılarda olduğundan daha fazla hakikat olduğunu bilmekle kalmaz, son tahlilde asıl komik olanın *bu* olduğunu da bilir. Asıl komik olan duyu kesinliği ile onu "bariz biçimde çarpıtan" sözler arasındaki uyumsuzluk değil, daha ziyade, son kertede, sözleri takip etmeye devam edersek hakikate daha fazla yaklaşacak olmamızdır.

Bununla çelişiyormuş gibi görünen bir örneğe bakalım: *Tartuffe*. Tartuffe gerçekte olmadığı biriymiş gibi yapmaktan bir an bile vazgeçmeyen bir sahtekâr ve riyakârdır; ve bütün komedi de sahiden bu basit uyumsuzluk etrafında inşa edilmiş gibi görünür. Gelgelelim daha yakından bakarsak, iki önemli şeyi fark ederiz. Birincisi, oyunun merkezi komik karakteri Tartuffe değil, başlıca özelliği tam da Tartuffe'e, onun ağzından çıkan her lafa gösterdiği kör ve şaşmaz inanç (onun bütün "yapmacıklarına" duyduğu inanç) olan Orgon'dur. Ve Orgon ona inandığı sürece tek merkezi komik karakter olmakla kalmaz, aynı zamanda tek mutlu karakterdir de. Zira sonunda sözlerin aldatıcı olduğunda ve sadece gözlerine inanması gerektiğinde ısrar edip duran ailesinin baskısına teslim olur: Tartuffe'ün onun karısını nasıl baştan çıkardığını görmesi gerekiyordur ve kendi gözlerine inanmaya başladığı zaman hem komikliğini hem de mutluluğunu kaybeder (yani, Tartuffe'ü kaybeder). Gözlerini açmaya (ve onlara güvenmeye) gösterilen bu nihai isteklilik gayet doğalmış ve bu tür bir komedi veya komik karakter için bulunabilecek olası tek sonmuş gibi gibi görünebilir. Halbuki Orgon ne kadar da farklı davranabilirdi! Örneğin, Tartuffe'ün ihanetinin bariz ve nihai kanıtı karşısında *Bazıları Sıcak Sever*'in yukarıda alıntıladığımız kapanış cümlesi gibi bir şeyle tepki verebilirdi: "N'apalım, kimse 'kusursuz' değildir!"

Tartuffe'e gelince, kendisinin de bizatihi komik olduğu noktada vida çok benzer bir biçimde bir kere daha dönmektedir. Bergson,

Tartuffe'ün ilk defa ortaya çıktığı (bu arada bu da ancak III. Perde'nin başında olur) ustalıklı sahneyle ilgili olarak bu bâbdan harika bir gözlemde bulunmuştur. Tartuffe evden dışarı adım atar atmaz Dorine'i fark eder. Onu görmemiş gibi yapıp (sanki evdeymiş gibi) uşağına seslenir: "Laurent, o azap gömleğimle çile kırbacımı yerlerine kaldırın!" Bu talimatın tek maksadı, Dorine'in de bunu duyup arzulanan şu sonucu çıkarmasıdır elbette: Tartuffe aslında zamanını tek başına kendini kırbaçlayıp çile çekerek geçiren kutsi bir şahsiyettir. Bu oyunun hiçbir doğru dürüst temsili yoktur ki bu cümle seyircileri kahkahalara gark etmesin. Peki neden? Sadece hakikat ile görüntü, duyu kesinliği ile sözler arasındaki uyuşmazlığın sahneye konuşunu açıkça gördüğümüz için mi? Bergson çok daha derinlikli ve inandırıcı bir açıklama önerir:

> [Tartuffe] Dorine'in kendisini işittiğini bilir, ama emin olun, Dorine orada olmasaydı gene böyle söylerdi. İkiyüzlü adam rolüne öyle girmiştir ki bu rolü sanki samimiyetle oynar... Bu maddi samimiyet, uzun süre ikiyüzlü kalmanın doğal jestlere dönüştürdüğü bu davranışlar ve dil olmasa, Tartuffe yalnızca nefret uyandırırdı... (Bergson 1996, s. 76)

Bu gerçekten de komik olanın işleyişine dair harika bir içgörüdür. Tartuffe'ün kendisi kendi yapmacık ve zorlama görünüş ve sözlerine kendini maddi olarak kaptırmamış olsaydı, hiç mi hiç komik olmazdı. Komik Tartuffe etrafına bol bol dağıttığı aldatıcı görünüşlerin ardındaki hakiki (ya da "gerçek") kişi değil, hakikati son kertede tam da bu görünüşlere kapılmış olan ve dolayısıyla bu görünüşlerde yatan Tartuffe'tür: yani, yalan ve kandırmacaları maddi *olarak samimi* olan Tartuffe.

Başka bir deyişle, komik olan sözlerin duyu gerçekliğinden çok uzaklara gidebilmeleri, ondan bütünüyle kopabilmeleri değil, daha ziyade, bu kopukluk içinde bile gayet iyi işleyip maddi hakikat etkileri üretebilmeleridir. Komik olan kopuklukları değil, o "imkânsız" eklemlenme noktalarıdır.

Yukarıda Orgon'dan bahsederken, mutluluk meselesine kısaca değinmiştim. Bu mesele gerçekten de komedinin bazı canalıcı veçhelerini gündeme getirir. Komedideki mutluluk meselesi —ya da daha genel ifadeyle, tatmin (yani talepler veya arzular ile tatminleri arasındaki ilişki) meselesi— tam da körlemesine güven sorunu ile yakından ilintilidir. Komik karakterlerin (ya da en azından belli tipte komik karakterlerin — son bölümde önemli bir istisnaya dikkat çekeceğim) başlıca özelliklerinden biri, "metonimik nesneleri" adını verebileceğimiz şeye ya da bu nesneyi taşıyan ötekine duydukları sarsılmaz güvendir. Hegel estetikle ilgili derslerinde komik olanın sonsuz bir iyi huya ve güvene sahip olduğunu işaret eder. Genellikle birbirini ıskalama alışkanlığında olan talep ile tatmin arasındaki olası bir (mutlu) karşılaşmanın zeminini de bu sarsılmaz güven oluşturur. Başka türlü söylersek, bu güven ya da kör inanç bu ikisi arasında, tanım gereği "varolmayan" (çünkü aralarındaki ilişkinin herhangi bir istikrara ya da düzenliliğe sahip olmasını garantiye alacak ya da mümkün kılacak herhangi bir formül ya da Yasa yoktur) o ilişki için bir sahne yaratır. Komedinin icat ettiği çözüm, bu ilişkisizliği bir ilişkiye çevirecek mucizevi bir formülün uydurulması değildir; daha çok, *ötekine kredi vermekle* ilgilidir. Bu demektir ki Öteki'ye onun güvenilir olduğunu sandığımız için ya da Öteki'de ona güven duymak için yeterince sebep bulunuyor olduğu için güvenmeyiz. Aksine, güven tam da Öteki'deki eksiklik noktasında, Öteki'nin tutarsızlığı ve istikrarsızlığı noktasında devreye girer. Özne böylece Öteki'ye tam da onun karşılıklılıktan ve öngörülebilirlikten kaçtığı noktada kredi verir.

Komik özne kendi metonimik nesnesine inanır ve bu inanç her zaman bir safdillik öğesi içerir. Komedinin seyri boyunca, bu inancın çoğunlukla ve sık sık temelsiz (yani nesnede/Öteki'de herhangi bir biçimde temellenmemiş) olduğu, dolayısıyla da "safdilce" olduğu ortaya çıkar. Ama bir karakteri komik kılan şeyin bu (açığa çıkan) safdillik olduğunu, onun safdilliğine güldüğümüzü söylemek bütünüyle yanlış olurdu. Komik olanın çekirdeğini oluşturan paradoks, daha çok, şudur: Öteki'ye duyulan sarsılmaz inancın temelsiz ya da hiç değilse orantısız olduğu ortaya çıksa da, komik özne sadece safdilliğinin kurbanı değildir; aksine, son kertede onun kendine gelmesini, yani bir tatmin bulmasını mümkün kılan şey tam da bu safdilliğin kendisidir. Bize komik gelen de budur: Başka herkes o nesnenin zerre kadar güvenilir olmadığını ve (mesela) sadece o komik karakterle oyun oynadığını, onu parmağında oynattığını bildiği halde o karakterin safdil biçimde metonimik nesnesine inanan zavallı bir budala olduğunun ortaya çıkması değil; bu safdilliğin kendisinin öznenin yine de —akılcı açıdan bakıldığında— beklenmedik, "yersiz" bir tatmin bulmasını mümkün kılmasıdır.

Bu komedi aygıtını sadece mutlulukla bilginin bağdaşmazlığı teması üzerine bir çeşitleme, "ne kadar çok bilirsek, mutluluğumuz o kadar azalır" teması üzerine bir çeşitleme, "kutlu bilgisizliğin" bir savunusu vs. olarak görürsek bütünüyle yanlış anlamış oluruz. Bu meselede eksen noktası bilgi değildir, kaldı ki güven de bilgisizlikten ibaret değildir. Eksen noktası, daha ziyade, en iyi, Lacan'ın seminerlerinden birinin de başlığını oluşturan şu eşsesli sloganın özetlediği bir şeydir: *les non-dupes errent*,[4] külyutmazlar yanılır — ne pahasına olursa olsun kül yutmayı reddedenler en büyük enayilerdir; aptal yerine konmamak için her şeyi yapanlar en büyük aptallardır; hiçbir görünüşe, surete veya yanılsamaya kurban düşmemelerini kesin garanti altına almak için uğraşanlar daha en baştan oltaya gelmişlerdir. Peki neden, ayrıca bu ne demek? Özne ile Öteki arasındaki ilişkide asla ortadan kaldırılamayacak olan bir gri bölge vardır. Hesaba gelmezlik (eylemlerimizin sonuçlarının ya da Öteki'nin eylemlerinin saiklerinin hesaba gelmezliği) bölgesi olarak ya da sadece "Öteki'nin eksiği" noktası olarak tarif edebiliriz bunu — yani, öznelerarası ilişkileri yapılandıran nedensel bir ağ tarafından peşinen, tutarlı bir biçimde kuşatılmayan nokta; özne ile Öteki arasında kusursuz bir simetri ve/veya karşılıklılığın mümkün olduğuna dair bütün kavrayışları (ya da birinin Öteki tarafından bütünüyle belirlenmesinin mümkün olduğuna dair anlayışları) yalanlayan nokta. Kulağa paradoksal gelecek ama bunun nedeni öznenin Öteki'ye ilmiklendiği, kendi eksiği vasıtasıyla Öteki'deki eksiğe ilmiklendiği noktanın tam da bu nokta olmasıdır. Öteki'ye güvenmek, kredi vermek dendiğinde tam da bu noktaya atıfta bulunulur. Zira öznenin güveni onun kendi bilgisi ya da bilgisizliğiyle değil Öteki'nin bilgisiyle ilgili bir şeydir. Bunu önceki tartışmanın terimleriyle formüle edersek: Kafayı her türlü safdillikten ve aldanma olasılığından kaçmakla bozmuş olanlar tam da Öteki'nin tam olarak ne yaptığını *bildiğine*, yani varoluşu ve eylemlerinde kusursuz bir biçimde tutarlı olduğuna körü körüne inananlardır son tahlilde. Bu tür bir inançsız-

4. Bu tabir tamamen *les noms du père*, yani "babanın adları" gibi telaffuz edilir.

lık (ya da güvensizlik) tam ("üstüne çarpı atılmamış"), tutarlı Öteki'ye, eksiksiz bir Öteki'ye duyulan inancın öbür yüzüdür. İnançsızlık, kişinin Öteki alanının tutarlılığı tarafından garanti altına altına alınan kendi özerkliğine duyduğu inançtır. Ve bu tür bir inaçsızlık son tahlilde kendi eksiğimizin gösterenini mümkün olduğunca kendimizden uzakta, Öteki alanında gömülü tutmanın bir yoludur. Körü körüne inanca gelince, bu inanç Öteki'nin tutarlılığına duyulan basit bir inanç değildir, başka bir şeyi öne çıkarır: Bilgi ile hakikatin örtüşmezliğini.

Gerçek güven, bilginin (özellikle de duyu kesinliğine dayalı bilginin) tersine daima katmerlidir, asla dolaysız değildir. Mesela birinin ödünç verdiğimiz parayı geri ödeyeceğine güveniyorsak, bu güven paramızı geri alacağımızı biliyor olmamızdan ya da bundan emin olmamızdan gelmez. Daha ziyade şudur söz konusu olan: Güven daima bir şekilde kendi kendini önceler, nesnel daha doğrusu nesneye benzer bir yanı vardır, psikolojik bir halden ibaret değildir. Güvende nesnenin her zaman özneden önce geldiğini söyleyebiliriz: Güven önce girilen bahisle, Öteki'ye çoktan vermiş olduğum şeyle nesneleşir, güvenin öznel yanı, bu metonimik nesneye duyulan "körü körüne inanç" bunun ardından gelir. Nitekim (komik) güven daima güvene duyulan güvendir, ki bu katmerlenmede varolan aralıkta en nihayet hakikat boyutunun ortaya çıkması için gereken zamanı ve yeri yaratan da budur.

Psikanalizde aktarımın komik boyutu değil midir bu tam da? "Bildiği farz edilen özne"nin böyle tuhaf biçimde ortaya çıkışının, Öteki'nin öznenin bilinçdışı arzusu hakkındaki hakikati bildiği şeklindeki bu önkabulün, analiste gösterilen bu otomatik sevginin komik bir boyutu olmadığı söylenemez kesinlikle. Peki ama bu önkabul neye dayanır? Analistin bizi her şeyi bildiğinin kanıtlarını sunarak etkileme fırsatı bulmasına değil, tam da onda gördüğümüz gizemli bir *nesneye* dayanır. Lacan kendi aktarım kavrayışını Platon' un *Şölen*'ini yorumlayarak sunmuş; bu eserdeki *agalma*, gizemli artı-nesne kavramını, Alkibiades'in Sokrates'e atfettiği "onda ondan fazla olan bir şey" anlayışını vurgulamıştır. Lacan bununla kendi *a* nesnesi kavramı arasında ilişki kurar. Bilgi aktarımını harekete geçiren şey tam da Öteki'de konumlanmış olan bu hazinedir; deyim yerindeyse nesnel güvendir bu, öznel güven onun ardından gelir. Analistin bilgili olduğu önkabulü tam anlamıyla "nesnel" değildir, daha ziyade "nesneyle ilişkilidir", bir nesneye bağlıdır — öznenin arzusunun Öteki'de konumlanmış olan nesne-nedenine duyulan "körü körüne inanç"tır. Ama bu körlüğe rağmen —veya belki tam da bu körlük sayesinde— öyle bir şekilde işler ki analiz sırasında gerçek bilgi ve hakikat etkileri üretir.

ÖTEKİ VE ÖTEKİ

İKİZ TEMASI komedinin büyük temalarındandır gerçekten de. Ama Sosie örneğinde karşılaştığımız durum ile aslında çok daha yaygın olan ve sık görülen bir başka durum arasında önemli bir fark vardır. Bu başka durum derken de kasıt, ikizlerin en sona kadar birbirleriyle (yani "kendileri"yle) karşılaşmadıkları durumdur ki burada da amaç genelde farkı yeniden kurmak, ikizlerin asıl kimliklerini tanımaktır. Ayrıca bu ikinci durumda komedinin koşulu, bu ikizlerin doğrudan doğruya karşılaşmamaları ve birbirlerinin varlığını bilmemeleridir. *Amphitryon*'da iki tür ikiz de vardır: Amphitryon'un kendisi o standart konumdadır: En sona kadar ikiziyle hiç karşılaşmaz, ama sürekli ikizinin onun dünyasında yarattığı etkilere maruz kalır. Bu örnekte komediyi yaratan nokta da budur. Amphitryon evinde dolanıp karısına kur yapan bir başka Amphitryon olduğunu bilse, Alkmene'nin ona (kendisi orada olmadığı halde) birlikte ne harika vakit geçirdiklerini coşkuyla anlatması komik olmazdı. Dolayısıyla Sosie'nin ait olduğu tipte ikiz ile bize kimliklerin çoğalıp birbirine karışmasını sunan bu diğer standart komik tema arasında ayrım yapmak gerekiyor. Bu karıştırılan kimlikler türünde, karşılaşmalar hep çaprazlamadır — karakterler ikizleriyle ancak en sonunda karşılaşırlar. Bu durum *Yanlışlıklar Komedyası*'nın sonunda bizzat Shakespeare tarafından gayet iyi tasvir edilir:

Anlaşılıyor ki her birimiz diğerinin uşağına rastladı;
Beni o, onu ben sandılar,
Ve bütün bu yanlışlıklar bu yüzden çıktı.

(Perde V, Sahne I)

Sosie ise kendisiyle daha ilk sahnede karşılaşır; onun komikliği karıştırılan kimlikten değil, kimliğin (egonun kimliğinin) *kendisinden* gelir. Sosie başka biriyle, bir şekilde ona çok benzeyen başka bir kişiyle (ya da "ego"yla) karıştırılmaz; düpedüz kendisi olarak sunulur. Bu öbür ego (başka birinin değil) onun egosudur ve (Amphitryon'un öbür egosunun yaptığı gibi) başka insanların kafasını karıştırmaktansa, Sosie'nin kendisinin kafasını karıştırır.

Sosie'nin durumunda komik muameleye tabi tutulan ve bir nesne olarak sergilenen şey ego (yahut da kimliğin kendisi, "bizatihi kimlik") ise, o zaman "karıştırılan kimlik" komedilerinde başka bir şey söz konusudur. Peki nedir bu? (Simgesel) kimlik ile (fiziksel) taşıyıcısı arasındaki bağlaşıklık (*correlation*). Yani: Komik muameleye tabi tutulan şey, "biri" ile onun simgesel kimliği arasındaki sabit veya düzenli bağlaşımın garantisi olarak Öteki'dir. Bu durumda, komik askılama, Öteki'nin askılanması/askıya alınışıdır (*suspense/suspension*). Bir yanlışlıklar komedisi —yani karıştırılan kimlikler komedisi— boyunca Öteki adeta tavanda bir yerlere asılmışcasına bir köşede durur. Aynı zamanda —klasik askılama mekanizmasında olduğu gibi— onu askıda tutan da (kimin aslında kim olduğuna dair) bizlerin sahip olduğu fazladan bilgidir: Bu da Öteki'nin ufuktan kaybolup gitmesini, anlatılanların da bir dizi bütünüyle saçma olaya dönüşmesini (ki biz vaziyetin gerçekte nasıl olduğunu bilmeseydik olacak olan da budur) önler. Askılama/askıya alma terimi özgün vurgusuyla, yani geçici olarak "havada asılı kalma" anlamıyla, —*Oxford İngilizce Sözlüğü*'ndeki tarifle— "kişinin makam veya mevkiinden geçici olarak mahrum kalması" anlamıyla ele alınmalıdır. Karıştırılan kimlikler komedisinde Öteki de tabiri caizse makam veya mevkiinden geçici olarak mahrum bırakılır ve (çoğunlukla) ancak en sonda, komik oyun boyunca çığrından çıkmış şeyleri yerli yerine oturtmak ve şöyle demek üzere tekrar ortaya çıkar: Sen busun, sen de şusun, bütün olup bitenler yanlış anlamadan ibaretti, artık her şey yerli yerini buldu. Komedinin sonu, hadi dönün işinizin başına! Bu da bizi sık sık dile getirilen bir eleştiriye götürüyor; yani bu tür komedinin temelde muhafazakâr olduğu, dünyayı ancak en sonunda tekrar tam manasıyla, hiçbir çatlak içermeyecek şekilde yeniden tesis edebilmek için tepetaklak ettiği yolundaki eleştiriye. Bu meseleyi aşağıda ele alacağım; ama şu anki tartışmamız için şunu vurgulamak önemli: Öteki'nin en sonunda geri dönmesi imkânı, gördüğü işlevi hiçbir suretle tükettiğimiz söylenemeyecek olan bu türden komik askılamanın içsel koşuludur.

Öyleyse, devam edelim: Demek ki Öteki kolayca bir kenara atılıyor, "kovuluyor" değildir, askıya alınıyordur, sahnenin üzerinde onun üzerinde herhangi bir etkide bulunmaktan âciz bir biçimde yüzer-gezer bir halde dolaşıyordur; her şeyin bütünüyle saçma bir şeye dönüşmesini önleyecek kadar yakında kalıyor, ama müdahale etme yeteneğinden yoksun bulunuyordur. Bu bakımdan Öteki, aslında, iktidarsız bir Öteki'dir; bu da bize bu tür komedinin eksen niteliğindeki noktalarından biri hakkında bir şey söyler. Sahnede olup bitenlere, sonu gelmez, uzatıldıkça uzatılan ve "fazla uzatılan" yanlış anlamalara gülerken ("Yuh be! *Onunla* konuşuyor aslında, ama farkında değil! Hahahaha..."), aynı zamanda başka bir şeye de gülmez miyiz? Bir düzeyde "yanlış" kişinin karşısına geçip bir şeyler geveleyen sahnedeki birine gülüyoruzdur kuşkusuz; ya da öbürünün neden bahsettiği hakkında zerre fikri olmayan veya asıl derdini gayet iyi anlayan şu kişiye gülüyoruzdur... Ama bu karakterlerin ardında veya ötesinde (ve bir şekilde de onlarla birlikte) bir şeye daha güldüğümüz açık değil mi? Havada asılı vaziyette sallanıp duran, bir şey yapmaktan, bu kargaşayı durdurmaktan, "makamı"nın, görevinin gereğini yapmaktan âciz Öteki değil mi güldüğümüz? Bu bakımdan, klasik bir yanlışlıklar komedisi her zaman Öteki'ne yönelik belli bir alay etme tavrını beraberinde getirir gibidir.

Ama olup bitenlerin epey karmaşık boyutlarını tarif etmek için alay etme en iyi kelime değildir belki de. Zira alay etme ile komediye özgü haz arasındaki fark nedir, diye sorduğumuzda bunu tanımlamanın belki de en basit yolu şu olurdu: Alay etme, bize Öteki'yi yüklendiği işi yerine getirmekten âciz ("eksik", işlevsiz vs.) olarak gösterir ve bunu söz konusu eksiklik ya da başarısızlık başlı başına komik olacak bir şekilde yapar. Demek ki vurgu Öteki'nin tutarsızlığının/başarısızlığının komikliğini üretip teşhir etme üzerindedir. Oysa gerçek anlamıyla komedide vurgu başka yere konur; komik olan başlı başına Öteki'nin başarısızlığı değildir; daha ziyade, Öteki yüklendiği işi yerine getiremediği için komik şeyler olur. Başka bir deyişle, vurgu durumun fazlalık mahiyetindeki maddi yanı üzerindedir — rastlantıların, şaşırtıcı karşılaşma ve neticelerin, eğlenceli diyalogların, verimli yanlış anlamaların vs. komedisi işte bu maddi düzeyde sahnelenir.

Bu perspektifte Öteki'nin komik askılanışı öyle bir biçimde işler ki simgesel Öteki'nin askıya alınması (küçük) bir ötekinin (bir ikiz suretinde veya —yanlışlıklar komedilerinde— "cisimleşmiş hata" olarak tanımlanabilecek bir fazladan komik nesne suretinde) şaşırtıcı bir biçimde ortaya çıkmasıyla örtüşür, denebilir. Bu fazladan komik nesne oyunda gördüğümüz şu ya da bu nesneden ibaret değildir, daha çok, farklı anlarda farklı karakterlere yapışıp onları envai çeşit komik duruma sokan veya karakterlerin sanki sıcak bir patatesmişçesine birbirlerine verip durdukları nesnel bir hata fazlası nevinden bir şeydir.

Özgül komik askılama tarzını daha iyi tanımlamamıza yardımcı olabilir bu. Sözgelimi klasik gerilim filmlerinden bildiğimiz askılama ile komik askılama arasındaki fark nedir? Kelimenin kendisinin de zaten işaret ettiği gibi, askılama bir gerginliktir, canalıcı unsurlarının gerçekleşmeyip bir imkân ve/veya bir tehdit olarak "havada" kalmalarının yarattığı ve devam ettirdiği heyecan ve kaygı verici bir beklentidir. Bu eli kulağında tehditten çoğunlukla kılpayı kurtulur gerilim filmi kahramanı; "tam son anda" kurtulur. Komik askılama ise askıya alınmış bir gerçekleşmeden değil de bir aşırı-gerçekleşmeden ya da ön-gerçekleşmeden kaynaklanır. Bir komediyi yaratan ve başlatan şey, klasik gerilimlerde baş kahramanın üzerinde tehditkâr bir bulut gibi dolanan felaket alanından sıcak patates misali bir şeyin düşüvermesidir. Komik askılama bütünüyle, karakterlerin bu "sıcak patates"le nasıl başa çıkacakları, onu nasıl idare edecekleri, onunla ne yapacakları, ellerini ne zaman yakacağı, yanmaktan ne ölçüde (ve ne yönde giderek) kaçacakları, onun yine de onlara nasıl yetişeceği meselesiyle ilgilidir... Komik askılamanın prototipi kocanın karısının dolabındaki dillere destan sevgiliyi bulup bulamayacağı ya da ne zaman bulacağı meselesi değil, *bulduktan sonra ne olacağı* meselesidir. Dramatik bir tür olarak komedi şüphesiz klasik askılama işlemlerini de içerebilir pekâlâ, ama bunların komediye özgü askılamadan ayırt edilmesi gerekir ki komik askılama esasen "olan olduktan sonraki askılama"dır: Ancak felaket (ya da felaketin bir kısmı) çoktan olduktan sonra başlar. Öteki'nin askılanması bir fazla-nesnenin yarattığı sonuçlarla komedinin iç gerilimini (askılanmasını) yaratan tam öngörülemeyen bir eylemin ortaya çıkmasıyla örtüşür (bu fazla-nesne aslında Öteki'nin askılanmasının indirgenmez nesnel çekirdeği gibidir adeta).

Bunun ima ettiği önemli bir şey daha vardır: Oyundaki bu nesnenin kaderi ve ayrıca bu nesne tarafından sürüklendiği haliyle oyunun kaderi (askıya alınmış) Öteki için belli neticeler yaratır, dolayısıyla makamına döndüğünde eski halinden farklı olabilir. Öteki, askıya alınmışken, sadece sahnede bulunmuyor değildir: Simgesel Anlam çerçevesi olarak bulunmaz, ama tabiri caizse bir anlamsızlık artı-nesnesi olarak gayetle oradadır. Ve komik anlamsızlığın bazen irkiltici bir anlamlandırma, yani "başka türlü anlamlandırma" tarzı vardır. Komedi farklı olay örgüleri ve durumlar içerisinde (anlamın simgesel önkabulü olarak) Öteki'nin bir ideal olmadığını ya da ebedi ve değişmez bir biçimi olmadığını gösteren bir pratiktir; Öteki, artı-nesne yoluyla her zaman somut gerçekliğe bağlanır ve karışır, son kertede o bu gerçekliğe, o gerçeklik de ona bağımlıdır. Şayet Öteki bunu "unutacak" olursa, komedi bir (küçük) öteki biçiminde, bir artı-nesne biçiminde —yani elden ele geçirilip durması Öteki' nin simgesel işleyişi için belli sonuçlar doğuran o "sıcak patates" biçiminde— onu hemen sahneye çekecektir.

İki klasik "karıştırılan kimlik" komedisi bunun iyi örnekleridir: Molière'in *Amphitryon*'u (olay örgüsünün Sosie'yi değil de Amphitryon'u ilgilendiren kısmıyla) ve Shakespeare'in *Yanlışlıklar Komedyası*. Her iki örnekte de yazarların simgesel Öteki'deki belli bir tarihsel ve toplumsal kaymayı enine boyuna düşünüp dile getirebilmek için bu komik konfigürasyonu "kullandıklarını" görebiliriz. Her iki oyunun da başlıca özelliği, Öteki'nin (askıya alınmışlık halinden) nihai dönüşünün, oyunun en başındaki Öteki'yi (simgesel koordinatları) yeniden teyit etmekten çok uzak olmasıdır.

İlk olarak, *Amphitryon* şu tezimizin mükemmel bir örneğidir: Öteki'nin komik askılanışı sadece Öteki'nin sahnede bulunmadığı anlamına gelmez; (simgesel kimlikleri garanti altına alan) simgesel Anlam çerçevesi olarak bulunmaz, ama anlamsızlığın artı-nesnesi olarak fena halde sahnededir. Çünkü bu komedide, Öteki'nin ("tanrıların ulu sultanı" Jüpiter'in) göklerdeki makamından askıya alınışı sahnede bir artı-öteki —fazladan bir koca, ilave bir Amphitryon— suretinde zuhur etmesiyle doğrudan doğruya örtüşür. Ve böyle nesnemsi bir biçimde sahnede bulunmasının en sonda yeniden tesis edilen genel simgesel yapı üzerinde ve de bu yapının özneleri üzerinde kayda değer etkileri olur. Alkmene'yi yanıltan yanlış anlama ortadan kalkmış olur elbette; onun kocası ile Jüpiter'in zekice yaptığı koca taklidi arasında ayrım yapması mümkün değildi, ama —koca bir "ama"dır bu— Alkmene hamiledir! Tanrı'nın askıya alınması, yeryüzüne karışması kesinlikle gerçek sonuçlar yaratmıştır — hem de sadece Alkmene için değil simgesel otoritenin statüsü için de. Molière'in versiyonundaki son Plautus'un *Amphitryon*'ununkinden kayda değer ölçüde farklıysa da, önemli bir özellikleri ortaktır: Her ikisi de (eskiden) birbiriyle kıyaslanamayan iki simgesel rütbe arasına belli bir eşitlik sokarlar. Plautus'ta, bu eşitleme Jüpiter ile Amphitryon, tanrı ile insan arasında yapılır. Alkmene hamiledir ama tek bir çocuğa değil, ikizlere... ve oyun bitmeden bu ikizleri doğurur. İkizlerden birinin babası tanrı, diğerininki insandır. Jüpiter'in en sonda dediği gibi: "Bu iki çocuğu, hem seninkini hem benimkini, beraber taşıdı karnında" (Plautus 1995, s. 64 [1184]). Oyunda son söz Amphitryon'undur; muzafferdir Amphitryon, hiçbir garezi yoktur — hatta "malı[nı] bir tanrıyla paylaşmış olmaktan onur" duyduğunu söyler (*a.g.y.*, s. 62 [1171]). Yani, Jüpiter göklerdeki makamına dönmesine rağmen, bu eşitlik teyidi sahnede şanlı ve muzaffer bir tınıyla yankılanmayı sürdürür.

Buna karşılık, Molière'in oyuna yazdığı son gayet farklı ve gerçekten de beklenmediktir. Amphitryon ile Jüpiter arasında hiçbir uzlaşma, hiçbir simgesel hesaplaşma olmaz. Amphitryon, "yeryüzündeki efendi", simgesel makamına dönmez, son sözü söylemez; aslında hiçbir söz söylemez, hiç konuşmaz. Oyunun son iki sahnesine —bunlar Merkurius ile Jüpiter'in gerçek kimliklerinin açığa çıkmasıyla yanlış anlamaların giderildiği sahnelerdir— Amphitryon'un sağır edici "sessizliği" damgasını vurur. Tek konuşan uşak Sosie'dir: Hem de sadece *kendi* ikizi Merkurius ile hesaplaşma sırası geldiğinde değil, Jüpiter'in bulunduğu son sahnede de konuşur; burada geçen diyalogda açıkça efendisi Amphitryon'un (o da oradadır ama susmaktadır) işgal etmesi gereken yeri almıştır. Burada olan, tanrı ile insanın değil, efendi ile uşağın eşitlenmesidir. Ve efendisinin aşağılanmış izzetinefsinden geri kalan ne varsa onu kurtarma işini uşağın üstlenmesi hiç de görkemli bir şey değildir, aksine mahcup edicidir.

Jüpiter tekrar Jüpiter olarak zuhur ettiğinde, kim olduğunu, karısıyla yatmak için Amphitryon'un suretine büründüğünü açıklar ve Amphitryon'a bunun aslında ne büyük onur olduğu fikrini aşılamaya çalışır (ama bu sefer pek de başarılı olamaz)... Konuşması Sosie' nin alaycı lafıyla kesilir ("Jüpiter hazretleri yutturacağı hapı iyi yaldızlıyor"), ardından Jüpiter yine şaşaalı laflarına devam edip Alkmene'nin "kahramanlıkları bütün dünyayı kaplayacak" Herkül'e hamile olduğunu ilan eder. Bu düzenlemenin Amphitryon'un hanesinde yol açabileceği mahcubiyeti azaltmak için, Amphitryon'a "her türlü refah içinde geçecek şanlı şerefli bir ömür" vaat eder. Konuşmasını bitirdiğinde, Naukratis adlı bir asker bu şanı şerefi vurgulayıp teyit etmek üzere bir şeyler söylemeye başlar ki Sosie şu garip ve ilginç sözlerle onun lafını ağzında bırakır; oyun da bu sözlerle sona erer:

> SOSIE: Baylar, beni dinler misiniz? Sakın birbirimizi tebrike kalkışmayalım. İyi bir şey olmaz. Bu gibi iltifatlar için bulunabilecek sözler her iki tarafı da sıkar. Büyük tanrı Jüpiter bizleri ihya buyurdu, hakkımızda eşsiz bir lütuf gösterdi. Bize her türlü refah içinde geçecek bir ömrün mutlak saadetini vaat ediyor. Hanemizde çok babayiğit bir çocuk dünyaya gelecekmiş, bütün bunlar pek güzel; ama artık sözü uzatmayalım, herkes yavaş yavaş evine çekilsin, bu gibi hallerde en iyisi hiçbir şey söylememektir.
>
> (*Amphitryon*, Perde III, Sahne X)

Amphitryon tam da öyle yapar: Zeki bir *uşağın* bu koşullarda yapacağı gibi, çenesini kapalı tutar (Amphitryon'un başına gelenlerin açıkça şu eski hikâyeyi yankıladığını, sadece rolleri biraz farklı dağıttığını gözden kaçırmamak gerek: Bir hizmetçiyle gönül eğlendirip hamile bıraktıktan sonra kadının uşak kocasına aslında bununla övünmesi gerektiğini, kendisinin oğlunun eğitimini ve istikbalini garantiye alacağını açıklama zahmetine giren efendinin hikâyesinden bahsediyorum). Amphitryon tek kelime etmez; uşak onun yerine geçip konuşur. Ne der peki? Temelde: *Beyler, tıraşı kesin!* Bırakın şu mızmızlığı; olup bitenler pek hoş değil, ama gelin meseleye pratik açıdan bakalım. Jüpiter bize mutlak saadet, servet, her türlü refah ve babayiğit bir oğlan vaat ediyor. Herkesin istediği şeyler değil mi bunlar? Metnin orijinalinde, *Tout cela va le mieux du monde* —bütün bunlar pek güzel, bundan iyisi can sağlığı— der Sosie; buradaki ironik eda açıkça ortadadır. Ama bu kadar konuşmak yeter: Eve gidip işinizin başına dönün, bu nahoş mesele hakkında başka kelama lüzum yok.

Efendinin konumu ile uşağın konumunu kaynaştıran, adeta bunların birbirine dönüşebilirliği tezini doğrulayan ilginç bir monolog örneğidir bu sahiden de. Lacan'ın bu oyundaki gerçek ikizlerin iki Sosie ve iki Ampitryon değil, Sosie ile Amphitryon, efendi ile uşak olduğu şeklindeki imasını bu şekilde anlayabiliriz (Lacan 1988, s. 270). Sosie'nin bu nihai monologda ben, ego gibi görünmekten çıkıp "biz" haline gelmesi de bu kaynaşmaya ve/veya tersine çevrilebilirliğe işaret etmez mi (Jüpiter *bizleri* ihya buyurdu, *hakkımızda* eşsiz bir lütuf gösterdi. *Bize* her türlü refah içinde geçecek bir ömrün mutlak saadetini vaat ediyor. *Hanemizde* çok babayiğit bir çocuk dünyaya gelecekmiş, artık sözü *uzatmayalım*)? Efendi ve uşak konumlarının tersine çevrilebilirliği bir "biz", *nous* figürü içinde, bu örnekte kelimenin mecazi olmayan anlamıyla bir ikiz figür, bir efendi-uşak figürü olarak istikrar kazanmış gibidir. Yara-kardeşleri olarak efendi ile uşak aynı düzeyde görünmektedir.

Bu karıştırılan kimlikler komedisinin sonunda tekrar devreye sokulan, ihya edilen Öteki, oyun sırasında yeri şakacı tanrı tarafından gasp edilmiş eski Efendi'nin simgesel alanı değildir. Daha ziyade, hiçbir söz hakkı tanınmayan Efendi'nin kati bir biçimde askıya alınmasıyla örtüşür.

Shakespeare'in *Yanlışlıklar Komedyası*'nda da yapısal olarak buna çok benzer bir şey olur. Açılış ve kapanış sahnelerine baktığımızda sadece Öteki'nin askıya alındığı genel konfigürasyonu değil, bu komedinin biçim verdiği Öteki'deki kaymayı da gözden kaçırmamız pek mümkün değildir. İlk sahnede, müteakip kafa karıştırıcı olayları anlamak için gereken her şeyi (iki ikiz çiftin ön-hikâyesini, fırtınanın onları nasıl birbirinden ayırdığını ve o tarihten beri nasıl dünyanın dört bir yanında dolaştıklarını) öğrenmekle kalmaz, bütün bunları üzerine ölümün gölgesi düşmüş —kısa bir süre içinde idam edilme tehdidi altındadır— baba Aegeon'un ağzından öğreniriz. Komediyi başlatan bu feci tehdidi açıklama bâbında bize şu, biraz tuhaf hikâye anlatılır: Syracusalılar ile Efesliler arasında çıkan çok sayıda ticari anlaşmazlık yüzünden her iki şehir de Efes'te görülen her

Syracusalının (ve elbette tersinin) bin altınlık bir fidye ödemediği takdirde hemen idam edileceği ve mallarına el konulacağı yolunda birer ferman çıkarmıştır. Bu gerçekten de çok garip bir durumdur ve kulağımıza, yerini "küçük ötekiler" arasındaki bir ölüm kalım mücadelesine —ve, elbette ticarete— bırakan Öteki'nin simgesel otoritesindeki çöküşü sahnelemenin neredeyse mahcubiyet verici ölçüde dolaysız bir yolu gibi gelmesi kaçınılmazdır.

Dolayısıyla karşımızda ikisinin adı da Antipholus olan ikizlerin babası ve ikisinin de adı Dromio olan diğer ikizlerin üvey babası vardır. Üvey baba ikizlerini Antipholus'lara (güya) uşak vermiştir. Antilopholus'ların babası Efes'e gelmiş Syracusalı bir tüccardır ve şu anda idam edilme tehdidiyle karşı karşıyadır. Ayrıca bütün ikizlerin kimliği konusundaki bilginin taşıyıcısı konumundadır — yani ortadan kaybolması ilgili herkesi geri dönülmez bir kaos burgacına çekecek Öteki'dir. Bu yüzden de bertaraf edilmez, ama askıya alınır: Bin altını olmamasına rağmen, kayıp ikizlerin hikâyesini duyan Efes Dükü ona acıyıp ölüm cezasının infazını bir gün erteler, o gün boyunca gereken miktarı toplamaya çalışacaktır. Baba şu sözleri söyleyerek sahneyi terk eder ve ancak en sonda yeniden sahneye çıkar:

> Ümitsiz ve çaresiz...Aegeon gidiyor..
> Bu gidiş ölümlü sonunu sadece biraz daha geciktirecek...
>
> (Perde I, Sahne I)

Öteki'nin askıya alınmasının altı, babanın çok yakında gerçekleşecek ve Öteki'nin çökmek üzere olduğunu daha da vurgulayan infazının geçici olarak askıya alınmasıyla çizilir. Ve sonra da iki çift ikizin komedisi başlar; ikizlerin hepsi, birbirlerinden haberleri olmaksızın., Efes'tedirler; sürekli birbirlerini ıskalar ve görüntülerinin aynılığıyla başka insanların kafalarını karıştırırlar. Biz şimdiki amaçlarımız açısından bu komediyi bir yana bırakıp hikâyenin sonuna, vardığı noktaya sıçrayacağız. Daha önce de dediğim gibi, Aegeon en sonda tekrar ortaya çıksa da son bölümün merkezi figürü o değil, Efesli rahibe Aemilia'dır; tabii ki onun Aegeon'un uzun zaman önce kaybettiği karısı ve ikizlerin annesi olduğu ortaya çıkar. Ama aile saadeti ve bütünlüğünün yeniden keşfedildiği bu "turbo-mutlu son" un bedelinin tam olarak ne olduğuna bakmak ilginç olacaktır: Çünkü bunların yeniden işleyebilmesi için simgesel rollerin epey ciddi bir değişimden geçmesi gerekmiştir. Baba başındaki ölüm tehdidinden kurtulacaktır — ama bunun bedeli bin altın değil (Dük oyunun sonunda onu bu ödemeden muaf tutar), sessizlik ve geri çekilmedir, "geleneksel babalık otoritesi" denen şeyi kaybetmektir. En sonda herkes şöyle veya böyle bir zafer veya barışma konuşması yapar; bunu yapmayan sadece baba Aegeon'dur. Onun yerini, simgesel (ve pratik) uzlaşmayı sağlayan fail ve —ikiz uşaklardan Efes Dükü'ne— herkesi ziyafete —bir sohbet ziyafetine— davet eden cömert ev sahibesi konumuna geçen karısı almıştır. Bu eşitlik (kan akrabalığı değil ruh akrabalığı veya yakınlığı) iması, uşak ikizlerin diyaloğuyla biten komedinin ünlü son dizeleriyle de pekiştirilir. Başta, kafaları hâlâ hiyerarşi meselesiyle ve ilk doğmaktan kaynaklanan ayrıcalığın kime ait olduğu meselesiyle meşguldür, ama kısa bir süre sonra kimin yaşça büyük olduğunu belirlemenin çok zor olacağını anlarlar. Bunu belirleme işini tesadüfe ("Hangimizin büyük olduğunu kestirmek için kura çekeriz") bırakmaktan da vazgeçtikten sonra, oyun muzafferane bir kardeşlik beyanıyla sona erer:

> Madem ki dünyaya kardeş kardeş geldik, şimdi de bir önde, bir arkada değil el ele ve yan yana gidelim.
>
> (Perde V, Sahne I)

Mladen Dolar'ın dikkat çektiği gibi, "kulağa İnsan Hakları Beyannamesi'nden veya Fransız Devrimi'nin bildirilerinden alınma bir cümle gibi gelen" (Dolar 2005a, s. 190) bu son da yine Öteki'nin komik askıya alınma işleminden her zaman sapasağlam dönmediğinin iyi bir hatırlatıcısıdır. Daha doğrusu, komedi düzeneğinin ve diyalektiğinin bizi simgesel Öteki'deki belli kaymalarla yüzleştirmek için kullanılabileceğinin iyi bir işaretidir.

Gelgelelim, tabiri caizse, eşyanın fenomenal tabiatının kendi aşkın koşulları veya ufku üzerinde son kertede yaratabildiği bu etkinin, simgesel Öteki'nin maddi nafakası olarak bir komik nesnenin ortaya çıkmasıyla sıkı sıkıya bağlantılı olduğunu vurgulamak gerek. Başka bir deyişle, simgesel Öteki'nin komedideki askıya alınışının öbür yüzünde bu Öteki'nin bir artı-nesne formunda bu sahnede maddeten mevcut oluşu olmasaydı, o zaman belirlenmiş dünyanın tam da bu belirlenimin koordinatları üzerinde (geri dönüşlü olarak) yarattığı bu etki ortaya çıkamazdı. Belli bir durumun maddi artısı/fazlası olarak komik nesne kavramı ile Lacan'ın *a* nesnesi kavramı arasında bir ilişki kuracak olursak, bu *a*'nın statüsünde birkaç ilginç sonuç yaratır, özellikle de *a* nesnesi ile Öteki arasındaki ilişkinin perspektifinde. Öteki derken dünyamızı yapılandıran ve de onun söz dağarcığını sağlayan simgesel koordinatları kastediyorsak, *a* nesnesi nedir peki tam olarak? Dünyamızı oluşturan birçok şey gibi o da Öteki'nin sonuçlarından biridir, ama onun çok özel bir noktasıdır. Ortaya çıkan etkinin/sonucun, kendisini yaratan simgesel yapıyla kendi arasına bir "açık hat" soktuğu noktadır, bu yüzden de yapı onun karşısında bağımlı, "yaralanmaya açık" kalır. Simgesel nedenselliğe ayırt edici niteliğini veren şey, neden ile sonuç arasında indirgenmez bir mesafe olduğunu ima eden net bir kopuşsa, *a* nesnesi de bir nedenin dolaysızca (kendi) sonucu olduğu noktadır. Paradoksal bir neden-sonuçtur — kendisi de bir başka sonucun nedeni olan bir sonuç anlamında değil, bunların örtüşmesi anlamında. Lacan arzuyla ilişkili olarak, arzunun nesne-nedeninden bahseder — iyi ama arzunun sonuç-nedeninden de bahsedemez miyiz? Tam manasıyla arzu yapısının sonucu olan bir nesnedir bu, ondan önce veya onun dışında varlığı yoktur, ama aynı zamanda tam da arzunun nedenselliğinin taşıyıcısıdır, yapının deyim yerindeyse *canlı* olduğu ve yazgısının "gerçek zamanlı olarak" sahnelendiği noktadır. Psikanalizde, semptom kavramı da bunu yankılar: Semptom simgesel olarak yapılanmış belli bir çıkmazın sonucudur, ama onu yaratan nedenselliğin içerisinde canlı tutulduğu bir sonuçtur. Semptom, aynı zamanda da belli koşulların otomatik olarak tetiklediği katı bir formdur (ya da "ritüel"dir), ama bütün o katılığı ve otomatizmi içerisinde —popüler deyimle— daimi bir yürümekte-olan-iş'tir de; çatışmanın (özneye "imkânsız" bir tatmin, keyif sağlayan bir biçimde) sürekli sahnelendiği ve tekrarlandığı yerdir.

Biz akıl yürütmemize dönelim: *a* nesnesi bir sistemin maddi hassas noktasıdır, yani komedinin bol bol oynadığı noktası. Gelgelelim, mesela komedinin bu nesneyi komik ya da mizahi bir biçimde ele aldığını, diğer türlerinse kendilerine özgü başka yollardan ele aldıklarını söylemek yeterli değildir. Zira komedinin birinci ayırt edici özelliği, onu *nesne olarak* kendisinin üretmesi ya da çoktan bu "komik" özelliğe sahip olan malzemeyi kullanmasıdır. Her şeyin bir komediye ait olmadan, kendi başına komik olmadan da komik bir niteliği vardır. Bazı çok hüzünlü şeylerin komik bir niteliği vardır — başka türlü belli bir kişiliğin veya durumun organik bir parçası gibi görünen bir özelliğin nesneleştirilmesiyle bağlantılı bir niteliktir bu tam da.

Bunu *das Ding* açısından, yani belli bir simgesel evrenin eksen mahiyetinde olan ama ulaşılamayan noktası açısından formülleştirecek olursak şöyle diyebiliriz: Komedide Şey aşkın (ve ancak özne üzerindeki etkilerinden çıkarılabilir nitelikte) kalmaz. Sahnede nesneleştirilmiş, maddi bir form içinde, belli bir durumun nesne-semptomu olarak üretilir. Bu manevra çoğunlukla onmaz ve gerçek bir güçlüğün hiçbir önemli sonuç yaratmayacak basit bir sıradanlığa dönüştürülmesi olarak, Şey'in içerdiği Gerçek her neyse ondan kaçış olarak görülür. Ama bu yargı komediye son derece haksızlık etmektedir, çünkü komediyi bambaşka bir şeyle, yani alayla karıştırmaktadır. Alay sahiden de bütünüyle Şey'i dokunulmamış ve görülmemiş olarak tutmakla, onu emniyetli bir yerde saklamakla meşguldür. Güldüren her şey komedi değildir ve elbette sahnede gösterilen ve komedi nesnesi olarak sunulan nesnenin kelimeye bizim verdiğimiz anlamda (belli bir öznenin veya durumun, içerdiği temel antagonizmanın ete kemiğe bürünmüş hali olan fazlası anlamında) hiç de komik bir nesne olmadığı, aksine hem gerçek nesnenin ortaya çıkmasını hem de komedinin gelişmesini engelleyen bir sis perdesi işlevi gördüğü durumlar vardır. Yıkıcı bir kutsallıktan arındırma jesti gibi ortaya çıkan ve kendisinin de öyle olduğunu düşünen ama aslında tam tersi olan bir şey bu kastettiğim. İçerdiği temel jest bir "gösterme" jestidir. Ama tam olarak neyi göstermek? Bir dil, bir kıç ya da bir penis — bunlar bu teknikte başvurulan en yaygın hazır nesnelerdir. Burada büyük bir dikkatle ele alınması gereken şeylere temas ettiğimiz için devam etmeden önce şu şerhi düşmekte fayda var: Alay teknikleri ile komik teknikler arasındaki ayrım teşhir etmeyi tercih ettikleri nesne tiplerinde değil (yukarıda bahsettiğimiz üç nesne de komedide kendine yer bulabilir pekâlâ) ama bu teşhirin kipinde yatar. Alay tekniklerinde, bu sıralanan nesneler tartışmayı ve içerdiği komediyi kesmeyi ve Şey'in haysiyetini korumayı amaçlayan bir tarzda kullanılır. Bu türden bir jestin söylediği tam olarak şudur: "Komediyi kesin!" Bir örnek verecek olursak, gelin mahut sıradan insana bütünüyle abes görünebilecek bir meseleyi, sözgelimi "Varlığın doğası nedir?" meselesini tutkuyla tartışan bir grup felsefeci düşünelim. Onlar böyle tartışırken, şakacının teki bu "gülünçlüğe" bir alay jestiyle —mesela kıçını göstererek— müdahale etmek isteyebilir. Bu jestte söz konusu olan şey hiç de "komiklik yapmak" denebilecek şey değil; daha çok mevcut durumun "komikliğini", onu mahkûm edip sona erdirme amacıyla *teşhir etme* jestidir. Bu şakayı yapan kişiye tahammülfersa gelen şey tam da durumun üstü kapalı "komikliği", o "utanç verici" ciddilik pozudur. İşte bu yüzdendir ki bu özgül şakacı figürünün komedi geleneğine ve bu geleneğin kendi "komikçiliği"ni (*monkey business*) icra etme tarzına ait olmadığını söyleyeceğim ben. "Müstehcen" görünüşüne rağmen daha çok çileci geleneğe ait bir jesttir bu. "Zorlantılı alay" diye tanımlanabilecek durumlarda bu bariz biçimde görülür: Zorlantılı şakacılar bir durumun "gerçek" (gizli, müstehcen) hakikatini saptamaya meyillidirler, kendilerini (ya da bedenlerinin bir parçasını) hakikatin mahalli olan bu müstehcen öbür yüzün ete kemiğe bürünmüş hali olarak öne çıkarmayı severler. Gelgelelim buradaki sorun şudur ki çoğunlukla ("kültürel olarak") üstü örtülü kalması beklenen şeyin (dilin, kıçın, penisin...) bu işgüzarca teşhiri, çoğu durumda belki de şu daha rahatsız edici olgunun üstünü örten *peçe* işlevi görür: Komedinin, onun arkasındaki "Gerçeğe" ulaştığımızda kesilmiyor olabileceği, orada da devam edebileceği olgusundan bahsediyorum. Başka bir deyişle, "gösterme" başka bir şeyi (belli bir simgesel sistemin şu ya da bu "komikçilik" yüzünden tehlikeye giren kutsal sırrını) koruyup üzerini örtmenin bir yolu olabilir.

Komedinin "öteki ve Öteki" olarak tanımlayıp ikiz figürleriyle ve daha genelde her türlü kimlik karıştırma vakasıyla ilişkilendirdiğimiz bu alanından ayrılmadan önce bu alanın özel bir ustasını anmadan geçmek mümkün değil: Marivaux. Marivaux en azından iki nedenle ilginçtir. Birincisi, tartıştığımız "ötekiler ve Öteki" diyalektiğine kendine özgü bir yorum eklediği için. İkincisi ise, kimlik karıştırmanın başlıca kaynağı olarak vurguyu ikizlerden maske takmaya ve kılık değiştirmeye kaydırdığı için (ki modern komedinin önemli bir kısmı da bu yolu takip etmiştir). Marivaux maskeye bürünmenin büyük yazarıdır — hakikatin zıddı olarak değil, hakikate giden kral yolu olarak maskeye bürünmenin. Marivaux'nun düsturu şöyle özetlenebilir neredeyse: "Her şey aldatıcıdır, sadece maske asla yalan söylemez." Görünüş-hakikat diyalektiği takıntısı Marivaux'nun evreninin o denli ön planındadır ki tek tek karakterleri bütünüyle gölgede bırakır. Aslında, bu bakımdan Molière ile Marivaux arasında varolandan daha güçlü bir zıtlık bulmak zordur. Bir yanda güçlü, büyüleyici, göz kamaştırıcı bir şekilde inşa edilmiş, neredeyse bütün komediyi kendi başlarına taşıyan Karakterlerle karşılaşırız. Öte yanda, matematiksel bir kesinlik ve zorunlulukla komedi üreten neredeyse saf bir yapı (ve bu yapının dinamikleri) söz konusudur; burada yapının bireysel taşıyıcıları fiilen önemsizleşir. Marivaux klasik komedi yazarları arasında bir "diyalektik yapısalcı" olarak tanımlanabilir; yazdığı bütün komedilerde tekrar edip sınadığı temel bir aksiyom icat etmiş tam bir komedi matematikçisidir. Birçok kişi Marivaux'yu aynı aksiyomu böyle sürekli tekrar ettiği için ve de saf yapı üzerinde ısrar ettiği için eleştirmiştir. Ama —bir kez kaptıktan sonra— Marivaux'nun oyunlarını arka arkaya okumanın biraz yorucu olduğu doğruysa da onda bir "numara" olduğu, gerçekten ilgiye değer bir şey icat etmiş olduğu gerçeği bakidir. Peki nedir bu? Kestirmeden söylersek, Öteki'nin askıya alınışını bir artı-nesne ile değil saf bir farkla, kimliğin bünyesinde bulunan bir şey olarak farkla bağıntılandırmasından ibarettir.

Marivaux'nun oyunlarının muhtemelen en özlüsü ve kesinlikle en başarılısı olan *Gönül ve Kısmet Oyunu* (*Le jeu de l'amour et du hazard*, 1730) örneğini ele alalım. Olay örgüsü kabaca şöyledir: Silvia bazı arkadaşlarının yaşadığı sayısız tecrübeyi göz önünde bulundurarak, taliplisi Dorante'yi, onu gizlice inceleyecek fırsatı bulana kadar kabul etmemeye karar verir. Dolayısıyla Hizmetçisi Lisette'in kılığına bürünür, Lisette de hanımının rolünü üstlenir; ama yanlış bir evlilik yapmama konusunda en az Silvia kadar dikkatli olan Dorante de aynı stratejide karar kılıp uşağı Harlequin'in kıyafetlerini kuşanır, o da efendisinin rolüne girecektir. Böylece dörtlü bir yapı elde etmiş oluruz; bu yapının terimleri de birbirleri karşısında hizalarını kaybetmiş durumdadırlar (aslında hizmetçi olan bir hanımefendi; aslında hanımefendi olan bir hizmetçi; aslında uşak olan bir beyefendi; aslında beyefendi olan bir uşak). Tabii ki her iki çift de diğer çiftin de kendileri gibi rol değişimi yapmış olduğundan bihaberdir — biz seyirciler dışında bu artı-bilgiye ve dolayısıyla resmin tamamına sadece Silvia'nın babası Orgon ve kardeşi Mario sahiptir. Bu epey minimal ve çok basit yapısal konfigürasyon bu gayet uçuk komedinin motorunu çalıştırıp beslemeye yeterli.

Belki bu konfigürasyonun *fazla basit* olduğu ve yeterince ilginç olmadığı, zira Gerçek ile Simgesel arasındaki, gerçek aşk ile kimin kime uygun olduğunu önceden belirleyen, evliliği her türlü sahici duygudan bütünüyle yoksun bir kurummuş gibi gösteren uzlaşımlar arasındaki epey duygusal bir karşıtlığa dayandığı gibi bir itirazda bulunmak gelebilir içimizden. Bu oyunun, başka özelliklerinin yanı sıra, görücü usulü evliliklere yönelik ve ayrıca (meşru) aşkın aynı toplumsal sınıfın sınırları içine kapatılmasına yönelik aydınlanmacı bir eleştiri olduğuna şüphe yoktur. (Dorante Silvia'ya âşık olduğunda, hizmetçi olduğunu zannetse de onunla evlenmeye hazırdır ve bunu destekleyen koca bir argüman geliştirir; gelgelelim Silvia' nın hizmetçi değil hanımefendi olduğu ortaya çıktığında biraz olsun rahatlar). Oyunun başında Silvia hizmetçisine uzun uzun neden içinden hiç evlenmenin gelmediğini anlatır: Evlilikte çoğunlukla aşktan başka her şey vardır; erkekler evde bir yüzlerini, cemiyet içinde başka bir yüzlerini gösterir; evin dışındayken hepsi görgü, cazibe ve zekâ kumkuması kesilirken evde soğuk, nahoş ve sıkıcıdırlar, hatta varlıklarıyla yoklukları birdir. Dışarıda, özellikle kadınları baştan çıkarırken en cana yakın maskelerini takarlar; halbuki evde karılarının yanında maskeleri düşer; bir kadın kocasının aslında nasıl biri olduğunu öğrendiğinde de çok geç kalmış olur. Bu yüzden Silvia'nın planı şöyledir: Dorante'yi gerçekte nasılsa o haliyle tanımak ve onun gerçekte nasılsa o haliyle, evlenmek zorunda olduğu zengin hanımefendi rolünün dışındayken kendisine nasıl davranacağını görmek istemektedir. Dorante de aynı saikleri takip eder: Aralarında gerçek aşkın mümkün olup olmadığını bulmak istemektedir. Dolayısıyla her ikisinin de öbürünün kendilerini "gerçekte nasılsalar o halleriyle", zaten çöplerinin çatıldığı simgesel rollerle yerlerin dışındayken sevip sevemeyeceklerini saptamak istemektedirler, diyebiliriz. Peki ama bir kadın öbürünün kendisini sadece kendisi için sevdiğini nasıl anlayabilir? Marivaux komedisinin cevabı şöyledir: Başka biriymiş gibi davranarak. Onun *beni* sevip sevmediğini nereden anlarım? Başka birinin kılığına girerek. Bu başkasına âşık olursa beni seviyordur! Hakikate giden yol kurmacadan geçmektedir. Daha doğrusu, Gerçeğe simgesel kurmacayı, maskeyi bertaraf edip ardına bakarak değil, simgesel kurmacayı, maskeyi *çiftleyerek*, zaten varolanın üstüne bir tane daha takarak ulaşırız. Sahiciliğe giden yol çifte sahtelikten, dolayımsızlığa giden yol çifte dolayımdan, içeri giden yol çiftlenmiş dışarısından geçer. Marivaux komedisinin temel "diyalektik" hakikatlerinden biri budur. Arada bazı benzerlikler olmasına rağmen, Marivaux'nun evreni romantik evren değildir: Romantik evren bu konfigürasyonu münhasıran Gerçek (sahici aşk)-simgesel kurmaca-uzlaşım çiftine indirger ve aşkın bütün hakikatini "Gerçeğin" tarafına yerleştirir. Marivaux ise farklı bir şey yapar: Gerçeği kurmacanın-uzlaşımın çiftlenmesi tarafından yaratılan saf içsel farkın mekânına yerleştirir.[5]

Marivaux İmgesel ile Simgesel arasındaki ilişkideki bu çiftleme diyalektiğinin de büyük ustasıdır: Simgesele giden yol bir imgesel sapmanın çiftlenmesidir. Silvia ve hizmetçisi yer değiştirip birbirlerinin ayna imgesi haline gelirler. Eğer hepsi bundan ibaret olsaydı —yani, Dorante de uşağıyla yer değiştirmiş olmasaydı— öznenin gerçek Silvia'yı görünüştekinden ayırt etmeyi başaramayıp başaramayacağının görüldüğü klasik konfigürasyon olurdu karşımızdaki. Ama aynadaki ilk sapma Dorante'nin uşağıyla yer değiştirdiği bir ikincisiyle çiftlenir. Böylece kahramanlar aslında kendilerini başlangıç konumlarına dönmüş vaziyette bulurlar (Dorante ile Silvia, Lisette ile Harlequin), ama Simgesel'i kuran bünyevi, asgari, görünmez farkla birlikte. Ötekini sınayanın kendisi de sınanmaktadır. Ve eğer (mutlu) bir buluşma yaşayacaklarsa, bu ancak ikisinin bilgisizliğinin de birbiriyle örtüştüğü bu ara mekânda olabilir. Çiftleme sayesinde imgesel ayna-sapması mantığını arkamızda bırakıp bir baş-

5. Bunun tam da Hollywood komedilerinin 1930'lardaki koca bir alttürünün, "yeniden evlenme komedileri" adı verilen alttürün de son kertede ait olduğu gelenek olduğunu dikkat çekmekte fayda vardır belki de. Evlilik ile gerçek aşk arasındaki uyuşmazlık evliliğin kendisinin içinde çiftlenmesi yüzünden açılmış boşluğa taşınır. Stanley Cavell'ın gayet ikna edici bir biçimde gösterdiği gibi, bu komediler krizdeki evlilik kurumunu kurtarmaya yönelik muhafazakâr birer girişim değildirler, aksine birçok bakımdan aşk ile evlilik arasındaki basit karşıtlıktan çok daha yıkıcıdırlar. Bkz. Cavell 2010.

ka mantığa, bir iç *kayma* mantığına ulaşırız: Kendisi karşısında hafif çığrından çıkmış bir gerçeklik, aynı anda hem kendisinin önünde hem de ardında olan, kendi kendisini hem önceleyen hem de kendinin ardında kalan bir gerçekliktir ulaştığımız. Bu kayma, verili duruma içkin konumdaki Öteki'ye (ama söz konusu durumun çerçevesini veya dış ufkunu kuran Öteki'ye değil) yer açar.

Bu da demin tartıştığımdan biraz farklı bir başka komik askılama tarzını saptamamıza yardım edebilir: Öteki'nin askıya alınması bir artı-nesnenin ortaya çıkmasıyla örtüşür ve bu nesnenin tahmin edilemeyen halleri de hem komedinin iç askılamasını kurar hem de (geçici olarak) askıya alınmış Öteki'nin statüsünü etkiler. Marivaux'da farklı bir konfigürasyonla karşılaşırız. Askıya alınmış Öteki sahnede her özdeşliğin/kimliğin iç farkı biçiminde zuhur eder, komik askılama da şu ya da bu özdeşliğin/kimliğin bu farkı nasıl ayakta tutacağı meselesi etrafında döner. Fazlalık kabilinden bir topu bir oraya bir buraya yollama dinamiğinden ziyade, simgesel Öteki'yi bu bünyevi fark ve aralık noktalarında sınama dinamiğidir içinde olduğumuz. Başka bir deyişle, Öteki, "küçük ötekiler"in ne tür yeniden düzenlenişlerine katlanabildiği konusunda sınanır. Gelin bunu daha somut formülleştirelim: Marivaux'da karışan ve karıştırılan kimlikler çoğunlukla —maskeye bürünmenin oynadığı belirgin role rağmen— karnavalvari bir ihlal teşvikinin ve bu ihlallerin yarattığı komik sonuçların (imkânsızı geçici olarak mümkün kılma anlamına gelen sonuçların: Mesela uşağın efendisini dövüp ona hakaret etmesi, hanımın gönlünün uşağa kayması vs.) hizmetinde değildir. Aslında Marivaux bu dolaysız "karışmış kimlikler" komedisinin potansiyelinden şaşırtıcı ölçüde az yararlanır. Bunun yerine, başka bir meselenin akorlarını çalar bol bol. Gelin bunu şöyle formülleştirelim: A'nın, aslında C olan B'ye yönelik sözlerinin arasına (B ile C arasındaki aralık biçimindeki) simgesel Öteki öyle bir biçimde girsin ki A ile C yine de birbirlerini anlasınlar: Bu mümkün müdür ve ne ölçüde mümkündür? Daha basit söylersek: Yanlış bir ötekiye hitap eden sözler nasıl olur da yine de Öteki tarafından doğru olanınkiyle aynı çekim alanı içinde tutulabilmektedir?

Paralel monadların (Tanrı'nın inayetiyle) onları aynı hedefe yönlendiren uyumlu gelişimi demek olan "önceden tesis edilmiş uyum" kavramını, Leibniz'den biliriz. Marivaux'nun evreninin aksiyomunun *önceden tesis edilmiş uyumsuzluk* (monadlar arasındaki, her şeyin asıl hedefine ancak yanlış yolu takip ederek ulaşabilmesini sağlayan uyumsuzluk) gibi bir şey olduğunu söyleyemez miyiz biz de?

III. KISIM

KAVRAMLAŞTIRMALAR

Bergsoncu Yaklaşımın Bir Adım Ötesi

HENRI BERGSON komedi fenomeniyle kapsamlı biçimde ilgilenmiş ve komedi için şu nihai formülü önermeye cüret etmiş nadir filozoflardandır: *du mécanique plaqué sur du vivant* — canlının üstüne kaplanmış mekanik (Bergson 1996, s. 27) Bergson'un komiğin temel bileşenleri olarak tecrit ettiği şu iki düzeyi tek bir satırda yoğunlaştırıp adlandıran bir formüldür bu: Bir yanda otomatizm, katılık, atalet, yeknesaklık, tekrar; öte yanda canlılık, canlı enerji, esneklik, değişkenlik (bir durumdan öbürüne pürüzsüzce geçiş). Bu ikinci grup Bergson'un, felsefesinin daha genel düzeyinde, sürgit hareketin katıksız yoğunluğu olarak "hayat" veya "hayat atılımı" (*élan vital*) adını verdiği şeyle bağlantılıdır şüphesiz. Nitekim komik olan, daima hayatın, canlılığın pürüzsüz akışında bir duraklamayı ima eder; katılık ve otomatizmin esneklik ve itkiye galebe çalmasıdır; aslında Bergsona ait olmayan bir terminoloji kullanacak olursak, (ebedi hareket olarak) Oluşu taşlaştıran bir durum ya da Varlıktır. Bu gözlerimizin önünde, ne zaman açık seçik, gözle görülür bir biçimde gerçekleşse, sonuç her zaman komiktir.

Komik olanın her zaman iki farklı (ve çoğunlukla taban tabana zıt) düzey veya deneyimin belli bir biçimde karşılaşmasını içerir gibi göründüğünü Bergson'dan önce (ve sonra) vurgulamış olan yazarlar olmuştur elbette. Bu iki düzeyi adlandırmak için kullanılan ve gayet soyuttan son derece somuta uzanan geniş bir menzile yayılan tarifler mebzul miktardadır. Sık sık görülen bu çiftlerden birkaçını rasgele sıralayalım: Yüksek-alçak, ruh-beden, zihin-madde, yapay-doğal, ruh-lafız, insan-hayvan, kutsal-insani, idealler-gerçeklik, kendiliğindenlik-alışkanlık, kültür-bayağılık, yüce amaçlar-aşağılık ihtiyaçlar... Komedinin bu iki unsur arasında kurduğu ilişkinin tarifleri de epeyce benzer: Unsurlardan biri (çoğunlukla "aşağı" olanı, ama kesinlikle belli bir durum içerisinde gizlenmiş, hatta bastırılmış olanı) bir patlama yaparak daha önce tablonun tamamına hükmeden ya da tabloyu "gasp etmiş" olan diğer unsuru geriletir. Daha da genel terimler kullanarak söylersek: Zıt eğilimleri ve yananlamları yüzünden birbirlerini dışlayan (yani ya/ya da kipliği içerisinde veya birbirlerinin öbür yüzü olarak varolan) iki unsur aynı düzeye, aynı ufuk içerisine konur.

Bergson'un yaptığı yukarıdaki diziye bir diğer çift, yani canlı-mekanik (veya hayat-otomatizm) çiftini eklemek değil, daha iddialı bir şeydi. Bu çiftin, bütün diğerlerinin asıl çekirdeği, yani "matheme"i olduğunu (ikna edici bir biçimde) ileri sürüyordu. *Gülme: Komiğin Anlamı Üstüne Deneme* adlı kitabının önemli bir kısmı farklı komik tasvirlerinin bu kavramsal matrise indirgenebileceğini göstermeye adanmıştır. Bunu nasıl yaptığını biraz olsun görebilmek için gelin Bergson'un akıl yürütmesinden iki örneğe bakalım.

> Önce, mekanikle canlıyı birbirlerinin içine girmiş gibi görmek, *herhangi bir* katılığın hayatın hareketliliğine uygulanması, onun çizgilerini beceriksizce izlemeye ve esnekliğine öykünmeye çalışması gibi daha belirsiz bir imge yaratır kafamızda. Bu durumda bir giysinin ne kadar kolayca gülünç olacağı anlaşılacaktır. Her modanın bir bakıma gülünç olduğu söylenebilir aşağı yukarı. Yalnız, günün modası söz konusu ise, bu modaya öyle alışmışızdır ki, moda giysiler bunları giyenlerle bütünleşmiş gibi gelir bizlere. (Bergson 1996, s. 27).

> Ancak, varsayalım ki dikkatimiz bedenin bu maddi yanına çekiliyor; varsayalım ki beden kendisini canlı yapan ilkenin hafifliğinden ve inceliğinden payını alacak yerde, bizim gözümüzde yalnızca ağır ve hantal bir kılıf, göklere yükselmek için sabırsızlanan bir ruhu orada alıkoyan baş belası bir safradır. O zaman yukarıda belirttiğimiz gibi giysi bedene göre ne idiyse, beden de ruha göre o duruma gelecek, yani canlı bir enerjinin üstüne konmuş cansız madde olacaktır. Bu üst üste gelmeyi kesin olarak algıladığımız anda da komik izlenimini alırız. Bu izlenimi en güçlü şekilde bedenin gereksinimlerinden tedirgin olmuş bir ruh gösterildiği zaman ediniriz... (Bergson 1996, s. 32-3)*

* Bu eserden yapılan bütün alıntılarda belli değişikliklerle, Yaşar Avunç'un bu çevirisi kullanılmıştır. *–ç.n.*

Bu iki pasajı seçtim çünkü ikisi birlikte, Bergson'un komik formülünün, ne bakımdan, çoğunlukla aşırı ampirik veya içerik-odaklı kalan diğerlerinden biçimsel olarak daha kavramsal olduğunu gayet iyi gösteriyorlar. Bu formül çoğunlukla ihmal edilen bir esneklik ilkesi içeriyor: Komik olanda aynı öğenin, bir karşıtlığın her iki tarafında da bulunabileceğini hesaba katıyor. Mesela beden, giysiler karşısında canlılık ve "ruh" konumunu işgal edebilirken, ruh karşısında âtıl, cansız şey konumu işgal edebilmektedir.[1] Bergson bunu tam olarak açıkça belirtmese de bu nokta genelleştirilebilir aslında: Eğitim ve kültür doğal ihtiyaçların âtıl materyalizmine karşı ruhun canlılığı işlevini görebilir, ama aynı zamanda fiziksel ihtiyaçların canlı diyalektiğine karşı toplumsal kodların mekanik yeknesaklığı işlevini de görebilir. Dahası —yukarıda yaptığımız alıntıların içerimlerini biraz daha zorlayacak olursak— iki karşıtlık dizisinin "daha yüksek" bütün unsurlarının (ruh, zihin, idealler vs.) "daha aşağı" dizinin unsurları olarak da görünebileceğini söyleyebiliriz, çünkü bedenin, ihtiyaçların, gerçekliğin vb. dinamik canlılığını kısıtlamaya çalışan katılık olarak da zuhur edebilirler. Aslında, komedi iki dizinin sürekli tersine çevrilmesidir: Kâh afra tafraya darbe indiren (fiziksel) bir sürçmeye güleriz, kâh bu tür sürçmeleri ne pahasına olursa olsun denetlemeye uğraşan afra tafraya. Komik olanın tam da bu tersine çevrilebilirlik olduğunu bile söyleyebiliriz.

Bergson komik karşıtlığın her iki unsurunu da ayakta tutan farkın kendisini kavramsallaştırmaya yönelik bu girişimi için her türlü övgüyü hak eder; bunu da "her şeyin aktığı" bir konfigürasyon (esneklik, tekrar yokluğu, pürüzsüz ve sürgit değişim) ve "her şeyin durakaldığı" bir başka konfigürasyon (katılık, yeknesaklık, tekrar, otomatizm) arasındaki farkı dikkate alarak yapar. Gelgelelim teorisinin zaafı analizi bu noktada durdurması, birinci kipliği kendi felsefi girişiminin daha geniş arka planından gelen çok kendine özgü bir "hayat" kavramına (*élan original, vital*); diğer kipliği de tarihsel olarak tam da Bergson'un zamanında tam bir tırmanışa geçerek insan hayatının bütün kesitlerine nüfuz eden bir şeye (mekaniğe ve olası bütün

1. Hatta bir bedenin zarif bir giysiyi bile doğru düzgün taşımayı başaramayıp güzel bir elbise karşısındaki âtıl bir şey izlenimi verdiği bir durum bile düşünebiliriz.

varoluş düzeylerinde sağlam yasalar tespit etme konusunda yaşanan muazzam bir ilerlemeye) bağlayarak kesmesidir. Maddenin ve "şeyler"in hareket yasalarını saptadıktan sonra hayatın (evrim teorisi), toplumun (sosyoekonomik teoriler), insan zihninin, hatta nihayetinde bilinçdışının yasalarını da kuşatan bu hareketin zirvesini temsil eden kişi Freud'dan başkası değildi belki de. "Canlının üstüne kaplanmış mekanik bir şey", on dokuzuncu yüzyılın (özellikle de son kısmının) çok çarpıcı bir özelliğini yakalayan bir formül gibi görünüyor. Bunda komedi yaratan bir şey gören Bergson metninin bir tür öbür yüzü olarak yine aynı dönemde tekinsiz olana dair kayda değer, çoğunlukla da edebi bir eserler toplamına rastlanması da pek tesadüf sayılamaz. İşin ilginç tarafı, tekinsiz olan da Bergson'un tanımına mükemmelen uyuyormuş gibidir: Canlının üstüne kaplanmış mekanik bir şey, mekanik olanla canlının birbirinin içine girmiş olması. Öyle ya, "tekinsiz" (*uncanny*) türünü meydana getiren malzeme de (canlanan makineler, otomatlar, ölümcül ikizler, yaşayan ölüler...) bundan başka bir şey midir ki?

Bergson'un matrisinin sorunu hiçbir şekilde aşırı dar veya indirgemeci olması değil, daha ziyade aşırı geniş olması, yeterince spesifik olmamasıdır. Bergson tam da kendisinin gündeme getirdiği karmaşıklığı basitleştirme konusunda fazla aceleci davranır. Bu karmaşıklığı zaten varolan bir ikicilik içerisinde, sadece komik olanda karşılaşan ve öteden beri varolan iki katman içerisinde çözündürerek basitleştirir, bu arada da bu ikiliğin kendisinin komiğin temel kalkış noktası değil de (geri dönüşlü) bir *sonucu* olabileceği olasılığını bütünüyle gözden kaçırır. Daha net söylersek: Komik hareket gerçekten de ikili bir şeyi, öbür türlü uyumlu veya organik bir bütün olarak algılanacak şeydeki temel bir çatallanmayı açığa çıkarır ve bu anlamda önceden varolan, kökensel bir ikiliğe işaret ettiği söylenebilir. Ama sorun bu ikiliğin nasıl tasavvur edilmesi gerektiğidir. Onu bileşimleriyle canlıları tanımlayan, birbirinden tamamen bağımsız ve heterojen iki ilke şeklinde tasavvur etmek ne tek seçenektir ne de komik olanın analizinden çıkan kaçınılmaz bir sonuçtur.

Bergson'un analizinin sınırı temel felsefi konumunun bu önselci ve biraz soyut ikiliğidir aslında; Bergson'un benimsediği bu konum madde-ruh, beden-ruh ikiciliğini birkaç veçhesiyle devam ettirir; burada beden (atalet, otomatizm) kaçınılmaz olarak kusurlu ve eksik şeylerin tarafına düşer. Bergson'un son tahlilde gülme fenomenini sadece ama sadece bir toplumsal ıslah/düzeltme (bu kusuru ıslah etme/düzeltme) mekanizması olarak tanımlayabilmiş olmasının nedeni de budur.

> Komik olan şey, insanın eşyaya benzeyen bu yanıdır; insana özgü olayların kendine özgü katılığı yüzünden tam bir mekanizma, otomatizm, nihayet cansız hareket izlenimi veren bu veçhesidir. Öyleyse bu komik yan hemen düzeltilmesi gereken bir bireysel ya da kolektif kusuru ifade eder. Gülme işte bu düzeltmenin ta kendisidir; insanların ve olayların özel bir tür dalgınlığını ortaya çıkarıp bastıran toplumsal bir jesttir. (Bergson 1996, s. 49-50)

Bu görüşe dayanak oluşturan varsayıma meydan okuyarak, katılığa ya da atalate sahiden de *a priori* hayatın dışında bir şey gibi, ancak ona "yapışan", "tıkılan" ya da "üstüne kapanan" bir şeymiş gibi muamele edip edemeyeceğimizi sormamız gerek. Komik olan tam da hayatın ta çekirdeğinde katı bir şeye, katılığın ta çekirdeğinde de canlı bir şeylere rastlamamızı sağlayan tersine çevirme değil mi? Bu "tıkma" ya da "kaplama" lafının bizatihi sorunlu olduğu anlamına gelmez — aksine bu laf komiğin çok önemli bir veçhesini aktarır. Ben bu aşamada başka bir şey önermek isterim. Ya komikteki mekanik unsur onun sonradan diğer kutba ("hayat"a) yapıştırılan, üzerine kaplanan iki kutbundan veya bileşeninden biri değilse; ya tam da (herhangi) iki kutup arasındaki *ilişkinin* kendisinin "mekanik" bir ilişki gibi görünmesine atıfta bulunuyorsa? Önceki örnekten devam edersek, bir elbise bize bedenin üzerine zorla geçirilmiş, yapıştırılmış gibi gelebilir — kendi içinde mekanik olduğu için değil, ikisini zarafetle devinen tek bir form halinde kaynaştırmak yerine elbiseyle beden arasındaki ilişki salt dışsal, "gayri organik" ve bu anlamda "mekanik" gibi algılandığı için. Başka bir deyişle, durumun mekanik yanını cisimleştiren şey, (kendi başına gayet canlı olabilen veya olamayan) bir şeyin başka bir şeye yapıştırılması, tıkıştırılması, onun üzerine kaplanmasıdır.

Bu iddiayı örneklemek ve daha da geliştirmek için gelin Bergson'un kendisinin de analiz ettiği, iki perspektif arasındaki farkı daha netleştirecek bir örneği ele alalım. Bu örnek, taklidin komik doğasıyla ilgili. Birinin jestlerinin, konuşma ve hareket etme tarzının kendi başlarına komik olmadıkları halde, başka biri bunları taklit ettiği zaman fena halde komik olabilmesi gerçekten ilginçtir. Taklit ne kadar iyiyse —jestler ne kadar sahibininkilere benzerse— bunlar insana o kadar komik gelir. En çok da "asıl"larından neredeyse ayırt edilemez hale geldiklerinde komiktirler; "asıl" komik değildir, ama tıpatıp taklidi gerçekten de çok komiktir. (Şüphesiz taklit geriye dönük olarak aslın kendisini de etkileyebilir; taklidi bir kere gördükten sonra, alışkanlık haline gelmiş bütün jestleriyle birlikte yeniden gördüğümüzde asılın kendisi de bize feci komik gelebilir.) Bergson bunu şöyle bir akıl yürütmeyle açıklıyor. Zihinsel durumumuz sürekli değişir, jestlerimiz de bu iç hareketleri sadık biçimde takip etse, bizim kadar canlı olsa, kendilerini asla tekrar etmezlerdi. Ve taklit edilemezlerdi. Bunları söyledikten sonra da şöyle devam ediyor:

> Öyleyse ancak kendi kendimiz olmaktan çıktığımız yerde taklit edilebilir olmaya başlıyoruz. Jestlerimizin yalnızca makine gibi tekdüze olup da canlı kişiliğimize yabancı kalan yanları taklit edilebilir demek istiyorum. Bir kimseyi taklit etmek, o kimsenin kişiliğinin içine sızmasına izin verdiği otomatizmin açığa çıkarılması demektir. (Bergson 1996, s. 24-5)

Nitekim Bergson zihinsel hayatımızın, her türlü atalet, otomatizm ve tekrardan arınmış saf bir hareket ve canlılık olduğunu, bunun da (o "bariz" ataletiyle) maddi yanımızın zihinsel hayata uymasını çok güçleştirip onu otomatizme başvurmak zorunda bıraktığını söyleyen önkabulden hareket ediyor. Otomatizm "canlı kişiliğimizin" içindeki bir yabancı cisim, kendimiz olmaktan çıktığımız noktadır. Kendimiz (kendi canlı kişiliğimiz) olarak taklit edilebilir veya tekrar edilebilir nitelikte değilizdir; taklit edilebilir olan sadece (kişiliğimize "sızmış" olan) bu mekanik yabancı unsurdur.

Bu izah, gülmeyi istihza, alay ve küçümseme alanıyla sınırlayan, münhasıran "ıslah edici/düzeltici" gülme anlayışıyla son derece uyumludur. Gelgelelim bu indirgeme sorgulanmaya gayet açıktır. Ayrıca durup komik taklidin bazı örneklerini düşündüğümüzde, bunların en çok tam da bu "dışsal" otomatizmde "kendimiz" olduğumuzu (kendimiz olmaktan çıkmadığımızı) gösterdikleri gayet açık değil midir? İyi bir taklitçi her zaman tam da tekilliğimizi, tik ve jestlerimizin, bunların bileşiminin biricikliğini taklit eder. Tam da farkımızı, özgüllüğümüzü, bireyselliğimizi taklit eder; taklit edilemezliğimizi taklit eder ve onu bir tekrar meselesi haline getirir — komik etkiyi izah eden şey tam da budur.

Hatta Bergson'un saf "canlı kişiliği" acaba bize benzeyen başka insanlarla girdiğimiz gündelik etkileşimlerde işleyen fantazmatik bir perde olmasın, diye bile sorabiliriz. Bu benzerlik unsuru aslında ancak komik taklit yoluyla algılanabilir hale gelen yarılmayı veya ikiliği algılama konusunda gündelik bazda gösterdiğimiz *başarısızlıkta* canalıcı önemde bir etkendir. Sözgelimi ülkemizin (yani, "mahalle"mizin) başkanının konuşması ve jestleri kendi başlarına bize komik gelmediği ama taklit edildiklerinde bunları komik bulduğumuz halde, bize "yabancı", bir başka kültürel mahallenin temsilcilerinin konuşması ve jestleri, taklit bile edilmeksizin, başlı başına, hemen komik gelebilir. Bunları seyrederken bu jestlerin zaten kendi kendilerini taklit ettikleri izlenimine kapılırız; bize bünyevi olarak teatral gelirler ve adeta çoktan üzerlerinde düşünülerek çiftlenmiş veya dışarıdan geliyormuş gibi işlerler. Kendimizde ve kendimiz gibi olanlarda algılamayı başaramadığımız şeyi bu "yabancılarda" hemen algılarız. Komik taklidin bize hatırlattığı şey, kendi "canlı kişiliğimizin" bünyevi katılığıdır.

Temel akıl yürütmemize dönersek: Söz konusu olan şeyi şöyle de formülleştirebiliriz ki muhtemelen bu daha doğru bir formül olacaktır. Bergson'a göre birini taklit ettiğimizde onun "canlı kişiliği"ni zorunlu olarak dışarıda bırakıp sadece zaten mekanik-taklide açık yanlarını taklit ediyoruzdur. Böylece komik taklit mekanik olanın iç içe geçmiş olduğu saf hayattan (potansiyel olarak sonsuza kadar) çekip çıkarılması gibi bir şey olur. Bunun tersine, komik taklidin her şeyi yeniden ürettiğini, ama bunu yaparak —yani bir alışkanlığı kendi kendisiyle ilişkilendirerek, araya bu alışkanlığın (taklit edildiği esnada) kendi kendine atıfta bulunacağı bir tür ilişki sokarak— saf hayatı en bariz haliyle, görülecek bir nesne olarak, bir şey olarak ürettiğini söylemek kulağa daha doğru gelmiyor mu?

Nitekim komik taklit yukarıda dile getirdiğimiz şu iddianın çok iyi bir örneğidir: Komikteki mekanik unsur onun iki yanından veya bileşeninden biri değil, tam da bu ikisi arasındaki ilişkidir (bu örnekte taklidin içerdiği yeniden üretme/çoğaltma ilişkisi). Bir yanda mekanik (alışkanlık), öbür yanda saf akışkan bir hayat varmış gibi görünmesi, hayatın kendi kendine yollandığı, (taklit sayesinde) kendi kendisiyle adeta dışarıdan görülüyormuşcasına yüzleştiği bu hareket içerisinde üretilen bir sonuçtan ibarettir. Demek ki canalıcı soru "Hayat mekanizmaya indirgenebilir mi?" değil, "Hayat kendisine indirgenebilir mi?" sorusudur. Bergson'a göre indirgenebilir. Saf "gayri maddi" hayat diye bir şey vardır. Ama bu iddianın (kavramsal) bedeli, hayatın, o lekesiz kendi kendiyle özdeşliği içerisinde, varolduğu söylenebilecek her şeyin gittikçe daha ulaşılmaz, daha kavranmaz olan bir artığı haline gelmesidir. Hayat (mesela taklit yoluyla) varolan her şeyi tek tek çıkardıktan sonra geri kalan şeydir. Başka bir deyişle; hayat, olmayandır. Ancak olanın indirgenmez bir kalıntısı olarak varolur.

Ben farklı düşünüyorum: Hayat kendine (bütünüyle) indirgenemez, bu yüzden de varolan her şeye aşkın bir şey değil, varolan her şey içindeki bir çatlaktır. Hayatın bu kendi kendiyle örtüşmemesi bir ilişki biçimine bürünür ve ara ara bize mekanik gelen şey de bu ilişkidir. İşte bu anlamda mekanik olan hayata dahildir ve canlı kendiliğinden bir içselliğe karşı ve yabancı bir dışsallık olarak kavramlaştırılması tatmin edici değildir. Aslına bakılırsa, komedi daima şu sorunun alanından yararlanmıştır: "İç" ruhun canlılığını ne ölçüde mekanik dışsallığın kendisi *kurar*? Bergson'un matrisi sadece tek bir doğrultuda aktığı için tam da bu soruyu dışarıda bırakır. "Sözlerdeki komik unsur"u tartıştığı ve şu önkabule dayanan bölümde bu özellikle çarpıcı bir hal alır: Dil iç düşünce ve duygularımızın kendilerini ifade etmek için kullandıkları bir araçtır. Ve bir araç olarak kusurlu. Eksik olduğu için, organik bir hayatı olmadığı, ama mekanik işlemlerle dolu olduğu için, dil ruhumun üstüne kaplanmış gibi, onun anlamlandırma niyetlerine ihanet ediyormuş, ona ayak uyduramıyormuş gibi gelir. Kısacası: canlı maneviyat veya canlı düşünce her türlü dilden önce gelir, ama kendini ifade edebilmek için dile ihtiyaç duyduğundan, içeriden dışarı (dil yoluyla) çıkması her türlü komik sonucu yaratabilir.

Bu anlayış, "ruh"un tam da söz oyunlarında ve dil sürçmelerinde ne kadar da canlanabileceğini ve ne kadar işe dahil olduğunu bütünüyle görmezden gelir. Fıkraları düşünün: Fıkralardaki espri tam da "sadece sözcüklerle üretilen ruh" olarak tanımlanabilir. Fıkralar sözcüklerin belli bir düşünceyi doğru ifade edememesiyle değil, dilin üretken boyutuyla ilgilidir.[2] Dilin kendisinin (tam da bünyesindeki hatalar ve kusurlar sayesinde) düşünce üretebileceği olasılığıyla ilgilidirler. Böyle bir şey olduğunda dilsel bir hatayı veya kusuru işaret edip "düzeltmek" için değil , tam da bu başarısızlık veya anlamsızlığın "mucizevi" biçimde artı-anlam üretmesine güleriz. Ruh veya düşünce ifade edilemediği veya doğru iletilemediği için gülmeyiz, "hiçten" (sadece sözcüklerden) bir düşünce veya ruh ortaya çıktığı için güleriz. Başka bir deyişle, Bergson mesela Heinrich von Kleist'ın "Konuşurken Düşüncelerin Tedrici Olarak Üretilmesi" adlı o harika denemesinde işaret ettiği boyutu bütünüyle gözden kaçırmaktadır. Kleist bu denemede en özlü biçimde, Fransızcadaki *L'appétit vient en mangeant* (İştah yedikçe açılır) tabirinden kendi yaptığı şu uyarlamanın ifade ettiği bir boyuta işaret eder: *L'idée vient en parlant* (Fikir konuştukça gelir). Kleist dikkatimizi, bir cümleye başladığımızda çoğunlukla tam nasıl biteceğini bilmememize çeker. Bu durumlarda ruhu ileri iten, bütün o otomatizmiyle (ve komik taklide son derece müsait zaman kazandırıcı maniyerizmleri ve ünlemleriyle) konuşmanın ta kendisidir — ruh ağır ağır sözcüklerin peşinden sürüklenir ta ki düpedüz konuşma sayesinde ve konuşmadan doğan bir fikirle aniden canlanana kadar. Bu noktada Kleist'in kendi yorumlarıyla süsleyerek verdiği ve belli bir durumun bütün komikliğini harika bir biçimde açığa çıkaran müthiş örneklerinden birini alıntılamak iyi olur:

> Bence birçok iyi konuşmacı ağzını açtığı sırada ne diyeceğinden bihaberdir. Ama ihtiyaç duyduğu bütün fikirleri koşulların kendisinden ve yarattıkları zihinsel heyecandan çıkarabileceği inancı, onu şansına güvenip lafa başlayacak kadar cüretli hale getirir. Kralın zümrelere dağılmalarını emrettiği *ancien régime*'deki son toplantının, 23 Haziran [1789 – olay Fransız Devrimi'nin başlarında geçiyor] toplantısının ardından zümrelerin hâlâ toplantı halinde olduğu salona dönerek onlara Kralın emrini duyup duymadıklarını soran Teşrifatçıbaşı'ya Mirabeau'nun verdiği "gökgürültüsü" gibi ce-

2. Heine'nin Freud tarafından tartışılan klasik "samimilyoner" (bkz. Yukarıda Kısım 1, Not 2) örneğini veya Marx Biraderler'in *Duck Soup* filminden alınan şu örneği düşünelim:

HAZİNE BAKANI: Bayım, sabrımı deniyorsunuz!

FIREFLY (Groucho): Kusura bakmayın. Siz de bir ara benimkini denemelisiniz.

vap var aklımda mesela. "Evet," diye cevap vermiş Mirabeau, "Kralın emrini duyduk." — Eminim ki böyle uysal uysal başlarken konuşmanın sonunda varacağı süngüler henüz aklına gelmiş değildi. "Evet, beyefendi," diye tekrar etmiş, "duyduk." — Gördüğümüz gibi, hâlâ niyetinin ne olduğundan tam olarak emin değil. "Ama siz ne hakla..." diye devam etmiş ve aniden devasa bir fikir kaynağı açılmış önünde, "bize emir veriyorsunuz ki burada? Biz milleti temsil ediyoruz." —İhtiyacı olan buydu işte!— "Millet emir almaz. Emir verir." — "İsterseniz daha açık söyleyeyim..." —Ruhunun nasıl tam anlamıyla silahlanmış ve direnmeye hazır olduğunu ifade edecek sözleri işte ancak şimdi bulur— "kralınıza söyleyin, biz buradan ancak süngü zoruyla çıkarız." — Bunları dedikten sonra da kendisinden memnun vaziyette tekrar yerine oturmuş.[3]

Bu örnekle ilgili olarak "canlı ruh" ile "dilin otomatizmi"nin komik bileşiminden bahsedebiliriz elbette, ama komik olan şey tam da bunların birbirlerini içermeleridir —yani, otomatizmin sahici (devrimci) ruhun oluşumunda oynadığı roldür. Direniş ruhu bu otomatizm yüzünden daha az sahici ve canlı bir hal almaz; aksine, onun sayesinde hayat kazanır. Üstelik dikkate değer sonuçları da olan bir biçimde hayat kazanır. Tekrar söyleyelim: Komik (ve üretken) olan ruh ile lafz arasındaki uyuşmazlık, ayrılık değil, her şeyden önce birbirlerini karşılıklı içeriyor olmalarıdır. Ya da belki de şöyle demem lazım: Ruhun tam da lafzın kusurlarından doğmasıdır. (Bununla ve Kleist' ın verdiği örnekle ilgili olarak belki de iş devrimci girişimlere geldiğinde komediyi benimsemenin ve hoşgörmenin erdemini vurgulamamda fayda olacak. Yani, hem bazen devrimci hareketlere de yol açabilen "saf rastlantılar"la hem de mesela şu ya da bu "parti çizgisi"ni ve jest dilini "körlemesine", otomatik olarak takip ve tekrar edebilen kolektif girişimlerin beraberinde getirebildiği bütün pozlarla alay eden o zekâvet tavırlara yenik düşmemenin erdemini.)

Şimdi taklit örneğine dönelim. Bu işlemde işin içine karışan komik jest aslında iki aşamalıdır: İlk adımda o âna kadar sadece (az çok) uyumlu bir Bir algıladığımız yerde belli bir ikilik algılamamızı sağlar. Bunu da sadece o Bir'i mümkün olduğunca sadık biçimde yeniden üreterek ("taklit ederek") yapar. Bu tekrar-yeniden üretim aslın kendisinde bir mesafe —daha önce fark edemediğimiz bir me-

3. "Über die allmähliche Verfertigung der Gedanken beim Reden" (Kleist 1990), e406. Bununla ilgili mükemmel bir yorum için bkz. Gailus 2006.

safe— açar ya da orada zaten öyle bir mesafe olduğunu "açığa çıkarır".

Bir kitapta bir komik taklit örneği aktarmak (yani, yeniden üretmek) epey zor olacağı için, aynı etkiyi amaçlayan sözel bir örnek vereyim: Marx Biraderler'in *Operada Bir Gece / A Night at the Opera* filminden kısa ama müthiş bir komik diyalog. Groucho (Driftwood) başka bir kadınla uzunca bir süre oturduktan sonra, Bayan Claypool'un (bütün bu zaman zarfında kadın onu beklemektedir) masasına döner ve aralarında şöyle bir diyalog geçer:

> DRIFTWOOD (Groucho): O kadın mı? O kadınla niye oturdum biliyor musunuz?
>
> BAYAN CLAYPOOL (Margaret Dumont): Hayır–
>
> DRIFTWOOD: Çünkü bana sizi hatırlatıyordu.
>
> BAYAN CLAYPOOL: Sahi mi?
>
> DRIFTWOOD: Elbette! Sizinle de o yüzden oturuyorum burada. Çünkü bana sizi hatırlatıyorsunuz. Gözleriniz, boğazınız, dudaklarınız, siz hariç her şeyiniz bana sizi hatırlatıyor. Ne diyorsunuz buna?

Komiğin ilk adımı Bir'in —ilk komik hazzı yaratan— bu ayrışmasıysa, ikinci adımı nedir peki? O da komedinin bu noktadan itibaren bu ikilikle özgül bir biçimde oynaması ve onu inşa etmesidir: Bize ikiliğin iki unsurunun iç bağlantılarını ve karşılıklı içerimlerini göstermesidir. Daha önce de işaret ettiğim üzere, ürettiği ikiliğin Bir'in bünyevi bir ikiliği olarak kalması —yani, "iki ayrı bir" haline düşmemesi— komik askılama için elzemdir. Komedi her zaman Bir'in içsel muğlaklığıyla oynanan bir oyundur. Komik ikilik Bir'in tutarsızlığıdır ("bileşimi" değil).

Başka bir deyişle, eğer komiği tetikleyen şey hayali/imgesel bir Bir'in (bütünlük, uyum, tamlık, dolaysızlık olarak Bir imgesinin) bölünmesi, yarılması ise de komedinin hikâyesi bundan ibaret değildir. Tamam, Bir ikiye bölünür bölünmesine ama komedinin bütün dinamizmi bu "iki"nin (ki bunu daha yeni yeni iki görmeye başlamışızdır) en baştaki Bir'in birliğinden çok farklı özel bir bağlantılılık ve birlik sergilemesiyle ilişkilidir. Gerçek komedi ancak iki unsurun birbirleri için sundukları sınır aralarındaki en mahrem bağ ve karşılaşmalarının zemini işlevi görmeye başladığı zaman başlar.

Baştaki sorun artık tersine çevrilmiştir; yeni bir imkânsızlık öne çıkar: Hayali/imgesel Bir, gerçek, tutarlı bir Bir olmanın imkânsızlığıyla karşılaşırken, komik bölünmenin ürettiği ikilik iki terimin birbirinden bütünüyle bağımsız, ayrı olmasının imkânsızlığıyla karşı karşıya gelir (yani "bir"in bir tür ısrarıyla karşı karşıya gelir). Komiğin canalıcı dinamiklerinden biri tam da, iki terim birbirini kendi yönünde ne kadar iterse, ikisinden birinin öbürünü o kadar şiddetle çekmesi değil midir? Öbürü olmadan varolamadıkları için değil, çok önemli bir noktada birbirleriyle iç içe girdikleri için, her ikisi de en başta ortak yapısal noktaları sayesinde ortaya çıkabildikleri için. Başka bir deyişle, birbirini ayakta tutan bir "susma ve bağırma" diyalektiğiyle değil, ortak noktaları —bütünüyle birbirlerinden ayrılmalarını önleyen Gerçekleri— susma olan iki bağırmanın bulunduğu bir dinamiktir karşımızdaki. İyi bir komedi, ne kadar bağırma çağırma içerirse içersin, bu bağlantı-kurucu sessizlik noktasından asla vazgeçmez.

Komik ikinin birbirinden bütünüyle bağımsızlaşmasını imkânsızlaştıran bu bünyevi bağ meselesi konusunda şunu da vurgulamak gerek: Komik sahnelerinin sık sık düpedüz "elastikiyet ilkesi" ya da "yay ilkesi" üzerine, yani sınırı mümkün olduğunca zorlayıp sınama ilkesi üzerine kurulduğu görülür (Bu sınır da iki unsurdan birinin bir süre direndikten sonra diğerini kendi tarafına çektiği noktadır tam da). Bergson'un kendisi de temel komik yapılardan birini anlatmak için yaylı şeytan (*jack-in-the-box*) örneğini devreye soktuğunda bu mekanizmaya dikkat çekmiştir

Bir zamanlar hepimiz kutusundan fırlayan şeytanlarla oynamışızdır. Yassıltırsınız gene dikilir; ne kadar aşağı itseniz, o kadar yukarı zıplar; kutunun kapağı kapanıncaya kadar üstüne bastırırsınız, çoğu kez her şeyi koparıp fırlar... Burada iki diretmenin çatışması söz konusudur. Bunlardan tümüyle mekanik olan biri, sonunda genellikle ötekine boyun eğer; onun eğlencesi olur... Gerçekten de birçok komik sahne bu basit tipe indirgenebilir. Örneğin, *Zorla Evlenme*'nin Sganarelle ile Pancrace arasında geçen sahnesinde tüm komiklik, filozofu kendisini dinlemeye zorlamak isteyen Sganarelle'in fikirleriyle, otomatik olarak çalışan bir söz makinesinden farksız filozofun diretmesi arasındaki bir çatışmadan kaynaklanır. Sahne ilerledikçe yaylı şeytan imgesi daha iyi belirir, öyle ki sonunda kişiler de onun hareketlerine bürünürler; Sganarelle Pancrace'ı kulise ittikçe, o da yeniden konuşmak için sahneye döner. Sganarelle onu gene içeri sokup eve kapamayı başarınca (kutunun içine demek geliyor içimden), başı, ansızın bir kutunun kapağını fırlatmış gibi pencereden yeniden görülür. (Bergson 1996, s. 41-2)

Bu gerçekten de önemli bir nokta ve komik ikiliğin esasen Bir'in bir tutarsızlığı olduğu, bu tutarsızlığı teşhir eden şeyin de komedinin aynı anda iki zıt yönde hareket (bu hareketlerden biri Bir'i ikiye bölerken, öbürü ortaya çıkan iki unsurun tamamen ayrı yollarda gitmesine izin vermez) etmesi olduğu şeklindeki tezimizin iyi bir örneklemesidir. Gelgelelim alıntılanan pasajın ilginç olmasının nedeni sadece dikkatimizi ikna edici bir biçimde buna çekmesi değildir. Bergson'un farkında olmadan, kendi teorisinin canalıcı bir noktasının sınırlarına, kendi temel komedi matrisindeki (demin de ima ettiğim) kusura işaret etmesi de ilginçtir.

Bergson'un bu satırlarını okurken (*Gülme*'de buna benzer başka birçok satıra bol bol rastlanır) akla kaçınılmaz olarak şu soru geliyor: Bir şeyin ısrarla geri dönmesini ve tekrarlanmasını sağlayan, kendisini yok etme yolundaki bütün teşebbüslere direnmesini ve daima dışarıya göz atabileceği yeni bir pencere veya yeni bir "açıklık" bulmasını sağlayan bu sebat, bu inat, aslında, Bergson'un otomatizmin ve mekanik olanın karşı kutbuna yerleştirdiği "hayat atılımı"na, yani *élan vital*'e çok benzemiyor mu? Sganarelle ile Pancrace arasında geçen sahnenin tasvirinden, hareket, dinamik ve hayat atılımının tam da sonsuza kadar (eve veya kutuya) kapatılıp kilitlenmeyi reddeden durdurulmaz "söz makinesi"nin tarafında olduğu son derece açık biçimde anlaşılmıyor mu? Bunlar neden, hangi bakımdan Sganarelle'e ait olsun ki? Ya da "iki diretmenin çatışması" olarak o basit yaylı şeytan (ya da bu tür yaylı herhangi bir oyuncak) örneğini ele alalım: Bununla oynayan kişinin bu yaylı şeytanı tekrar tekrar aşağı bastırma hareketleri, oyuncağın kendisininkilerden daha az mekanik ve mükerrer sayılabilir mi? Hantallık ve katılığın, Bergson'a göre mekanik olmayan "unsur"da çok daha bariz biçimde göründüğü ve olup bitene yeknesaklık ve durgunluk dayatmaya çalışanın da *bu* "unsur" olduğu izlenimi edinmez miyiz daha ziyade?

Gelgelelim mesele verili örnekte Bergson'un matrisini tersine çevirmesi gerekmesi, matrisini oluşturan iki unsuru doğru saptamayı başaramaması değildir. Sorun daha karmaşık ve daha ilginçtir.

Bunu formülleştirmeye de şu sorularla başlayabiliriz: Nasıl oluyor da canlılık (ya da hayat izlenimi) tam mekanik olanın çekirdeğinde, mekanik olan da hayatın çekirdeğinde ortaya çıkabiliyor? Mekanik olanın kendisi nasıl olup da ("organik") hayatın kendisinin esaslı bir özelliğine, içsel atılımına veya dürtüsüne aitmiş gibi işlev görebiliyor? Ya da komediyle bağlantılı olarak sık sık zikredilen "hayatın imha edilemezliği" özelliğine aitmiş gibi? Bergson'un komik otomatizm konusunda verdiği bir diğer örnek Harpagon'un tamahkârlığıdır (Molière'in *Cimri* komedisinden bahsediliyor şüphesiz): Daha az önce bastırıldığı halde otomatik olarak tekrar tekrar "düğmesine basılan" bir ihtiras. Bu ihtirasın otomatizmi belli lafların (mesela meşhur "dünyalık" lafının) tekrarlanmasıyla daha da vurgulanır.

Ama Harpagon'un cimriliğinin sadece otomatik, mekanik karakteri yüzünden değil, daha çok o canlı basıncını bizler de hissedebildiğimiz için, en olmadık durumlarda bile kendini ortaya koymanın bir yolunu daima bulduğu için eğlenceli olduğu açıktır. Hatta ortada mekanik bir şey (sözgelimi, tekrar) olduğu etki veya izlenimi şuradan kaynaklanıyor bile denebilir: Harpagon'un cimriliği öyle canlı ve baskı yaratan bir şeydir ki bütün koşulları kendi avantajına, bir diğer kendi sesini duyurma fırsatına döndürebilmektedir. Bu perspektiften bakıldığında görünen o ki tekrar, "işinin bitirilmesini" reddeden ve hatta bazen koca bir insanı kendi amaçlarını takip edebilmek amacıyla (ya da pahasına) kukla gibi kullanıyormuş izlenimi veren bir canlılığın sonucudur aslında.

Gelgelelim bu perspektif de yine Bergson'un matrisinin, daha doğrusu bu matrisi oluşturan terimlerin basitçe tersine çevrilmesi olacaktır. Ama benim açığa çıkarmaya çalıştığım şey şu: Kendisini ehlileştirmeye, bastırmaya, ezmeye, birörnekleştirmeye çalışan farklı engellerle (görenekler, değerler, davranış kuralları, başkalarının beklentileri vs.) durmadan karşılaşan saf bir hayati canlılık, bir "temel hayat içgüdüsü dürtüsü" vardır gerçekten de. Ancak mesele canlı, yaşayan bir ruhun sürekli olarak, önüne çıkan cansız lafzın etrafından dolanmanın bir yolunu bulmak zorunda olması değildir. Söz konusu olan, ruhun kendisinin *ancak* (cansız) lafızla birlikte *hayat kazanıyor* olması, canlılık denen şeyin ancak tekrarla birlikte ortaya çıkması ve ondan önce ve onun dışında varolmamasıdır. Harpagon bazı eylem ve sözlerini sebatla *tekrarlamasaydı*, cimrilik ihtirasının kendine ait bir *hayat atılımı* olduğu etkisi ortaya çıkamazdı. Harpagon'un tamahkârlığı gözlerimizin önünde, ancak otomatik olarak tekrarlanması sayesinde "dürtü" olarak hayat kazanır. Onun dışında, kendi başına bir hiçtir. Ancak bu "mekanik" tekrar sayesindedir ki hayat önümüzde bütün canlılığıyla yükselir ve de komik hazzı ve komediyle ilintilendirilen "imha edilemezlik" etkisini üretir.

"Komik olan" işte bu nedenle psikanalizdeki dürtü kavramına da gayet iyi bir giriş olabilir: Her ikisinin temelinde de tekrarın hayat *olması* vardır — daha doğrusu, hayatın tekrarın kendisi tarafından açılan bünyevi mesafe, tekrarın tam kalbinde bulunan mesafe olması. Yine bu nedenledir ki, Lacan'a göre, her türlü dürtü (Lacan dürtüyü "imha edilemeyen hayat" diye tanımlar) son kertede bir ölüm dürtüsüdür — ölümü amaçladığı veya "istediği" için değil, cansız bir lafzın yönlendirdiği hayat olduğu için. Bu bakımdan ve Bergson'un hilafına, psikanalitik perspektif son kertede bizi şu noktaya getirir: Bu cansız lafzın yönlendirdiği hayatın kendisini nesneleştirerek, onu (komedinin yaptığı gibi) bir nesne olarak üreterek, onu daha da ölgünleştirmiş ya da bu ölgünleştirmeyi yüceltmiş olmayız. Aksine, onun ölgünleştirici büyüsünü kırmak için bir şans elde etmiş oluruz. Ama bu şansı her zaman lafzın kendisinden geçer.

Komik Olanın Yapısal Dinamikleri ve Zamansallığı

"Akıl da hiç aceleye gelmeyen zamana bağlıdır."

SHAKESPEARE, *Othello*

KOMEDİYİ diğer, komik olmayan türlerden (sözgelimi trajediden veya "ciddi dram"dan) ayıran şeyi daha iyi kuşatabilmek için bu türler arasında ortak olan yandan hareket edebiliriz belki de.

Trajedi ile komedinin ortak yanı şudur ki her ikisi de temel bir uyumsuzluğa, uyuşmazlığa, uygunsuzluğa dayalıdır ve bunun etrafında döner. Örneğin: Bir eylemin ardındaki niyet ile fiili etkileri arasındaki, arzu ile tatmini arasındaki, görünüş ile hakikat arasındaki vb. uyumsuzluk. Bir uyumsuzluğun bürünebileceği farklı biçimleri betimlemek, tek başına, komedi ile trajedinin işleyişini anlama yolunda bizi pek ileri götürmez, ama tam bu uyumsuzluk alanını yapılaştırma biçimleri açısından bu iki tür arasında önemli bir fark saptanabilir. Mesela trajedide yanlış anlamaların neden her zaman trajik olduğunu sormak o kadar da salakça olmayabilir.

Trajedi söz konusu uyumsuzluğu arzunun parametreleri ve diyalektiği ile yapılandırır. Temel düzeyden başlarsak, bu yapıya ilişkin iyi bilinen Lacancı kavramsal çıkarım işe yarar. Bu çıkarım, (gösterende dile getirildiği haliyle) bir talep ile tatmini arasındaki ilişkinin sonucudur: Bu tatmin hiçbir zaman "tam kararında" değildir, hep bir "çok fazla" ya da "çok az", bir "çok erken" ya da "çok geç" içermeye teşnedir... Arzu işte bu farkta ya da uyuşmazlıkta ikamet eder; tam da ona verilen addır. Trajedi esasen bu farkın verdiği acıdır. Bu acının kapsamını, mekânını araştırır ve bunu da nesnel koşullar ile baş kahramanı kuran öznel tekillik arasındaki ilişki üzerinden yapar.

Trajedinin perspektifinden bakıldığında, komedi arzu ile tatmini arasındaki ilişkinin içerdiği çıkmaza verilen gerçekçilikten tamamen uzak, hatta fantazmatik cevap gibi görünür. Komedide her şey hep üst üste binip herkesin tatminine katkıda bulunur, denir. Her şeyin üst üste binmesinden dem vuran bu görüşle epey sık karşılaşırız ama komedinin temelinde yatan mebzul miktarda yanlış-karşılaşma, yanlış-anlama, yanlış-hesap, yanılgı, yanlış-söz, yanlış-tasavvur, yanlış-yere-koyma, yanlış-hareket, yanlış-yargı, yanlış-yorum, yanlış-davranış ve yanlış-hareketle bu görüşü uzlaştırmak zordur. Bütün bunlar, genellikle sadece geçici oldukları ve her zaman nihai bir uyumla ve genel tatminle sonuçlandıkları söylenerek bir kenara atılır.

Bu görüşe karşı birkaç iddiada bulunmak gerek. Komik mutlu son önceki bir talihsizliğin ya da mutsuzluğun aniden tersine çevrilmesi değildir, aksine bütün komedi boyunca canlılığını sürdüren neşeli tatmin havasıyla uyumludur ve tam da yukarıda sayılan talihsizliklerin ürettiği bir şeydir. Hatta komik mutlu son, daha ziyade, belli bir tatminsizliği de beraberinde getirir, zira komedinin ve verdiği özgül hazzın bittiğini ima eder. Başka bir deyişle, komedi ve komik tatmin tam da üst üste binmeyen şeylere yaslanır. Bir acı değil de haz kaynağı olarak bu uyumsuzluklara yaslanır. Ama komediyi trajediden ayıran şeyin günümüzde "pozitif tavır", "pozitif düşünme" denen şey, yani en kötü durumlarda bile pozitif ve tatmin edici bir şey bulma yeteneği filan olduğu anlamına gelmez bu kesinlikle. Bu sonuca sıçramak bu meselenin feci biçimde ideolojikleştirilmesine teslim olmak anlamına geleceği gibi (günümüzde tatmin ve mutluluğa verilen toplumsal değer ve itibar halihazırdaki siyasal-ekonomik hegemonyada önemli bir rol oynar, tıpkı fedakârlığa, feragate ve acıya verilen değerin geçmiş siyasal-ekonomik konfigürasyonlarda benzer bir rol oynaması gibi); aynı zamanda komediye bütünüyle yabancı bir psikoloji unsurunu da devreye sokmak demek olacaktır. "Trajik" ve "komik" perspektifler arasındaki bu farkta söz konusu olan şey, aynı konfigürasyona bakmanın, biri daha negatif ve buruk, öbürü daha pozitif ve hoşgörülü iki yoluyla karşı karşıya olmamız değildir. "Trajik" ve "komik" perspektifler, aksine, aynı konfigürasyonda bulunan iki farklı noktadan kaynaklanır. Her ikisi de doğru olmakla kalmaz, her ikisi de "kısmi" ve "taraflı" olduğu için doğrudur. Aynı konfigürasyon üzerine iki görüş veya perspektif değil, aynı konfigürasyon*dan* (çıkan) iki görüş ya da perspektiftirler. Talep ile bu talebi cevaplayan tatmin arasındaki ilişkinin içerdiği uyuşmazlık, antagonizma, çatışma ve zorluk konfigürasyonuna bakmazlar, *bu konfigürasyondan dışarı doğru* bakarlar, onun antagonizmasının birer parçasıdırlar. Ne gördüklerini, daha doğrusu bize ne gösterdiklerini belirleyen takındıkları tavır değildir; aksine takındıkları tavrı belirleyen durdukları yerdir.

Trajedi Öteki'ye yöneltilmiş talep noktasında durur; ve bu noktadan söz konusu talep ile müteakip cevap/tatmin arasındaki uyuşmazlığın dile getirilebilmesinin tek bir doğru yolu vardır: Arzu ve arzunun kurucu tatminsizliği olarak dile getirilebilir bu uyuşmazlık ancak. Arzunun temelde negatif olan boyutu, tatminin her zaman arzudan daha az olmasından değildir, zira pekâlâ daha büyük, aşırı da olabilir. Mesele, bu aşırılığın taleple bağlantılı olarak ima ettiği fark yüzünden negatif tınlamasıdır. Arzu bu farkın aşılmaz ve iflah olmaz bir şey olduğunu gösteren öznel figürdür.

Komedi ise tatmin noktasında durur; ve bu noktadan söz konusu tatmin ile ona tekabül etmesi gereken talep arasındaki uyuşmazlığın dile getirilebilmesinin de tek bir doğru yolu vardır: *Jouissance*, keyif ya da "artı-tatmin" olarak dile getirilebilir bu uyuşmazlık ancak. Talep ile tatminin birbirini tamamlamasını tatminin bakış açısından kesintiye uğratan şey budur.

Belli bir yapısal uyuşmazlık içindeki bu duruş noktası farkı, talep-arzu diyalektiğinin, hangisinin önce geldiğinden nasıl etkilendiği sorusuyla bağlantılı bir zamansallık kaymasını da beraberinde getirir. Taleple başlayıp şu ya da bu ölçüde yeterli bir tatminle sona eren güya doğal sekansı tersine çevirir komedi. Komedinin motorunu oluşturan uyuşmazlık, tatminin talebi asla karşılayamayacak olmasından değil, talebin (beklenmedik bir biçimde üretilen, artı) tatmini asla karşılayamayacak olmasından gelir. Ampirik ya da dramaturjik olarak komedide işe bir taleple başlayamayacağımız anlamına gelmez bu. Asıl önemli olan şudur ki bu talebe cevap olarak ortaya çıkan şey, bütün o orantısızlığıyla, oyunu ve inisiyatifi ele geçiren bir fazla ya da sapma sokar devreye hemen. Başka bir deyişle, komedide talebin arkasından koşup ona asla yetişemeyen tatmin değildir; daha ziyade, tatmin talebe hemen galebe çaldığı için artık tatminin peşinden koşması gereken taleptir. Komedi, daha doğrusu komik sekans her zaman beklenmedik bir fazla-gerçekleşimi tarafından başlatılır. Bu fazla-gerçekleşimi bir başarısızlık, bir hata, bir yanılgı tarafından, bir yanlış anlama yüzünden ortaya çıkarılmış olabilir pekâlâ (genelde de öyledir), ama ortaya çıktığı anda alanın yapısının kendisini değiştirir. Komedinin alanı esasen cevabın sorudan, tatminin de talepten önce geldiği bir alandır. Bizler (ya da komik karakterler) istediğimizi almakla kalmayız, onun üzerine (onun yerine değil) istemenin aklımızda bile geçmemiş olduğu bir şey daha alırız. Ve bu şaşırtıcı fazlayla başa çıkmak, ona cevap vermek zorundayızdır (türün buyruğudur bu). Komedide yolu açan ve komediyi yönlendiren şey, bu fazla şeyin yarattığı uyumsuzluktur.

Şaşırtıcı bir fazla-tatmini/gerçekleşimi (veya fazla-anlam) unsurunun ortaya çıkışının temel biçimi daha şakalarda bile görülebilir. Freud şakaları/fıkraları tartışırken "teşvik primi" kavramını ortaya atar;[4] bu kavram da hazzın daha fazla haz açığa çıkmasını sağlayan beklenmedik eklentisi şeklinde tanımlanabilir. Lacan da aynı şeyi gayet kestirmeden ifade eder: "*Witz* esasen tatmin edilmemiş olan talebe *jouissance*'ını iade eder ve bunu çifte (ama özdeş) bir sürpriz ve haz —sürprizdeki haz, hazdaki sürpriz— veçhesi içinde yapar" (Lacan 1998, s. 121). Tabiri caizse şakalardaki bütün şaka, talebin —herkesi şaşırtarak— beklenmedik bir tatmin bulmayı becermesinden gelir. Söz konusu uyumsuzluk zamansal değil de topolojik terimlerle de ifade edilebilir: Tatmin bizim beklediğimizden başka bir yerde üretilir. Bir fıkra anlatısının bizi nihai noktaya hazırlamakla kalmayıp aynı zamanda ve öncelikle dikkatimizi fıkranın maksadının belli olacağı yerden başka bir yere çekip oyalamasının nedeni de budur. Gerçekten de birçok fıkrada gözleyebileceğimiz bir mekanizmadır bu; şu örnek bunu çok net gösteriyor.

Adamın biri yorucu bir iş gününün ardından eve gelip televizyonun karşısındaki koltuğa çökmüş ve karısına "Başlamadan bir bira getirsene bana" demiş.

Kadın içini çekip bir bira getirmiş. On beş dakika sonra adam, "Başla-

4. Bu kavram Freud'un şakalarla ilgili çalışmasında (Freud 1976, s. 118) ve de "Three Essays on the Theory of Sexuality" (Freud 1977, s. 131) adlı yazısında görülür. Freud'daki bu teşvik primi kavramına ilk dikkatimi Joan Copjec çekmişti.

madan bir bira daha getirsene" demiş. Kadın ters ters bakmış, ama bir bira daha getirip küt diye adamın yanına bırakmış. Adam bu birayı da bitirip birkaç dakika sonra "Çabuk bir bira daha getir, başladı başlayacak."

Kadın deliye dönmüş. "Bu gece tek yapacağın bu di mi? Bira içip şu televizyonun karşısında oturmak. Tembel, ayyaş, şişko patatesin tekisin sen, üstüne üstlük..."

Adam içini çekip şöyle demiş: "Başladı işte!"

Fıkranın anlatısı dikkatimizi televizyona çekip Şey'in oradan geleceğini (orada "başlayacağını") beklememizi sağlayarak bizi darbenin geleceği asıl doğrultudan uzaklaştırır ve sürpriz öğesini vurgular. Bu sürpriz öğesi olmadan hiçbir fıkra başarılı olamaz. Bu fıkrada bir şey daha gözlemlenebilir, şakaların/fıkraların özgül zamansal kipine ışık düşürebilecek bir şey: "Şakanın şakası" denen nokta, Lacan'ın deyimiyle *le point de capiton*, "kapitone noktası" mekanizması sayesinde işler — yani, bir Ana Gösteren"in (bizim örneğimizde son cümlenin, "Başladı işte!") yaptığı bir müdahaleyle önceki anlamlandırıcı öğelerin anlamını geri dönüşlü olarak sabitlediği, onları yeni, beklenmedik, şaşırtıcı bir perspektife yerleştirdiği nokta olarak. Bu şekilde, aynı öğelerden bütünüyle farklı bir hikâye elde ederiz. Düşünürsek görürüz ki şakaların çoğunda iş başında olan ve genellikle "anlamsızlıktaki anlam" veya "beklenmedik bir anlamın üretimi" olarak betimlenen asgari mekanizmadır bu.

Bu noktada şakalarla aşk karşılaşmaları arasında bir paralel çizebiliriz belki: Aşk karşılaşması iyi bir şaka gibi yapılandırılmıştır, diyebilir miyiz? Aşk karşılaşması daima beklenmedik ve şaşırtıcı bir tatmin, dile getirme fırsatı bulabildiklerimizden farklı bir talebin tatmini boyutunu içerir. Yani: Bir buluşmaya düpedüz kendimize bir "partner" bulma, hatta âşık olma niyetiyle gitmiş olabiliriz. Ama bu olursa, gerçek bir aşk gibi bir şey ortaya çıkarsa, bizi yine de daima şaşırtır, çünkü muhakkak bizim beklediğimizden ya da niyetlendiğimizden "başka yer"de ortaya çıkar; deyim yerindeyse, "başka hatlar" üzerinde ortaya çıkar. Biz bir yöne bakıyoruzdur, o başka yönden gelir ve bizde tatmin edilmesini talep bile etmediğimiz bir şeyi tatmin eder. Bir aşk karşılaşmasının çok altüst edici olabilmesinin ve hiçbir zaman (her şeyin en nihayet "üst üste binip" bir bütün oluşturduğu) bir saf mutluluk ânı olmamasının nedeni de budur. Bu karşılaşmaya hep bir kafa karışıklığı hissi, tam ne yapacağımızı bilmediğimiz ama yine de epey hoş bir şeye sahip olduğumuz hissi eşlik eder. Buna iki tür tepki verilebilir: Tabiri caizse topu oradan alıp oyuna devam edebiliriz ya da bu aşkı söz konusu şaşırtıcı tatminin karşılık geldiği varsayılan talebi geriye dönüşlü olarak dile getirerek temellendirmeye çalışabiliriz. Aşkın oyuncaklı kısmının başladığı yer de burasıdır, zira buraya yapışıp kalabiliriz. Haz eklentisi, daha fazla hazzın açığa çıkmasını ya da üretilmesini sağlamak yerine, geri dönüşlü olarak eklentiden tamamlayıcıya dönüştürülebilir. Yani her aşk karşılaşması, tatminin şaşırtıcı, arızi ve primi, ikramiyeyi andıran boyutunu, taleple tatmin(in)in, ya da başka deyişle, arzuyla *joussance*'ın oluşturduğu çizgisel ya da döngüsel çifte geri çevirme ayartısını da beraberinde getirir. İkramiye kabilinden bir tatminin böyle şaşırtıcı bir biçimde ortaya çıkması sayesinde karşılaştığımız ötekini bütün dualarımızın cevabı olarak, yani (öteden beri varolan) talebimizin cevabı olarak görme ayartısıdır bu. Gelgelelim bu anlaşılır ve masum, hatta hoş görünen hamle, feci sonuçlar doğurabilir. Bir kere her türlü aşk karşılaşmasında canalıcı önem taşıyan süreksizlik öğesinin kendisini hemen tekzip etmiş olur. Talep ile tatmini arasındaki ilişkinin içerdiği imkânsızlıktan çıkmanın rastlantı ürünü yolunu hemen kapatmış olur; hem de bunu tam da bu imkânsızlığı bir imkâna çevirerek yapmış olur. Aşk karşılaşması bu hamleyle taleple tatminin birbirini mükemmelen tamamladığı bir empati ânı şeklinde yeniden biçimlendirilir ve tatminin gerçekten de talebimizi karşıladığı bir örnek olarak yüceltilir. Böylece aşk ebedi geçmişe kilitlenmiş olur, sadece nostaljik bir anı olarak yaşanabilecektir.

Dolayısıyla şunu vurgulamamda fayda var: Bir aşk karşılaşmasının komik (ve de yıkıcı) yanı tam da karşılaştığımız ötekinin bizim dualarımızın ve hayallerimizin hiçbirinin cevabı filan olmamasından, bilakis, hakkında hayal kurma şansını ancak bundan sonra olacaklar sırasında ele geçirebileceğimiz beklenmedik bir fazla-öğenin taşıyıcısı olmasından gelir. Sahici bir aşk karşılaşmasında tam olarak istememiş olduğumuz bir şey aldığımızı gözden kaçırırsak, kelimenin her iki anlamıyla da aşkın perspektifini gözden kaçırmış oluruz. Bir aşk karşılaşmasında olup bitenler cinsel ilişkisizliğin (olası) bir ilişkinin beklenmedik bir biçimde ortaya çıkışıyla geçici olarak askıya alınmasından ibaret değildir, daha karmaşık bir şeydir: İlişkisizliğin kendisi birdenbire bir ilişki tarzı (ve de ilişkinin koşulu) olarak beliriverir. "Mutlu" bir aşk karşılaşması en saf haliyle ilişkisizliktir, daha doğrusu kendi üzerine katlanan bir ilişkisizlik. Komedide olduğu gibi, istediğimiz şeyi elde etmekle kalmaz, onun üzerine (onun yerine değil) istemenin aklımıza bile gelmediği bir şey daha elde etmiş oluruz. İlişkisizliğe bir başka ilişkisizlik ilave olur ve böylece ilişkiyi engelleyen şey tam da ilişkinin koşulu olarak kullanılabilir (ve Freud'un "teşvik primi" gibi işlev görebilir).

Bu da bizi bir sonraki önermemize götürüyor. Bir aşk karşılaşması iyi bir şakaya benziyorsa, kalıcılığı ve zamansallığı olan aşk, yani o "kalıcı aşk" denen şey nedir peki? Buna şöyle cevap verilebilir: Aşk (aşağıda tartışacağım) kendine özgü bir zamansallığı haiz bir komedi gibi yapılanır. Bu haliyle de *kalıcı olan bir ilişkisizlik* şeklinde tanımlanabilir. Komedi eklenti kabilinden ilişkisizliği bir ilişkinin koşulu olarak kullanan türdür. Aşk ile komedi arasındaki bu yapısal yakınlığın izini burada daha fazla sürmeyeceğim,[5] ama bu yakınlığın kavramsal olarak çok işe yaradığını vurgulamak isterim. İşe yarar çünkü aşkı, iki hâkim aşk söyleminden farklı terimlerle düşünmemize yardımcı olur: Her şeyi tüketip iki sevgiliyi kaynaştıran bir alev olarak sunulan *amour-passion* söylemi ile günümüzde çok yaygın olan idealin söyleminden, yani iki özerk ve bağımsız egonun karşılıklı saygı, birbirini tanıma ve etkileşime dayalı "anlamlı" bir ilişki kurması ideali söyleminden bahsediyorum. Aşk ile komedi arasında, her ikisinin de işin içine karışan öğelerin düzgün bir biçimde birbirlerini tamamlamasının imkânsızlığını cisimleştiren merkezi bir nesne etrafında örgütlenmiş olmalarına dayalı bir yakınlık vardır. Bu nesne, komik çifti ya da sevgili çiftini paradoksal biçimde birbirleriyle ilişki kurmaya teşvik eden engel işlevi görür. Bu engeli kaldırın, "ilişkileri" dağılıp gidecektir. Ötekini ulaşılamazlığı içinde arzulamamıza yol açan o ünlü, hatta meşum engelden bahsetmiyorum; aksine, deyim yerindeyse, ötekine tam da bütün maddiliği içinde ulaşmamızı sağlayan bir engeldir bu.

Şimdi şakaların/fıkraların yapısı ve dinamikleri ile komedininkiler arasındaki farka daha yakından bakmamız gerek. Bu fark her

5. Bununla ilgili daha fazla tartışma için bkz. Zupančič 2003'teki "Komedi Olarak Aşk" bölümü.

şeyden önce her birinin süreçlerinde devreye giren zamansallıkla ilgilidir ki bu zamansallık da bunlarda üretilen o şaşırtıcı nesne-anlamın kaderini etkiler.

Komedinin zamansal yapısının tersine, şaka daima (ve münhasıran) derdinin aktarıldığı uğrağın *anlıklığında* konumlanır. Şakanın verdiği haz anlıktır ve büyük ölçüde anlatıldığı zamanla sınırlıdır, ama bu tekrarlanamayacağı anlamına da gelmez. Aynı şakayı biz de başkasına anlattığımızda yine tatmin üretecektir. Şakaların tekrarlanması ve ağızdan ağıza dolaşması onlardan aldığımız hazzın bir parçasıdır ve bu anlamda şakaların tanım gereği haz elde etmenin yaygın bir yolu olduğunu söyleyebiliriz; şakaların Don Juanvari bir yanı vardır. Aynı şakadan ancak anlatılan kişi değişirse haz alabiliriz. Komik hazzın zamansallığı farklıdır: Anlık değildir, belli bir zaman aralığı boyunca uzanır.

Gelgelelim söz konusu olan bir şeyin ne kadar sürdüğünden ibaret değildir; çok uzun şakalar olduğu gibi çok kısa komik sekanslar (gaglar) da vardır. Zamansallıktaki fark hazzın (ya da tatminin) zamansallığıyla ilgilidir: Bir şaka her zaman *nihaidir*, her zaman en sonda gelir; keza şakaların yarattığı haz/tatmin için de geçerlidir bu tespit. En sonda, elimizde belli bir miktar tatmin kalır ve ondan önceki her şey (şakanın anlatısı) nihai "şaka"yı mümkün kılan ve ona giden yolu açan bir hazırlık safhasıdır. Komik sekanslar böyle inşa edilmez. Tatmin genellikle en başta ortaya çıkar; bir komik sekansı kapatmak yerine başlatır, açar ve sonra da bütün sekans boyunca (belli bir ritmi takip eden salınımlarla) canlı tutulur. Tatmin, oyunu sona erdirmez (şakalarda olur bu), başlatır. Şakalarda her türlü şaşırtıcı nesne-anlam üretilir; üretildikten sonra da havada asılı bırakılır ve yavaş yavaş ölürler. Bir şaka ile bir başkası arasında her türden (teknikleri veya nesneleri bakımından) benzerlik olabilir, ama köklü bir süreksizlik de vardır: Hep yeni baştan başlar, sıfırdan yeni bir hikâye inşa ederiz. Oysa bir komik sekans şaşırtıcı, sapkın nesneyi havada asılı bırakıp ölmeye terk etmez; daha ziyade, onu inşa faaliyetinin yeni bir başlangıç noktası, yeni bir ipucu olarak alıp kullanır. Bu bakımdan, komedi inşa faaliyetini (neredeyse münhasıran) süreksizlikle yapan paradoksal bir sürekliliktir; süreksizlik (sapkın nesne-anlam) komik sürekliliğin malzemesinin ta kendisidir. Komedinin işe bir hatta başlayıp (sanki bu bütünüyle doğal bir şeymişcesine) bir başkasında sürmesini sağlayan harika bir tarzı vardır.

Bu noktada gelin bir örnek verelim; birkaç yıl önce internette dolaşan komik bir diyaloğu ele alalım.

İLK KİM
James Sherman

(Şimdi sizi Oval Ofis'e götürüyoruz.)

GEORGE: Condi! Seni görmek ne hoş. Ne var ne yok?

CONDI: Efendim, elimde Kore'nin yeni lideriyle ilgili bir rapor var.

GEORGE: Güzel, güzel. Anlat bakalım.

CONDI: Kore'nin yeni lideri Kim.

GEORGE: Ben de bunu öğrenmek istiyorum.

CONDI: Ben de bunu söylüyorum.

GEORGE: Ben de bunu soruyorum ya işte. Kore'nin yeni lideri kim?

CONDI: Evet.

GEORGE: Adamın adı yani.

CONDİ: Kim.

GEORGE: Kore'nin yeni lideri.

CONDI: Kim.

GEORGE: Koreli adam yahu!

CONDI: Kim yönetiyor Kore'yi.

GEORGE: Bana niye soruyorsun ki?

CONDI: Diyorum ya işte Kim yönetiyor Kore'yi.

GEORGE: Ben de sana soruyorum. Kore'yi kim yönetiyor?

CONDI: Adamın adı bu.

GEORGE: Kimin adı bu?

CONDI: Evet.

GEORGE: Kore'nin yeni liderinin adını söyleyecek misin söylemeyecek misin?

CONDI: Tabiy, efendim.

GEORGE: Tayyip mi? Kore'de Tayyip mi varmış?* Ben Ortadoğu'da zannediyordum onu.

* İngilizcede "Yes, sir" ve "Yassir –Arafat–" arasındaki sesdeşliğe dayanan bu oyunu ancak böyle karşılayabildim. *–ç.n.*

CONDI: Evet öyle.

GEORGE: O zaman Kore'deki kim?

CONDI: Tabiy, efendim.

GEORGE: Tayyip mi Kore'deki şimdi?

CONDI: Hayır, efendim.

GEORGE: O zaman kim?

CONDI: Tabiy, efendim.

GEORGE: Tayyip?

CONDI: Hayır, efendim.

GEORGE: Bak, Condi. Kore'nin yeni liderinin adını öğrenmem lazım. BM Genel Sekreteri'ni bağlat bana telefondan.

CONDI: Kofi mi?

GEORGE: Yok sağol.

CONDI: Kofi'yi istiyor musunuz?

GEORGE: Hayır.

CONDI: Kofi'yi istemiyorsunuz?

GEORGE: Hayır. Ama madem hatırlattın, bir bardak süt alayım. Sonra da bana BM'yi bağlat.

CONDI: Tabiy, efendim.

GEORGE: Tayyip değil ya! BM'deki adamı.

CONDI: Kofi?

GEORGE: Süt! Arar mısın lütfen?

CONDI: Kimi arayacağım?

GEORGE: BM'deki adam kim?

CONDI: Kim Kore'deki adam.

GEORGE: Şu Kore'yi karıştırmasana işe.

CONDİ: Tabiy, efendim.

GEORGE: Ortadoğu'yu da! BM'deki adamı bağlat bana.

CONDI: Kofi.

GEORGE: Tamam ya! Sütlü ve iki şekerli olsun. Şimdi telefonun başına.

(Condi telefonu eline alır)

CONDI: Ben Condolezza...

GEORGE: Aa pizza, iyi fikir valla. Biraz da spagetti. Belki şu Kore'nin adamına da göndersek iyi olur. Bir de Ortadoğu'ya? Orada bulunur mu acep İtalyan yemekleri?

Bu komik diyalog örneğini bir şaka örneğiyle (örneğin yukarıda anlattığımız fıkrayla) karşılaştırırsak, şu zamansal ve dinamik fark bariz biçimde ortaya çıkar: Şakalarda kıvılcım (sürpriz ve tatmin kıvılcımı) en sonda üretilir ve ona ulaşan anlatı bu kıvılcımı mümkün kılan bir inşadır. Komedide ise beklenmedik kıvılcım (bir tür açılış şakası) zuhur eder önce ve bunun ürettiği beklenmedik fazla nihai değildir, müteakip komik sekansın motoru işlevini görür. Başlangıçtaki fazlanın komediyi hep daha ileri götüren temel bir uyumsuzluğu devreye soktuğu da söylenebilir ki komik olayların "zamkı" işlevini de bu fazlanın/uyumsuzluğun kendisi görür.

Bu örnekte her şey Koreli liderin adı (Kim) ile "kim?" sorusu arasındaki eşseslilikten kaynaklanan ilk komik *point de capiton*'un ortaya çıkmasıyla başlar. Ama bu "kapitone noktası"nın kendisine komik nesne muamelesi yapılıp her iki yönde de uzattıkça uzatılır, ta ki sonunda yeni bir "kapitone noktası", yani "Tabiy" ile "Tayyip" arasındaki ses benzerliği üretilene kadar. Komik uzatmanın bu ikinci nesnesi de, birincisinden de yardım alarak, bir üçüncüsü ortaya çıkana kadar devam eder: Kahve olarak Kofi (Annan). Şimdi elimizde üç komik nesne vardır, biraz sonra da bunlara bir dördüncüsü katılır: Bir pizza türü zannedilen Condolezza (Rice). İlkesel olarak bunun sonsuza kadar devam edebileceği ve benim komik sekans demeyi önerdiğim şeyin kendi içinde nihai olmadığı, yani kendi mantıksal veya zorunlu sonucunu kendi içinde taşımadığı açıktır. Komedi ustalığının gerektirdiği temel becerilerden birisinin ne zaman duracağını ve bunu da mümkün olduğunca komik bir tarzda yapacağını bilmek olmasıyla hiçbir şekilde çelişmez bu.

Komedinin bu işleyiş tarzı (bu süreçte üretebileceği sayısız "kapitone noktası"na rağmen) o mucizevi görünen akışkanlığıyla da irtibatlandırılabilir. Bu işleyiş, komik akışkanlığın deyim yerindeyse daima bir tür *staccato** *akışkanlık* olduğunu daha net görmemize yardımcı olabilir. Komedi sanatı tam da çok kendine özgü bir kesinti-yoluyla-sürekliliktir; daha önce de vurguladığım gibi, kesintiler ve kopuşlarla inşa eden (ve edilen) bir süreklilik, süreksizlikle kuran bir süreklilik, ana malzemesi tam da süreksizlik olan bir sürekliliktir. Komik nesne sorunu tam da bu açıdan öne çıkar: Yani komik

* Kesik kesik. –*ç.n.*

hareket sayesinde ortaya çıkan ama aynı zamanda kendisini yaratan bu hareketin kendisini de etkileyip onun nedeni ya da saiki işlevi gören kesici, yıkıcı fazla sorunu. Bu bakımdan, komik nesne komik hareketin aynı anda hem sonucu hem de nedenidir; akıcı eylem zincirini kıran yıkıcı, gevşek fazlanın, aynı zamanda, komik hareketin (belki de beklenmedik bir yönde) yola devam etmesini, sürmesini sağlayan şey işlevini de görmeye başladığı noktadır. Başka bir deyişle, komik nesne tam da sürekli süreksizlik noktasının cisimleşmiş halidir.

Şakaların işleyişiyle komedinin arasındaki farkları şu şemayla gösterebiliriz:

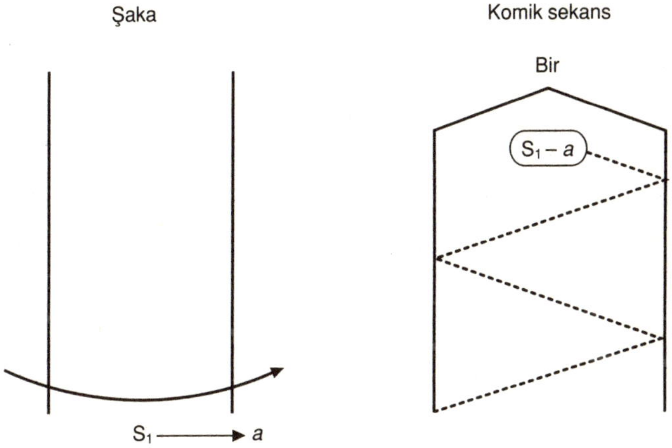

Şakalarda iki anlamlandırma dizisiyle işe başlarız. Demin verdiğimiz örnekte, bunlardan birincisi bir şeyin "başlamak üzere olması", diğeri de alışılmış hane içi kavgalar etrafında döner. Bunlar arasında belli bir ilişki olduğunu "kendiliğinden" algılarız, anlamı kadının sondan hemen önceki figanında az çok anlaşılan bir şeydir bu ("Bu gece tek yapacağın bu di mi? Bira içip şu televizyonun karşısında oturmak. Tembel, ayyaş, şişko patatesin tekisin sen, üstüne üstlük..."). Sonra da şakanın esası, "kapitone noktası" gelir ("Başladı işte!" —bizim şemamızdaki S_1) ve geri dönüşlü olarak, bu iki diziden birinin ötekinde zaten çoktan içerilmiş olduğunu göstererek hikâyenin kendiliğinden algılanan bütün anlamını değiştirir: "Başladı başlayacak" ibaresi TV'de başlayacak bir şeye değil, evdeki kavganın kendisine atıfta bulunmaktadır. Kavganın nedeni (beklenen) kavganın kendisidir; neden çoktan sonucu gerektirmektedir. Anlam kurgusunun farazi çizgiselliği ve zorunluluğu kırılmakta, bu inşanın olumsal ve geriye dönüşlü bir yapısı olduğu ortaya çıkmaktadır.

İçimden bunu, şakalara güldüğümüz zaman tam neye güldüğümüz meselesini kısaca ele almanın vesilesi olarak kullanmak geliyor. Açıkça şakanın hedefine, dalga geçilen kişi(ler) veya şeye (şeylere) güldüğümüz bir düzey vardır. Ama şakanın işlev gördüğü tek düzey burası değildir. Şu ya da bu kişi veya durum hakkındaki her somut şakanın, aynı zamanda gösterenlerle inşa edilmiş simgesel evrenimizin işleyişiyle ve bu gösterenlerin özgül, sağduyuyu zorlayan anlamlandırma tarzlarıyla da ilgili olduğu da bir vakıadır. Başka bir deyişle, bir şaka hikâyesinin yanı sıra —hem de tam da bu hikâyeyi inşa etmek için kullandığı "teknik" araçlarla— işleyişinin illaki farkında olmaksızın derin ve kalıcı bir biçimde içine gömülmüş olduğumuz bir şeyi de öne çıkarır: Sözle kurulan (simgesel) evrenimizin paradoksal, "mantıkdışı"[4], çizgisel-olmayan ve netameli kuruluşu. Lacan Freud'un şakalar hakkındaki çalışması hakkında şunları söylerken aklında bu vardı bana kalırsa:

> Freud'un buradan başlayarak geliştirdiği her şey, anlamlandırma oyununun gerçeğin varoluşu diyebileceğimiz şeyle bağlantılı olarak sahip olduğu yok edici, sahiden yıkıcı ve sekteye uğratıcı karakteri göstermekten ibarettir. İnsan gösterenle oynayarak kendi dünyasını ta en köküne kadar sorgulayabilmektedir, hem de her an. Şakanın değeri... her türlü anlam kullanımının temel anlamsızlığıyla oynamaya imkân vermesinden gelir. Bütün anlamlar gösterenin kullanımına dayalı olduklarından her an her türlü anlamı sorgulamak mümkündür. Aslına bakılırsa, bu kullanımın kendisi de her türlü olası anlamlandırma karşısında fena halde paradoksaldır, zira desteklemesi gerekecek şeyi tam da bu kullanımın kendisi yaratmaktadır. (Lacan 1994, s. 294)

Şakanın işleyişinin, ancak bir anlam bizi şaşırttığı zaman farkına vardığımız paradoksal bir yanı vardır. Dolayısıyla şakaların, özel içeriklerinin yanı sıra, bize her zaman dünyamızı kuran anlamlandırma düzeninin (normalde algılanmayan) şu ya da bu tuhaflığını hatırlattıklarını ve tam da *buna* güldüğümüzü söyleyebiliriz. Belli bir düzeyde dünyamızın, her şakayla dile gelen ve belirtik bir hal alan temel bir belirsizlik ve istikrarsızlık boyutu vardır. Bu perspektifte şaka süreci sadece "Simgesel'in yardımıyla yapılan iş" (yoğunlaştırmalar, yer değiştirmeler, eşseslerle oynamalar vs.) değildir; aynı zamanda her zaman "Simgesel'i iş başında" teşhir eden bir şeydir de. Bu da şunu ima eder: Bir şakaya güldüğümüzde, sadece espri olarak ürettiği şeye değil, en başta bir şey üretiyor olmasına, *nasıl* olup da bunu üretebildiğine de güleriz. Başka bir deyişle, şaka tekniği denen şey bir şaka inşa etmenin aracı olmakla kalmaz, bizatihi anlattığı şakanın *nesnesidir* de. Bu düzeyde komik olan, bütün bu yoğunlaşma, yer değiştirme ve anlamsızlıkların kusursuz bir anlam ifade edebilmeleri (ya da tersi) imkânıdır...

Şayet yukarıda dediğimiz gibi, dünyamızın, her şakayla dile gelen ve belirtik bir hal alan temel bir belirsizlik ve istikrarsızlık boyutu varsa, şu soru öne çıkar: Peki nasıl oluyor da buna sahiden gülüyoruz? Bizde, daha ziyade, varoluşsal endişe gibi bir şeye neden olması gerekmez miydi? Bu soruya cevaben şu hipotezi önermek geliyor içimden: Nasıl şakanın anlatısı dikkatimizi numarasının gerçekleşeceği noktadan uzaklaştırıyorsa, şakanın içerikle ilgili yanı da dikkatimizi işin bu öbür yanından, daha radikal ve daha rahatsız edici yanından uzaklaştırır. Başka bir deyişle: Buna güldüğümüzde, belli bir miktar haz gerçeklik kazanır ve (dünyamızın istikrarsızlığını ve olumsal anlam üretme mekanizmalarına olan bağımlılığını gözler önüne seren) bu rahatsız edici boyut karşısında da endişeye kapılmak yerine gülmemizi mümkün kılar.

Bu hipotezi kabul edecek olursak, Freud'un şakalarla ilgili teorisine onun saptadığına zıt yönde işleyen bir mekanizma eklememiz gerekecektir. Freud'a göre, şakanın tekniği (kelime oyunları, yoğunlaştırmalar, yer değiştirmeler...), şakanın içeriğiyle ilgili olmaması anlamında "katıksız" olan belli bir miktar ilksel haz ("ön-haz") üretir. Bu ön-hazzın mesela bir iki kadeh içkininkine benzer bir "toksik" etkisi vardır: Ketlenmelerimizin çıtasını düşürür ve böylece şaka seviyesinde ortaya çıkan, ama şaka bağlamının dışında karşılaşsaydık reddedeceğimiz, hatta tiksintiyle karşılayacağımız saldırganlık, cinsellik gibi eğilimleri gülerek kabul etmemizi sağlar (Freud 1976, s. 202). Başka bir deyişle, şaka tekniği belli kültürel ketlenmeleri aşıp belli sorunlu içerikleri (açık cinsellik ya da saldırganlık gibi) kabul etmemize yardımcı olan bir ilksel haz üretir ve bu olduğunda, en belli başlı haz kotası —yani, daha önceden bu ketlemeleri muhafaza etmek için kullanılan enerji— açığa çıkar. Böylece bu tür şakalardaki, tabiri caizse, ana gülme akıntısı, belli ketlenmelerin böyle geçici olarak kaldırılmasına bağlanır (*a.g.y.*, s. 143-5).

Gelgelelim burada bir adım daha atıp —önceki tartışmayla bağlantılı olarak— şakaların libidinal ağırlıkları (mesela cinsel ve saldırgan içerikleri) bizatihi bir tür sis perdesi olmasın sakın diye sormamız gerekmez mi? Doğrudan doğruya olmasa da güldüğümüz şakanın içeriğinin aracılığı üzerinden evrensel anlamsızlığın her türlü anlamın önkoşulu olmasıyla yüzleşmemizi mümkün kılan bir sis perdesi? Bu perspektiften bakıldığında, şaka biçimine büründüğünde kültürel olarak kabullenilebilen müstehcenlik ve saldırganlığın bizatihi "ketlenmelerin çıtasını düşürme" ve bizleri dünyamızın gerçek, paradoksal ve olumsal yapısını ve istikrarsızlığını kabullenme konusunda daha hoşgörülü hale getirmek gibi bir sonuç doğuruyor olabileceğini kabul etmek gerekir. Yani bu tür bir şaka sadece gösterenle ve içerdiği muğlaklıklarla oynamanın farklı teknikleri sayesinde müstehcen ya da şu veya bu biçimde uygunsuz hakikatleri dile getirmenin bir yolu olmayacak, aynı zamanda içerikle bağlantılı farklı uygunsuzluklar sayesinde dünyamızın temel bir muğlaklığı hakkındaki hakikati dile getirmek demek de olacaktır. Daha net söylersek: Bu iki boyutun (ve yönün) birbirlerini karşılıklı olarak içerdikleri döngüsel bir ilişki içinde oldukları, birbirlerini hem gerektirdikleri hem de teşvik ettikleri söylenebilir aslında; bu yüzden de onları çözerek şakaların nedenselliğine dair çizgisel bir açıklamaya ulaşmak kesinlikle imkânsızdır.

Bu iki boyutun kesiştiği nokta, birbirlerini ima ettikleri nokta, şemamızda Lacan'ın *a* simgesi ile, yani S_1'in anlamlandırma işleminin sonucu olarak ortaya çıkan nesne olarak artı-tatminin simgesi ile gösterilmektedir; şakalar söz konusu olduğunda gösterenin bedensel boyutu da gülmedir. Anlamlandırma işleminin başarısının, şakanın ürettiği yeni Ana Gösterenin zaferinin kesinlikle bu bedensel etkiye/boyuta bağımlı olduğunu unutmamamız gerekir.

Şimdi de şemamızın komik bir sekansın işleyişinin şakaların işleyişinden farkını gösteren sağ tarafına bakalım. ("Komik sekans" terimini komedinin yapısının temel kipliğini adlandırmak için kullanıyorum, çünkü komedi terimi daha geniş bir alanı ima eder — bir oyun ya da filmin türsel adlandırması olarak o oyun ya da filmin bütün kompozisyonuna karşılık gelir ki bu kompozisyon içinde komik sekansların yanında başka şeyler de —lirik sekanslar, nötr sekanslar, şakalar...— olabilir) Şemanın yukarı kısmı komik olanın ilk adımına, (hayali, "bariz") bir Birliğin veya Bir'in yarılmasına işaret eder. Bu yarık farklı farklı komedi teknikleriyle yaratılabilir: Bir'e yapışıp bölünmüşlüğüne işaret eden bir artı-nesnenin hemen devreye sokulmasıyla, farklı çiftleme ve/veya yineleme tarzlarıyla... Şakaya çok benzer bir şey de bir komik sekans başlatabilir. Verdiğimiz komik diyalog örneğinde de durum buydu. İlk yanlış anlama ("Kim" ismi ile "kim?" sorusunun karıştırılması) aslında bir şakadır — belki çok iyi bir şaka değil ama yine de bir şaka. Şu noktaya kadar—

GEORGE: Condi! Seni görmek ne hoş. Ne var ne yok?

CONDI: Efendim, elimde Kore'nin yeni lideriyle ilgili bir rapor var.

GEOIRGE: Güzel, güzel. Anlat bakalım.

CONDI: Kore'nin yeni lideri Kim.

GEORGE: Ben de bunu öğrenmek istiyorum.

—buradaki komik parça bir şakadır gerçekten de. Bush'un anlamlandırma ve atıf evreninde Kim, *kim?* olur. Bize Amerikan Başkanı'nın Kore'de ve Kore siyasetinde neler olup bittiği konusunda hiçbir fikri olmadığını söyleyen şakanın püf noktasıdır Kim. Kim'in "kim?" sorusuna çevrilmesi iki anlamlandırma dizisinin "kapitone noktası"dır; kaldı ki bu dizilerin iki tane olduğu da bu kapitone noktası sayesinde anlaşılır. Aslında şakaların işleyişiyle ilgili betimlememe önemli bir nokta daha eklemem gerek: Şemada gösterilen iki dizi en baştan beri o kadar da bariz olmayabilir, hatta çoğunlukla bariz değildir. Nihai nokta, *point de capiton*'dur bu ve *aynı zamanda da* daha önce homojen bir anlatıymış gibi görünen anlatıdaki bir ikiliği ya da yarılmayı açığa çıkarır ve iki dizi arasında bir kısa devre yaratır. Başka bir deyişle, şakaların işleyişiyle ilgili şemamız bir şakanın (yukarıdan aşağı doğru) zamansal olarak açılımını gösteriyormuş gibi okunmamalıdır. Şakanın temel zamansallığının (maksadını ilettiği) bir an olmasıyla ilgili olarak söylenenler bütün yapısını etkiler. Nitekim şemamız, *point de capiton*'un ortaya çıkıp şakanın yapısını ele geçirdiği ânın, tam da o an açığa çıkan bakış açısından yola çıkmıştır. Gelgelelim öbür şema, yani komik sekansın şeması belli bir zaman dilimini yapılandırıp açılımının temel bir biçimini gözler önünü seriyormuş gibi okunabilir. Bu açılımın başka şeylerin yanı sıra bir şaka tarafından da başlatılabileceğini görmüştük. Ama bir şaka bir komik sekansın kurucu bir parçası olarak ortaya çıktığında kaderi normaldekinden farklılaşır. Bizim örneğimizde çok açık olan bu durum başka örneklerde bu kadar açık olmayabilir, ama yine de ben bu yapının bütün komik sekanslarda iş başında olduğunda ısrar etmek durumundayım. Verdiğimiz örnekte başlangıçtaki şakanın (Kim'in yerine geçen *kim?* sorusunun) yarattığı Ana Gösterenin başarılı olup bütün anlamlandırma sürecini taşımadığını açıkça görebiliriz. Kim'in yeniden teyidiyle hemen tersine çevrilir ("Kore'nin yeni lideri Kim" —"Ben de bunu öğrenmek istiyorum" —"Ben de bunu söylüyorum"), ama sonra o da tekrar tersine çevrilip müthiş bir dönüş yapar ("Ben de bunu soruyorum ya işte. Kore'nin yeni lideri kim?" —" Evet."). Bu konuşmada komik sekanslarda ortaya çıkıp duran bir Ana Gösterenin hemen, her iki tarafın da kendi adlarına sahiplenmeye çalıştıkları bir komik nesneye dönüştüğünü gözlemleyebiliriz. Uzattıkça uzatmanın ve sekans komedisini oluşturan diğer manipülasyonların nesnesi haline gelir ve ayrıca kademe kademe komik nesne rolünü oynayan yeni Ana Gösterenleri devreye sokar ("Tabiy" —"Tayyip"; "Kofi"-"Kahve"; "Condolezza"-"Pizza"). Burada olup bitenleri şöyle de anlatabiliriz: Ana Gösterenin sonucu olarak *dikiş* (*suture*) komedi tarafından uzatılınca komedinin mekânını oluşturan (ve kapsama alanını tanımlayan) bir lastik ipine dönüştürülür, oysa Ana Gösterenin kendisi bir komik nesneye, keyif ve anlamın alaşımı niteliğinde (Lacan olsa *jouis-sense* derdi, "keyfanlam" diye çevrilebilir belki) nesneyi andıran bir şeye dönüşür. Bunu şemamızda $S_1 - a$ şeklinde gösteriyoruz. Tıpkı pinponda olduğu gibi komedinin mekânında bir o yana bir bu yana gidip gelen toptur bu, ama bir çığ gibi yoluna devam ettikçe komik potansiyelini ve etkisini de büyütür.

İçinde üretilen anlamlandırma nesnelerinin ve de onlara yapışan komik hazzın sadece açığa çıkarılmakla yetinilmeyip ilerletilmesinin malzemesi ve aracı olarak kullanılması. Komik bir sekans inşa etmek için çok önemlidir. Arada bazen şaka ve gaglar ortaya çıkabilir ve de sadece şaka ve gag olarak kalabilir, ama bunların çoğunun komedi alanının içinde tutulup komik sekansı inşa edecek sonraki olaylara geçiş mahiyetinde kullanılmaları gerekir. Aralarında hiçbir içsel bağ olmayan bir dizi şaka ve gag'ın komedi sıfatı edinmeye yetmemesinin nedeni de budur — çünkü bu dizi komedinin canalıcı koşullarından birini, yani yukarıda süreksizlikle inşa eden süreklilik olarak tanımladığım koşulu yerine getirmez.

TEKRAR

> Hegel, büyük dünya-tarihsel vakıaların ve şahsiyetlerin sanki iki defa ortaya çıktığından bahsetmişti bir yerlerde. Şunu eklemeyi unutmuştur: İlk seferinde trajedi olarak, öteki seferindeyse fars.*

MARX'IN *Louis Bonaparte'ın On Sekiz Brumaire'i*'nin en başında yazdığı, esasen şu iki temayı birleştiren bu ünlü cümleler bu bölümde ele alacağımız düşünceler için gayet uygun bir başlangıç noktası sayılabilir: tekrar kavramının içerdiği felsefi, daha doğrusu büyük ölçüde kavramsal sorunlar ve komedi ("fars") sorunu.

Komedinin tekrar düşkünlüğü herkesin malumu; komedi tekniklerinin önde gelenlerinden biridir tekrar. Gelgelelim, aralarında salt teknik bir yakınlıktan daha derin bir yakınlık olabilir (veya şöyle de denebilir: bir teknik asla "sadece teknik" değildir"). Teknik olarak tekrarın öbür yüzünde komedi türünün *kurucusu* olarak tekrar vardır, ya da ben öyle olduğunu iddia edeceğim. Ve bu nedenledir ki komedi sadece felsefe içindeki anekdot kabilinden bir sorun değil, aynı zamanda içkin olarak felsefi bir sorundur. Bu savı işleyerek söz konusu noktaya varmak için tekrarın içerdiği bazı felsefi meselelerden yola çıkacağız.

Tekrarın ya da tekrarın özgül bir boyutunun keşfinin çağdaş felsefe adı verilen felsefeyi başlatan ve bu adlandırmaya anlam kazandıran Olay olduğunu söylemek çok da abartılı sayılmamalı. Başta Marx ve *On Sekiz Brumaire* var; sonra Nietzsche, Kierkegaard ve Freud var; bu isimlerin hepsi de düşüncelerinin çok önemli bir veç-

* *On Sekiz Brumaire*'den yapılan bütün alıntılar Tanıl Bora çevirisinden alınmıştır. *–ç.n.*

hesini işleyebilmek için tekrar kavramına dönmüşlerdir. Sonra Lacan'ın Freud'a dönüşü ve dönerken de (1964 tarihli seminerinde) tekrarı "psikanalizin dört temel kavramı"ndan biri haline getirmesi var; ve şüphesiz Deleuze ve onun felsefi olarak en zihin uyarıcı ve anıtsal eseri olduğu söylenebilecek *Fark ve Tekrar*'da (1968) "Nietzsche"ye dönüşü" var.

Bu projeler arasında önemli, hatta uzlaşmaz farklar var elbette, ama hepsinin paylaştığı önemli bir nokta var ki o da şu: Tekrara temsil mantığından temelden farklı bir şey olarak bakıyor, bu kavramı böyle koyutlayıp böyle işliyorlar. Bu Deleuze'de düpedüz kavramsal bir savaş biçimine bürünür: temsile karşı tekrar. Psikanaliz ise temsil temasını hiçbir zaman bütünüyle bir kenara atmamış, daha ziyade, daha ayrıntılı bir biçimde ve de şaşırtıcı bir yönde işlemiştir. Ama pratikte de teoride de temsilin sınırlarına açıkça işaret etmiştir: Freud en başta psikanalizin temel aletleri olduğunu söylediği hatırlama ve yorumlamanın analizde başarabileceklerinin bir sınırı olduğunu kısa zamanda keşfetmiştir. Bunlar çoğu zaman işlese de ancak tekrar yoluyla yaklaşılıp işlenebilecek belli noktalar vardır.

Trajedi İle Fars Arasında

Marx'ın *On Sekiz Brumaire*'deki mülahazaları tekrar kavramının kavramsal karmaşıklıklarına girmenin hiç de fena bir yolu değil. Marx bir tekrar teorisi gibi bir şey sunmasa da söyledikleri söz konusu temanın içerdiği bazı canalıcı noktaları sıralamayı sağlıyor. Hegel ile tekrar arasındaki o sözlerinden sonra Marx üç farklı öğeyi öne çıkarır. Bir yanda iki türlü tekrar vardır (ve bunlardan sadece biri "fars"tır), diğer yanda ise tekrardan radikal bir kopuş, ama paradoksal biçimde bizi katıksız bir tekrarlama zorlantısının içine atan bir kopuş.

Marx'ın *On Sekiz Brumaire*'deki temel kaygısı, tekrar ile fars arasındaki ilişki değil, bir tekrarın aynı zamanda yeni bir şeyin yeri veya taşıyıcısı olup olmadığı ve ne ölçüde olduğudur —yani (verili olandan, geçmişten) ne ölçüde koptuğudur— elbette. Nitekim bir yanda "geçmişten ruhları yardıma çağır[an], onların adlarına, sloganlarına, kıyafetlerine sarıl[an], dünya tarihinin yeni sahnesinde bu eskilerde hürmet edilen kılıklara bürün[en] ve bu ödünç dille oynamaya çalış[an] (Marx 2010, s. 30) devrimci dönemler vardır. Eski adların, sloganların ve kıyafetlerin tekrarı, yeni bir şey kurmanın bir yolu olabilir. Alain Badiou'nun terimleriyle, özgürleştirici gücünü yeni koşullarda "dirilten" "olay izi"nin tekrarı olduğu söylenebilir bunun.[6] Burada, tekrar yeninin hizmetindedir; ölülerin diriltilmesi, Marx'ın dediği gibi, "devrimin ruhunu yeniden bulma" amacına hizmet eder, "hayaletini tekrar ortalığa salmaya değil." Öte yanda ise içi boş tekrarlar vardır, alıntının son kısmında dikkat çekilen "hayalet" (ve "fars") olan tekrarlar, ki bunların prototipi de Şubat Devrimi ve sonrasında olanlardır: "1848-51'de yanızca eski devrimin hayaleti dolanıyordu etrafta" (*a.g.y.*, s. 33). Burjuva devrimi, Napolyon'un yeğeninin (Louis'nin) yükselişi, "İkinci Cumhuriyet" — Marx'ın tekrarı fars olarak, hayalet çağırma olarak gördüğü yer burasıdır.

Bu hızlı özetten şu kadarı çoktan anlaşılmıştır herhalde: Fars meselesinde işin içine dahil olan sadece bir ilk hayalet (özgün hayalet) ile tekrarı arasındaki ilişki değil, daha ziyade, iki tekrar türü arasındaki ilişki ve içerdikleri olası özgünlüktür. Kestirmeden söylersek, "iyi" bir tekrarla karşı karşıya olduğumuzda, eski biçim yeni bir şey üretme işlevi içinde tekrar edilir. Şubat Devrimi gibi "kötü tekrarlar"da eksik olan budur. Bunlar yeni bir şey üretmemekle kalmaz, sadece o bildik temel burjuva içeriği daha iyi savunabilmek için tam da yeninin biçimini, yani devrim biçimini kullanırlar. Burjuvazi devrimden (toplumsal ilişkileri gerçekten dönüştürmesi anlamında "sahici bir devrim"den) doğmuştur ve kendini idame ettirebilme biçimi olarak devrime (ama bu kez "içi boş" bir devrime) muhtaçtır; burjuva düzeni sürekli devrimcileştirme yoluyla varolur.[7]

Marksist gelenekte devrim kavramının ayrılmaz biçimde proletarya kavramına bağlı olduğu düşünüldüğünde, *On Sekiz Brumaire*'in devrimi kalıcı olarak burjuva bir biçim haline getiren bu sayfalarını yeniden okumak gayet ilginç olacaktır: Burjuvazi devrimle

6. Bkz. *Logiques des mondes* (Badiou 2006).

7. Bu bağlamda, Irak'ın işgalinden önce Bush yönetiminin oradaki Amerikan müdahalesinden "Irak'a kapitalist devrim götürmek" olarak (da) bahsettiğini hatırlamakta fayda olabilir.

doğmuştu ve daha fazla gelişebilmek için sürekli yeni devrimlere ihtiyacı vardı. Marx'a göre bu devrimlerin başlıca özelliği çarpıcı ve çılgınca bir faaliyet haliydi:

> Burjuva devrimleri, örneğin 18. yüzyıldakiler, çok daha süratle başarıdan başarıya koştular, dramatik tesirleri arttıkça arttı, insanlar ve şeyler donanma fişekleri gibiydiler, her gün bir vecdle doluydu. Ne var ki kısa ömürlüdür bu devrim; çok geçmeden doruk noktasına ulaşır ve bu fırtına ve atılım devrinin sonuçlarını ayık kafayla kazanıma dönüştürmeyi öğrenemeden, bir sarhoşluk sonrası hal, uzun süreliğine sarar toplumu. (Marx 2010, s. 35)

Marx bunun karşısına geleceğin devrimleri olarak proleter devrimlerini koyar — terimin sadece zamansal anlamında değil, öncelikle yapısal anlamında: Yani, proleter devrimleri bugüne ait amaçlarla (ya da geleceğin menfaatini gözeterek) geçmişin tekrarlanması mantığından radikal biçimde kopmak durumundadır. Nitekim Marx bir tekrar olamayacak/olmaması gereken bir devrimden yana atar zarını. O ünlü pasajı aktarırsak:

> 19. yüzyılın sosyal devriminin şiiri geçmişten beslenemez, onun hayat pınarı gelecektedir. Geçmişle ilgili tüm batıl inançları süpürmeden, kendi başlangıcını yapamaz. Eski devrimler, kendi içeriklerini bulandırmak için dünya-tarihsel hatırlatmalara ihtiyaç duyuyorlardı. 19. yüzyılın devrimi ölülerin kendi ölülerini kaldırmasına izin vermelidir ki, kendi öz içeriğine vasıl olabilsin. (*A.g.y.*, s. 34)

Yeni devrim için tekrar, kendi yeniliğini, (verili olandan) kopuşunu, dünyaya getirdiği farkı gerçekleştirmesini sağlayan bir yol olamaz artık. "Kendi çağlarının görevlerini" yerine getirmek için (Fransız Devrimi'nin "Romalı kıyafetleri ve Romalı laflarıyla" yaptığı gibi) eski giysilere bürünüp geçmişe ait lafları tekrarlayamaz.[8] Yeni devrim tarihsel tekrar döngüsünü bir daha geri gelmemecesine kıracaktır.

8. "Proleter devriminin tarihsel *zorunluluğu*" kavramıyla ilgili Marksist tartışmalarda (ya da Marksizm hakkındaki tartışmalarda) olup bitenler göz önünde bulundurulduğunda bu vurgu çok önemlidir. Zira Marx geçmiş devrimler ile proleter devriminin zorunluluk statüsünde temel bir fark olduğuna işaret eder. Bu da kısaca şöyle bir farktır: Bütün geçmiş devrimlerin "kendi dönemlerine ait görevleri yerine getirdikleri" ve bu bakımdan (sosyoekonomik gelişmenin) tarihsel bir

Gelgelelim Marx'ın tasvir ettiği haliyle proleter devrimlerinin *gerçekliği* gayet farklıdır. Zira, *On Sekiz Brumaire*'den yapacağımız şu son alıntının da açıkça gösterdiği gibi bu devrimlerde tekrar tam manasıyla çığrından çıkmış gibi görünmektedir:

> Oysa proleter devrimleri, örneğin 19. yüzyıldakiler, sürekli özeleştiri yapar, koşarken hep ara verir, halledilmiş görünene geri dönüp yeniden başlar, ilk denemelerinin yarım yamalaklığını, zaaflarını, zavallılıklarını gaddarca ve esaslı biçimde alaya almaktan geri kalmazlar; hasımlarını sanki sırf topraktan yeni bir güç çeksin de karşılarına daha devasa dikilsin diye yere seriyormuş gibidirler... (*A.g.y.*, s. 35)

Burada sanki tekrardan kopma buyruğu ("Bırakın ölüler kendi ölülerini kaldırsın") bize aslında sadece saf haliyle tekrarı getirmişçesine, sanki tekrarın özüne, yani kendini tekrar eden (ve böylece farklılaştıran) tekrara ancak "tekrarın ötesinde" (geçmişteki lafların tekrarı olarak) ulaşıyormuşcasına paradoksal bir tekrarlama, sürekli yeni baştan başlama zorunluluğuyla karşılaşırız. Marx'ın metninde sadece dolaylı bir eskizi çıkarılmış olsa da "zorunlunun tekrarı" ndan "tekrarın zorunluluğu"na, tekrarlananın zorunluluğundan zorunluluk olarak tekrara bu şekilde geçmenin mantığı; on dokuzuncu yüzyılın, tekrar temasının öne çıkmakla kalmayıp ilk defa bağımsız bir kavramsal mesele olarak gündeme geldiği Hegel-sonrası kısmında bu temanın başına gelenlerin önemli bir veçhesini tarif eder. Bu tespit, birazdan göreceğimiz üzere, *On Sekiz Brumaire*'in değerlendirildiği bu kısa bölümde değindiğimiz başka bazı temalar (mesela tekrarın farklı tarzları sorunu ve yeni olanla bağlantılı olarak tekrar sorunu vs.) için de geçerlidir.

Ama Marx'dan ayrılmadan önce, son alıntıyla ilintili olarak dile getirilmesi gereken bir nokta daha var. Burada tasvir edilen (devrimin kendisinden sonsuz kat büyük bir hasma karşı nafile gibi görünen çabalara giriştiği) tekrarda ayrıca komediye özgü ama Marx'ın

---

zorunluluğun(un) amilleri, icracıları(ndan ibaret) oldukları doğru olsa da, proleter devrimi için bu artık doğru değildir, en azından aynı şekilde doğru değildir. Şiirini sadece gelecekten alabilecek olan bir devrim, tarihsel bir zorunluluğun dolaysız bir ifadesi/neticesi olamaz; belki de proleter devriminin zorunluluğunun *etik* mahiyette olduğunu söyleyerek formülleştirilebilecek bir fark, bir nüans söz konusudur.

"fars" dediği şeyden epey farklı bir boyutun belirdiğini görebiliriz. Verili durumu sürdürmeye hizmet eden türden devrim kabilinden "içi boş bir tekrar" değildir bu, akıntıya karşı kürek çekme kabilinden inatla bir şeyler yapma girişimidir ve tekrara dayalı karakteri yüzünden, kahramanlık diyarından ayrılıp komik olana daha yakın bir alana girer — durmadan başarısız olduğu için değil, durmadan ısrar ettiği için.

Tekrarın Kavramsal Sorunları: Deleuze ve Lacan

Bu noktada, yoldan epey sapmak gibi görünebilecek bir hamle yapıp fırsattan istifade, komediyle pek alakası olmayan salt kavramsal (felsefi ve psikanalitik) tekrar meselelerine gireyim diyorum. Bu yoldan epey sapmak gibi görünüyorsa, tam da epey sapmak olduğu içindir. "Kendinde ve kendi için" tekrardan bahsedip, barındırdığı kavramsal meselelerin günümüzün önde gelen iki düşünürü, Deleuze ve Lacan tarafından nasıl ifade edildiği üzerinde odaklanacağız. Tekrarla ilgili bu "katıksız felsefi" tartışmaya ilgi duymayanlara, en azından bu tartışmanın sonunda bizi komedinin çok önemli bir boyutuna götüreceğini vaat edebilirim.

Deleuze'le ve *Fark ve Tekrar* adlı eseriyle başlayalım. Başlığın kendisi gayet manidar: "Varlık ve Zaman" değil, "Varlık ve Hiçlik" değil, hatta belki "Varlık ve Olay" da değil, ama "Fark ve Tekrar". Buradaki kayma, Varlığın Fark'a dönüşmesi hiçbir şekilde rastlantısal değil. Çünkü Deleuze'ün kitabının merkezi savı şu iki tezde özetlenebilir:

(1) Varlık, tek (ve tekbiçimli) Varlık, Fark'tır.

(2) Varlığa-Farka ulaşmanın tek gerçek yolu (temsil değil) tekrardır.

Fena halde yoğunlaştırılmış bu iki önermeyi işlemenin en kolay yolu bu işi Deleuze'ün Kierkegaard'la ve onun tekrar anlayışıyla kurduğu ilişki açısından yapmak olabilir. Zira Deleuze işe bariz Kierkegaardcı bir vurguyla başlar, ama sonra projesini Kierkegaard'la arasına belli bir mesafe koyarak (ve açıkça kabul ettiği gibi Nietzsche'ye yakınlaşarak) geliştirir.

Kierkegaardcı tekrar kavrayışı, temel çerçevesine indirgendiğinde, iki düzeye ayrılır. Birinci düzey *Tekrar yoktur* teziyle (Kierkegaard'ın kasti bir tekrar yolculuğuna çıkan kahramanı her adımda tekrarın kökten imkânsızlığına takılıp tökezler) ve bu tezin yine bizatihi Kierkegaard tarafından formülleştirilen şu materyalist haliyle özetlenebilir: *Tekrar eden, tekrarın imkânsızlığının ta kendisidir.* Bu birinci düzeyi oluşturur. İkinci düzey ise Kierkegaard'ın ufukta tasvir ettiği şeyle, yani esasen aşkın bir şey olarak Tekrar ile bağlantılıdır. Bütün biricikliği, tekilliği, istisnailiği içinde Ân'ın tekrar etmesi umudu söz konusudur; bu umut da Kierkagaard'ın estetik, etik ve dini olanı içeren üç dairesinin sonuncusuna aittir. Tekrar doğal, estetik ya da etik yasaların nizamına ait değildir: Yasanın hüküm sürdüğü yerde tekrar kesinlikle mümkün değildir, mucize saflarına aittir o.

Kierkegaard'ın metni hakkındaki bu özet karşısında Deleuze'ün konumu şöyle tarif edilebilir: Tekrarın her türlü yasaya yabancı olduğu ve mucize saflarına ait olduğu fikrini o da korumakla birlikte,[9] Kierkegaard'ın ikinci adımını (ikinci düzeyi) aşkın olana başvurduğu gerekçesiyle reddeder. Deleuze bu ikinci düzey yerine, ilk düzeyin bir tür (çifte) olumlanışını, olumsuz gibi görünse de birinci düzeyde zaten hep olumlu olan şeyi kurtaracak bir olumlanışını önerir. Yani: Evet, tamam, tekrar eden, tekrarın imkânsızlığının ta kendisidir, ama bunu (temsilin prizmasından bakarak) salt olumsuz bir şey olarak —başarısızlığın ve imkânsızlığın motive ettiği tekrar olarak— görmek yerine, perpektifi bir kez daha kaydırmamız ve böylece tekrar edilmeyi yine de başaran, tekrar etmeyi hiç kesmeyen şeyi, hatta tekrar edilmemeyi hiç başaramayan şeyi, yani farkı algılamamız gerekir. Tekrar edilen tek şey farkın kendisidir. Fark, tekrarın başarısızlığının olumlu, aşırı yanıdır. Görünüşteki başarısızlığın, farkta, başarı olduğu anlaşılır. Deleuze'ün bir sonraki tezi de buradan çıkar: Tekrarın motoru, itici gücü bir başarısızlık, bir eksiklik,

9. Deleuze bu iddiayı Giriş bölümünde altını çize çize dile getirir, ama aslında sonradan buna dönmez — belki de bunun nedeni tekrar ile fark arasında dolaysız bir bağ kurma; tekrarın, farkı işleyen şey olduğunu gösterme (zira varlıkla bir olduğu için son tahlilde varolan tek şey farktır) yolunda ilerledikçe, istisnai bir karakteri olduğunu savunmanın güçleşmiş olmasıdır.

bir kusur değil, fark üretiminin katıksız, aşırı olumluluğudur (bir tür Deleuze'cü "birincil süreç"tir bu). Fark, kendini tekrar eden aşırılıktır. Bu bakımdan fark başarısızlığın (olumlu da olsa) ikincil bir ürünü değildir, bilakis o birincildir; başarısızlıktan önce gelir. Başarısızlığın atıfları özdeşlik veya benzerliktir ki bunların her ikisi de sadece fark temelinde ve farktan yola çıkarak varolur.

Özdeşlik, benzerlik, aynılık, bir'lik, bütün bunlar Deleuze'e göre, bizim farkı düşünmemizi sağlamak şöyle dursun, bizatihi farkın (fark emeğinin) ve farkı, yarattığı etkiyi düşünmenin *ürünleri* olan ikincil kategorilerdir. Gelgelelim özdeşlik, benzerlik ve aynılık, ne farkın varlığının koşulu ne de farkı düşünmenin koşuludur ama farkın temsilinin koşuludur. Fark temsili(miz) zorunlu olarak özdeşlik, benzerlik veya aynılık kategorilerinden yola çıkar (ve ayrıca analoji ve karşıtlık işlemlerini devreye sokar); ama bir fark kavramı önererek (farkı kavramsal bir nesne olarak üreterek, de denebilir) farkı kavramın kendisinden uzaklaştırmış olur. Temsil tarzına tekabül eden fark her zaman dışsal bir farktır. Temsil düzeyinde, fark her zaman iki kendilik veya iki kimlik arasındaki fark olarak zuhur eder, oysa Deleuze özdeşlikten önce gelen iç farka ulaşmak istemektedir, ki tekrar bütün radikalliği içinde işlendiğinde varılacak olan yer de budur.

Deleuze'e göre, Nietzsche'nin yaptığı Kopernik devrimi buydu, çünkü o Nietzsche'nin bengi dönüş kavramını tam da böyle okur: Fark aynılık etrafında dönmez, ondan kaynaklanmaz; aksine, fark etrafında dönen ve ikincil bir fenomen olarak farktan çıkan aynılıktır. Gelgelelim, tekrar başlı başına ve bir bütün olarak bu tarife uymaz (bengi dönüş değildir): Tekrarın kendisi kendi "kötü" dinamiklerini bir şekilde yok edip "iyilerini" olumlamasını sağlayan farklı anlar içerir ya da böyle anlardan geçer.

Nitekim Deleuze'de tekrarın dinamikleri ve mantığı birbirlerinden, tekrarın üç farklı ânına, aynı zamanda üç farklı tekrar tipi olan üç tekrar zamansallığına göre ayrılır. Bu üç an çok daha gelişkin ve girift bir kavramsal düzeyde, Marx'la ilintili olarak tartıştığımız üçlü matrise tekabül eder. Bunlardan birincisi, "Önce" *(Avant)* şeklindeki zaman kipindeki tekrardır, geçmişle, çoktan olmuş bir şeyle ilişkili tekrar; yeni bir şey getirmeyen ve bir şeyi değiştirmeyen mekanik, klişe, "çıplak" (*nue*) tekrardır bu. Yetersizlikle veya başarısızlıkla (*par défaut*) işler. Bir özne, belli bir eylem kendisine fazla büyük geldiğinde bu tekrarla karşılaşır. İkinci tekrar her zaman aynı kılıkta ortaya çıkan tekrardır; zaman kipi "Esnasında" (*Pendant*) kipidir ve dünyada bir değişim (dönüşüm) yaratan bir tekrardır. Burada özne eylemiyle ve içerdiği dönüşümle başa çıkabilmektedir. Üçüncü tekrar ise Gelecek kipine, (henüz) gelmemiş olanın (*Avenir*) kipine karşılık gelir. Bu özel kipte, tekrar (ikinci kipte) yaratılmış olanı, ürünü koşullarından ve kökeninden ayırır ve bu ürünü koşulsuz ve her türlü öznenin ötesinde görerek, mutlak bağımsız bir kendilik olarak olumlar; tekrarın yeniliğinin, yenilik olarak tekrarın cisimleşmiş halidir bu kendilik.

Deleuze ilk uğrağı komedinin, ikincisini de trajedinin uğrağı olarak nitelendirir ve şunu ekler: İlk iki uğrak "bağımsız değildir, zira komik ile trajik olanın ötesindeki üçüncü uğrak için varolurlar: yeni bir şeyin üretilmesi kahramanı bile dışlayan dramatik bir tekrarı beraberinde getirir" (Deleuze 1994, s. 92). Ayrıca açıkça Marx'a da atıfta bulunarak, onun önerdiği sırayı kendisinin tersine çevirdiğine işaret eder: Tekrarın bütün dinamiği içerisinde, komedi (mekanik, klişe tekrar) trajediden (dönüşüm olarak tekrardan) önce gelir. Sonra da şu çok önemli saptamayı yapar:

> Gelgelelim, ilk iki unsur bir kere soyut bir bağımsızlık kazandığında veya tür haline geldiğinde, adeta dönüşümün mutlak konumuna çıkarılmış başarısızlığı, çoktan tamamlanmış daha önceki başka bir dönüşümü öngerektiriyormuş gibi, komik olan trajik olanın ardından gelir. (*A.g.y.*, s. 92)

Başka bir deyişle, tür olarak komedi sadece başarısızlıkla ilgili değildir, kahramanın kesinlikle harcı olmayan bir şeyi yapmaya yönelik gülünç ama inatçı, "mekanik" girişimleriyle ilgili değildir. Daha ziyade, zaten hep başarılı olmuş bir şeyin arka planında işlev görür ve gücünü oradan alır. Sadece bu bölümün başlarında ima ettiğim önemli bir olguya —tekrarın komik türün kendisinin *kurucusu* olması olasılığına— işaret ettiği için değil, aynı zamanda Deleuze'ün komik ve trajik tekrara dair izahının sorunlu yönünden kurtulmanın bir yolunu işaret ettiği için de önemlidir bu tespit. Komedi hakkında şu âna kadar söylediklerimizden açıkça çıkan sonuç şudur ki komedi başarısızlık ve kahramanın kendine verdiği görevin onun harcı olmaması alanında değil başarı alanında hareket eder daha çok.

Söz konusu görev kahraman için gerçekten de fazla büyük olabilir, olup bitenler çeşitli yanlış anlamalarla, ters tepen niyetlerle vs. dolu olabilir, ama yine de komedi esasen bütün bu talihsiz serüvenler boyunca kaçınılmaz olarak başarılı olan şeyin hükmü altındadır. Komedi gerçekten de bir gerçekleşimi (çoktan başarılmış bir dönüşümü) öngerektirir ve bunu başarmaya yönelik nafile ve sonu gelmez çabalardan ibaret değildir. Ayrıca —üstelik bu sefer trajediyle bağlantılı olarak— giriştiği eylemin trajik kahramanın "harcı" olduğu iddiasını kabul etmek de güçtür. Bütünüyle kahramanın kendi harcı olmayan bir işe soyunması etrafında kurulmuş *Hamlet* gibi trajediyi bir yana bırakıp eylemde bulunmaya kararlı olan ve gerçekten de (hatta bazen fazla erken) bulunan daha yaygın trajik kahraman tipi üzerinde odaklansak bile, şu canalıcı olgu baki kalır: Bu kahramanların eylemlerinde (özne olarak) onları kesinlikle aşan bir şey, asla onların harcı olmayan bir şey, son tahlilde tam da yaşadıkları trajjedinin nedeni olan bir şey vardır daima.

Şimdi Deleuze'ün koyutladığı ve Nietzsche'nin bengi dönüşünün bütün anlamını bağladığı üçüncü tekrar kipine geçersek, bunun bir tür kavram-proje, bir henüz-olmamış-kavram, bir henüz-gerçekleşmemiş-kavram olduğunu söyleyebiliriz. Bu kavram —yine çok daha ince işlenmiş bir kavramsal düzeyde— devrimci tekrarın yarattığı "terör" ve içsel amansızlıkla ilgili Marksçı teşhisi de içerir. Bengi/ebedi dönüşün sadece aynının (bir özdeşliğin) ebedi dönüşü anlamına gelemeyeceğini, ilave bir boyut daha içerdiğini görmüştük: Tek aynılık dönüşün kendisinin kurucu farkıdır. Deleuze'ün bu Nietzscheci kavramla bağlantılı büyük icadı, (Nietzsche hakkındaki kitabında geliştirdiği) bengi dönüşün *seçiciliği* icadı bununla ilintilidir. Bengi/ebedi dönüş kavramı (bir zamanlar varolan) her şeyin ebediyen döneceğini ima etmekle kalmaz, tekrarın kendisine (tekrarın ilk iki kipine) ait her şeyi, bizatihi tekrar aracılığıyla aktif bir biçimde dışına atan, süren bir tekrar tipine de karşılık gelir.

Eylemin koşulu tanım gereği geri dönmez; failin dönüşümlerce yaratılan koşulu geri dönmez; geri dönen tek şey, ebedi dönüş, üründeki *koşulsuzdur.* Ebedi dönüşün dışa atıcı ve seçici kuvveti, merkezkaç kuvveti, tekrarı sözde-döngünün üç zamanı arasında paylaştırmaktan, ama aynı zamanda da ilk iki tekrarın geri dönmemesini garantiye almaktan ibarettir... Olumsuz, benzer ve analojik olanlar tekrardırlar, ama ebedi dönüşün çarkı tarafından sonsuza kadar uzaklaştırılmış olduklarından geri dönmezler (Deleuze 1994, s. 297)

Deleuze bunu bir de şöyle söyler: Ebedi dönüşteki çark aynı zamanda hem fark temelinde tekrarın üretilmesidir hem de tekrar temelinde farkın seçilmesi. Tekrar ile fark arasındaki bağlantıyı dikkate alarak, burada söz konusu olanın Fark'ın iç farklılaşması (ya da "tasfiyesi") olarak tekrar olduğunu söyleyebiliriz. Bir tür siyasal karikatürle, Deleuze'ün bu noktadaki Nietzsche okumasını "Mao Zedung'a karşı Stalin" olarak betimleyebiliriz; "Bırakın fark binlerce çiçek açsın!" değil daha ziyade: "Bırakın farkların iç farklılaşması, gerçek olan tek şey lehine bütün sahte farkları ortadan kaldırsın!" Deleuze'ün *Fark ve Tekrar*'da farkı ele alış tarzı, gerçekten de bu felsefenin sık sık ilişkilendirildiği günümüz siyasal-ideolojik fark yüceltiminden bir ışık yılı uzaktadır.

Tını bazen daha da güçlenir. Deleuze "kesin tasfiye"den bahsetmektedir, hatta şu cümleyi de okuruz: "Ebedi dönüş her şeyi geri döndürmekle kalmaz, sınavı geçemeyenlerin de yok olmasına neden olur" (Deleuze 1994, s. 299). Bu son cümle, aslında kavramsal açıdan bakıldığında, pek bir anlam ifade etmez, zira Deleuze ebedi dönüşün ilkesel olarak, ego, özne, kahraman, erkek, kadın, kişi adı verilebilecek her şeyin ötesinde olduğunu savunur. Ebedi dönüşün dünyası "gayrişahsi bireyselliklerin ve birey-öncesi tekilliklerin dünyası"dır (*a.g.y.*, s. 299) — yani bir sınavdan kahramanca geçmekten bahsetmenin pek anlamı olmayan bir dünyadır. Bu da Deleuze'ün konumundaki belli bir güçlüğe dikkat çeker: Deleuze'ün uzun bir dizi yüklemin gerçekleşmesine nezaret edebilmek için salt gayri şahsi, öznel-olmayan bir kuvvete ihtiyacı vardır ve bu yüklemlere yönelik tercihi de büyük ölçüde güçlü bir öznel (ve siyasal) bağlama ve tavra dayalıdır (dikey hiyerarşiğe karşı yatay rizomatik; negatiflik ve eksikliğe karşı pozitif aşırılık; bire karşı çokluk; statiğe karşı göçebe; benzer ya da özdeşe karşı farklı; sıradana karşı istisnai...). Bu listenin öznel belirleniminden dem vururken maksadım bunun "nesnel geçerliliğini" göreciliğe havale etmek veya Deleuze'ü nötr gibi görünen kuvvetlerin ardına öznel bir gündem saklamakla suçlamak filan değil. Buradaki tereddüt daha çok kavramsal açıdan önemli: Bu yüklemler, tam da kendilerini ayakta tutan keskinliklerini yitirmeksizin kusursuz ölçüde öznel-olmayan, nötr bir kuvvet tarafından gerçekleştirilebilir mi? Deleuze'ün felsefi projesine kuvvetle hâkim olan yasalar rejimi aleyhtarı muhalefet (ya da bu rejimle araya konan mesafe) son tahlilde zirvesine bir mutlak yasa alanında ulaşır; dolaysız bir zorunluluk yoluyla hüküm süren, kendinde şey olarak yasanın alanında. Yukarıda sıralanan "pozitif" yüklemler bu mutlak zorunluluk sayesinde gerçekleşeceklerdir ve görünen odur ki bunların gerçekleşmesini hiçbir şey engelleyemeyecektir.

Nitekim en radikal haliyle tekrarın merkezkaç kuvveti tekrarın kalbine farkı sokmakla kalmaz, bu farkı "gerçekleştirir" de — bunu da tekrardan tekrarın kendisini çıkararak, yeni olanı onu üreten tekrar mekanizmasından çıkararak yapar. Deleuze'de bir kavram-proje olarak tanımlanabilecek şey de budur, bu proje de gerçekleştirilmiş ontoloji projesinden başka bir şey değildir ("Gelgelelim, tek gerçekleştirilmiş Ontoloji —başka bir deyişle, varlığın tekbiçimliliği— tekrardır" [Deleuze 1996, s. 303]). Fark tek ve özgün varlıktır, ama aynı zamanda (yine de) gerçekleştirilmesi, yani *tekrar edilmesi* ve böylece Varlığın Varlık düşüncesinin tarihini oluşturan bütün o metafizik ve diyalektik bagajdan ayrılması gerekmektedir. Gerçeği (tekrar yoluyla) gerçekleştirmeye yönelik bir buyruğu içeren bu motif, ontolojiyi gerçekleştirme motifi, Deleuze'ün düşüncesinin çok ilginç bir veçhesidir, ama bunu burada tartışmayacağım. Son derece üstünkörü bir şekilde şunu söyleyeceğim sadece: Gerçekleşmiş ontoloji düzeyinde (tekrar tarzları olarak) komediye de trajediye de yer yoktur. Çünkü her ikisi de varolduğu haliyle varlığa aittir — ki varolduğu haliyle varlık da esasen çığrından çıkmış bir varlıktır, halbuki gerçekleşmiş (yani sahiden tekrar edilmiş) varlık kendisiyle mutlak bir biçimde bir'leşmiş varlıktır (=farktır).

Artık Lacan'a geçersek, sorulması gereken ilk ve bariz soru şu olacaktır: Farkın birincilliği, özgünlüğüyle ilgili (Deleuze'cü) tez karşısında Lacan'ın konumu nedir? Bir bakıma Lacan'ın tezi de budur kuşkusuz. Ama canalıcı bir farkla: Lacan'a göre, farkın birincilliği simgesel kopuşun birincilliğidir; oysa Deleuze'e, özellikle de *Fark ve Tekrar*'ın Deleuze'üne göre birincil ve temel fark gerçek işlevini, hatta tek Gerçek işlevini görür. Belki de şöyle söylemek daha doğru olacak: Deleuze'ün kavramsal projesi tam da Simgesel ile Gerçek arasındaki farkı ortadan kaldırmayı amaçlar; "Simgeselin gerçekleştirilmesini", yani Simgeselin gerçek-haline-gelişini içerir (bunun doğrudan sonuçlarından biri de genelde psikozun, özelde de şizofreninin Deleuze'cü evrendeki öncelikliliğidir: Psikoz tam da —Başkan Schreber vakasındaki "sinirler" ve "kozmik ışınlar" gibi— simgesel ilişkilerin gerçekmiş gibi görünmesini içerir). Deleuze'ün Gerçeğinin Lacan'ın Gerçeğinden çok farklı olması da bununla bağlantılıdır: Deleuze'de Gerçek son tahlilde bünyesi gereği üretken ve kendi kendinden farklılaşan bir töz olarak kozmik bütüne, demek ki oluş sürecine atıfta bulunurken, Lacan'da ne bir töz ne de bir süreçtir. Daha ziyade, bir süreci kesintiye uğratan bir şey, bir mâniaya daha yakın bir şeydir; gerçeklik alanındaki bir imkânsızlıktır.

Lacan'a göre simgesel kopuşun birincil olduğunu söylemek demek, diğer iki alanın (Gerçek ile İmgesel'in) tedricen ondan geliştikleri anlamına gelmez. Hepsi aynı zamanda ortaya çıkar; belki de bunun nasıl işlediğini en iyi şu örneğin yardımıyla tasavvur edebiliriz. *XI. Seminer*'de Lacan susma-bağırma diyalektiğinden bahsederken şöyle der: "Bağırma bir susma, bir sessizlik fonundan çıkıp gelmez, aksine sessizliğin sessizlik olarak ortaya çıkmasını sağlar" (Lacan 1986, s. 26). Bu laf gayet iyi bilinir bilinmesine ama onunla ilgili bir şey genellikle gözden kaçırılır ki bu da bu lafın sadece iki unsurun diyalektiğini içermediği, daha ziyade, karşımızda üç unsur olduğudur. Hangi üç unsur peki bunlar?

Burada bağırma, simgesel kopuşun ve onun beraberinde getirdiği müteakip bütün simgesel farklılaşmaların taşıyıcısı olarak gösterendir. Bu bağırmayla birlikte oluşan ve daha sonra ortaya çıkacak bir perspektiften bakıldığında, kayıp ezeli Birlik gibi görünen fon, İmgesel'dir. Simgesel kopuşun kendisinin sonucu —yani, kopuşun kendisinin tutarlılığı— ise Gerçek'tir. Simgesel'in kendisi kurulurken kurduğu şeyde bıraktığı yarık ya da boşluk da (tek) Gerçek'tir. Gerçek, simgesel yapının tam kalbindeki çıkmazdır, yarıktır. Bu ayrıca, bütün farkların simgesel kopuşun ortaya çıkmasına bağlı olsalar da simgesel olmadıklarını ima eder. Bunu da şu şemayla gösterebiliriz.

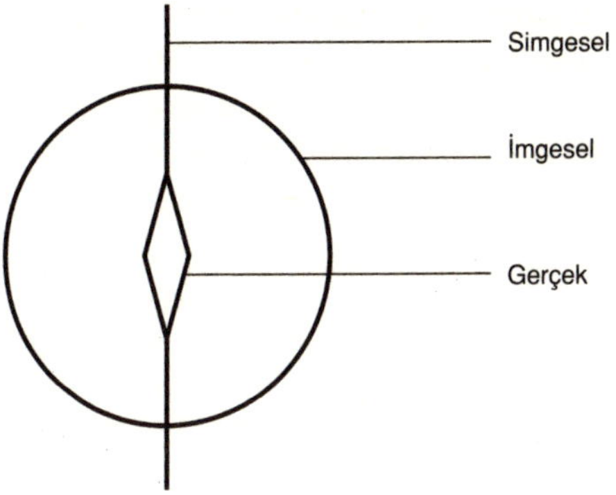

Lacan'ın belirlediği bu üç alanın, Simgesel, İmgesel ve Gerçeğin tekrarın üç farklı türüne tekabül ettikleri de söylenebilir. Şematik olarak ifade edersek: İmgesel benzerlik olarak tekrarın alanıdır; Simgesel (benzerlikle hiçbir alakası olmayan, ama tekil bir özelliğe veya işarete bağlı olan) özdeşlik olarak tekrarın alanıdır; Gerçek ise rastlaşma, kopuş, sürpriz olarak tekrarın (hatta, yenilik olarak aynılığın, da denebilir) alanıdır. Psikanaliz pratiğinde imgesel alay temel bir rol oynamaz, ama Simgesel ve Gerçek bütün ağırlıklarıyla işin içindedir.

Lacan, bu iki alanda işin içine dahil olan tekrar kipi arasındaki ayrımı, Aristoteles'in *tyche* ile *automaton* arasında yaptığı ayrıma ilişkin olarak kendi geliştirdiği yorumun yardımıyla işler. *Automaton* simgesel alana aittir ve tekrarın otomatik yanına, göstergelerin yinelenebilirliğine ve de haz ilkesine özgü tatmin tekrarı üzerindeki ısrara karşılık gelir. *Tyche* ise olumsallığı, ilinekselliği, tesadüfü ima eder — yani Gerçek'le yaşanan olumsal bir karşılaşmadan kaynaklanan ve dürtünün içerdiği (haz ilkesinin ötesinde yer alan) tekrarı.[10] Lacan'ın bu ayrımı çoğunlukla iki terimi karşıtlaştırıp "kötü"

10. "Birincisi, Aristoteles'ten ödünç aldığımız *tyche*; o bu kavramı neden arayışı esnasında kullanır. Biz bunu gerçekle karşılaşma olarak tercüme ettik. Gerçek, kendimizi haz ilkesinin hükmü altında görmemizi sağlayan *automaton*'un, yani göstergelerin geri dönüşünün, ısrarının ötesindedir. Gerçek, daima *automaton*'un ardında yatan şeydir..." (Lacan 1986, s. 53-4).

automaton'a karşı "iyi" *tyche*'yi vurguluyormuş gibi okunur. Gelgelelim, Mladen Dolar iki tekrar arasındaki ilişkiyi tahayyül etmenin çok daha ilginç ve kavramsal bakımdan ikna edici bir yolunu, Simgesel ile Gerçek arasındaki (yukarıda bağırma örneğiyle kabaca anlatılan) ilişkiye çok yakından tekabül eden bir yolunu önermiştir.

> Ama bence bütün mesele, bunu iki farklı tekrar türünün iki farklı düzeye yerleştirilmesi şeklinde okumamak gerektiğidir; bunlar sadece birlikte varolur ve iç içe geçmişlerdir. Basitleştirerek söylersek, *tyche*, *automaton*'un boşluğudur. Biri ile öbürü arasındaki ufacık boşlukta bir parça gerçek üretilir. Her tekrarda, asgari biçimde de olsa, simgeselleştirilmekten kaçan şeyin ortaya çıkması söz konusudur zaten; aynının aynen tekrarlanmasını bozan rastlantısal olumsal nesne zuhur ediverir, dolayısıyla geri dönen aynı hiçbir zaman aynı değildir, ama biz önceki zuhur edişiyle şimdiki arasındaki farkı herhangi bir pozitif özelliğe ya da ayırt edici işarete dayandıramayız. Boşlukta ikamet eden ve tam da bu boşluk tarafından üretilen olumsal bir parça söz konusudur ve komedinin azami ölçüde yararlandığı şey de tam bu algılanamayan parçadır. (Dolar 2005a, s. 200)

Tyche'nin, *automaton*'daki boşluk olduğu tezi, komedinin varlığıyla gayet iyi desteklenen bir tezdir; zira komedi tam da hem otomatik tekrarın ürettiği heterojenliği teşhir ederek hem de —bu heterojenliği bir kere aydınlığa çıkardıktan sonra— onu son derece bariz ve barizliğiyle komik bir biçimde görmezden gelerek serpilir. Ama tekrar komedi ipine sarılmadan önce, geriye doğru bir adım atıp tekrarın psikanaliz için neden bu kadar önemli olduğu sorusuna dönelim.

Tekrarın temsil karşısında özel bir önemi olduğunu zaten söylemiştim. Aslında, Freud (analizdeki hatırlama ve yorumlama işi olarak) temsilin önemli bir sınırını çok kısa bir süre içinde keşfetmişti. Bazı semptomlar kalıyor ve içerdikleri bilinçli travma temsiline rağmen tekerrür ediyorlardı. Bilinçdışı oluşumların şifresi başarıyla çözülüp nedenleri açıklanabiliyordu açıklanmasına ama yine de problem bazen değişmiş, yeni ifadeler bulmuş bir biçimde yerli yerinde duruyordu. Freud'un buna verdiği cevaplardan biri, sonraki bütün bastırmaların bir tür yönlendirici ilkesi ve öznel koşulu denebilecek bir birincil bastırma, *Urverdrängung* varsayımıydı. Peki bu nasıl oluyordu? Birincil bastırma o meşum *Vorstellungsrepräsentanz*'ı, hiçbir zaman bilinçli olmamış olan ve bir saplantı yaratan dürtünün "temsilinin temsilcisi"ni içerir; söz konusu temsilci bundan sonra hiç değişmeden kalır. Şimdi, bastırmanın yani "*gerçek anlamda bastırmanın*" ikinci aşaması "bastırılmış temsilcinin zihinsel türevlerini ya da başka yerlerde doğmuş olsalar da onunla çağrışımsal bir bağlantıya girmiş olan düşünce zincirlerini etkiler" (Freud 2001, s. 148). Başka bir deyişle, birincil olarak bastırılan şey dürtünün kendisi, ya da duygulanım veya onun temsili değil, öznenin bu temsile koyduğu işarettir. Bununla ilgili kritik nokta, bu işareti öznenin gerçeklikte gördüğü veya deneyimlediği ve travmatik basıncı yüzünden duygulanımla yakın bir ilişki içine girdiğinden dolayı bastırılmış olan bir şeyle karıştırmamaktır. "Birincil olarak bastırılan" işaret ya da dürtü temsilcisi, hiçbir zaman bilinçli olmamış, hiçbir zaman öznel bir deneyimin parçası olmamış, ama onun zeminini oluşturmuş olan bir şeydir. Çağrışım yoluyla bastırmanın mantığı, Freud'un gerçek anlamda bastırma adını verdiği şeyin mantığıdır, halbuki birincil bastırma tam da bu anlamda bir bastırma değildir. Genellikle bilinçdışıyla ilişkilendirilen nedensellik onda baş aşağı döner: Bir göstereni, onunla bağlantılı travmatik bir deneyim yüzünden bastırıyor değilizdir, aksine bu gösteren bastırılmış olduğu içindir ki bir şeyi (sadece acı verici, hayal kırıklığı yaratıcı vs. değil de) travmatik bir şey olarak yaşayıp bastırıyoruzdur. Başka bir deyişle, temel bir düzeyde bastırmanın nedeni bastırmadır. Köken (bilinçdışının kökeni) meselesinin kaygan zemininin yarattığı tuzaklardan, bu kökeni bütünüyle çizgisel bir biçimde çıkarsama tuzağından kaçınmasını sağlayan bu spekülatif *tour de force*'u bulduğu için Freud'u kutlamak gerekir. Bedensel işlevler ve işlev bozukluklarından —bazı başka etkenlerle de birleşerek— bilinçdışı adını verdiğimiz şeye gitmeyi sağlayan güçlü bir neden-sonuç zinciri vardır elbette. Freud bu tür analizden asla geri durmamıştır — aksine. Ama öznenin kuruluşunda için içine karışan kurucu nitelikte belli bir döngüsellik, bu kuruluşta indirgenmez bir sıçrama olduğuna işaret eden bir döngüsellik olduğunu da fark etmiştir. Bir birincil bastırma hipotezinin ortaya atılmasının maksadı —bütün farklı "sıradan" bastırma türlerini gün ışığına çıkardıktan sonra— bizi yaptığımız kazıyı daha derinleştirip bu bastırmaların nihai Neden'ni veya Zemini'ni bulmaya davet etmek değil, aksine bilinçdışını tam da nedensellikteki (kendi nedenselliğindeki) bu sıçrama üzerinde temellendirmektir.

Lacan birincil bastırma kavramını kendi teorik zemini üzerinde devralmış ve onu yabancılaşmanın özneliğin kurucusu olduğu şeklindeki kendi kavrayışına bağlamıştır. Yabancılaşma birincil bastırmanın nedeni değildir; daha çok, etkisi veya sonucudur. Kestirmeden söylersek: Anlamlandırma çiftindeki yabancılaşmayı yaratan öznel yarılma ilk gösterenin, yani *bir* konumundaki gösterenin düşüşünün sonucudur. Gösterenin (ve bir gösterenin bir başka gösteren için temsil ettiği şey olarak öznenin) mantığı ancak ikiyle başlar, anlamlandırma çiftiyle başlar. Birinci gösteren düzeyinde henüz hiçbir özne, anlamlandırma mantığı veya zinciri yoktur. Gelgelelim bunlar birinciye ikinci bir gösterenin eklenmesi yoluyla da ortaya çıkmaz; birinci gösterenin "bastırılması" yoluyla ve *onun yerinde* ortaya çıkarlar. Daha doğrusu, bastırılmış bir-göstereninin yerinde, öznenin kurulmasını sağlayan ve onu temel bir ya-ya da denklemi içine kapatan anlamlandırma çifti ortaya çıkar. Ama yabancılaşma sadece bir "ya-ya da"yı, yani zorunlu bir seçimi değil, zoraki bir seçimi de beraberinde getirir. Lacan bu zoraki seçimi "Ya paranı ya canını!" sözüyle örnekler — kişi burada ya seçeneklerden birini tercih edecek ya da ikisini birden kaybedecektir. Birincil bastırmanın (daha doğrusu sonuçlarının) işlediği düzey de budur: Seçimin hiçbir zaman tarafsız olmamasını, daha en baştan belli bir tarafa meyletmesini, bir kümeyi (dürtülerin anlamsız varlığı kümesini) dışlayıp diğer bir kümeyi (anlam kümesini) kurumsallaştırmasını/içselleştirmesini sağlayan şey olarak işler. Zoraki anlam seçimi anlamlandırma çiftinin öldürücü ve yabancılaştırıcı kavrayışından kaçmanın da bir yoludur, çünkü çoktan bir gösterenler kümesi veya zinciri içerir ve bunlarla birlikte öznenin döngüsel bir biçimde kayıp durmasını da bünyesinde barındırır. Dolayısıyla, şematik olarak ifade edersek, öznenin kuruluşunda devreye giren üç adımla veya üç düzeyle uğraşmaktayız: Bellek-öncesi veya öznelik-öncesi birincil olarak bastırılmış bir-göstereni; onun yerinde ortaya çıkıp özneyi kuran yabancılaşmaya biçim veren anlamlandırma çifti; ve anlamlandırma çiftinin iki teriminden birinin zaten içerdiği ama ancak bu terimin zorlamayla seçilmesiyle birlikte aktive olan anlamlandırma zinciri. Özne varolmaya başladığında ancak Öteki'de, anlamlandırma zinciri sayesinde (yani baştan beri kayıp olan gösterenin metonimik anlamı/anlamları olarak) varolmasının nedeni de budur. Bu, hem genelde hem de analiz esnasında yorumlama düzeyidir: Ortaya çıkan özne kendi varlığı karşısında katıksız fark konumunda olduğu için, bu varlığı Öteki'de oluşturulan anlam yoluyla ve onun sonu gelmeyen metonimisi yoluyla sahiplenmeye çalışır. Yorum bizi öznenin çarpıcı varlık eksikliği etrafında gelişen farklı biçimlere/anlamlara götürür ve bunların içinden geçirir.

Tekrar bu metonimik kaymadan farklı bir düzeye yerleşmiştir: Esasen anlamdırma çiftinin tekrarıdır — yani temel yabancılaşmanın ve de onun öbür yüzü ve koşulu mahiyetindeki birincil bastırmanın tekrarı. Yani mesele tekrarın nedeninin kuruluş şartları gereği kayıp (birincil olarak bastırılmış) olan gösteren olması değildir. Tekrar başarısız olmuş bir temsilin sonucu veya (birincil) bastırmanın sonucu değildir. "Doğru" gösterenin eksikliğinin tekrarı teşvik etmesi ve doğru gösteren bulunduğu takdirde de tekrarın duracak olması değildir. Mesele daha ziyade, tekrar ile birincil bastırmanın bir ve aynı sürecin parçaları olmalarıdır.

Şayet birincil bastırma bir "temsilci"nin ya da (saf işaret olarak) bir gösterenin bastırılmasıysa, bu, temsil ile tekrar arasındaki ilişki konusunda ne ima eder? Bu noktada psikanalizin perspektifi Deleuze'ünkinden farklıdır: Tamam, tekrar temsil denen şeyin ötesindedir, ondan tamamen farklıdır ve ona indirgenemez — ama aynı zamanda ondan ayrılmaz da, çünkü onun öbür yüzüdür. Tekrar her zaman temsilin (anlamlandırma çiftinin) tekrarıdır, ama aynı zamanda onun terimleri arasındaki mesafe ya da boşluğun da tekrarıdır; bu mesafe tam da tekrardaki sürprizin, onda karşılaşılan Gerçeğin yeridir. Başka bir deyişle, burada yukarıda anlattığımız ilişkiye, *tyche* ile *automaton* arasındaki ilişkiye dönmüş oluruz: *tyche*, *automaton*'un boşluğudur; birbirlerinden kökten farklı olmalarına rağmen bu ikisi birbirlerinden ayrılamaz. *Automaton*'un boşluğunda anlamlandırma çiftinin tekrarı olarak ikamet eden olumsal bir nesne vardır.

Ama tekrarın tekrar ettiği nedir? Eğer esasen yabancılaşmanın anlamlandırma çiftini tekrar ediyorsa, bu, belli bir konfigürasyonu tekrar ettiği anlamına gelir. Ama bu konfigürasyonu tekrar ederek onun öbür yüzünün Gerçeğini, yani öznenin Gerçekteki temsil edilmeyen mevcudiyetini de tekrar eder.

Bunu daha iyi örnekleyip açıklayabilmek için gelin Lacan'ın

zikrettiği iki tekrar örneğine bakalım. İlk örnek, Freud'un ele aldığı, *fort-da* olarak bilinen ünlü çocuk oyunudur. Çocuk (bu arada kendisi Freud'un torunu olmaktadır) küçük bir makarayla oynar, çocuk ucunu tuttuğu bir iple kendisine bağlanmış bu makarayı ipin yardımıyla bir ileri atıp bir kendine doğru çekerken kulağa *fort-da* ("attada-burada", yani "orada-burada") gibi gelen bir şeyler mırıldanmaktadır. Lacan, makaranın çocuğun annesini temsil ettiği, dolayısıyla bütün bu oyunun da çocuğun annenin varlığı ve (travmatik) yokluğu ile baş etmesini sağladığı şeklindeki basit yorumu reddeder. Burada söz konusu olan tekrar annenin geri dönmesini talep edebilecek bir ihtiyacı simgelemez. Annenin ayrılışı çocuk için travmatik olsa da, bunun nedeni annenin yokluğundan ziyade öznenin kendisinde neden olduğu yarılmadır (*Spaltung*). Çocuğun oyununun tekrarladığı da bu yarılmadır — temel yabancılaşmayı yeniden sahneler, tekrar eder çocuk. Bu *fort-da* oyununda her iki terim de temel önemdedir, çünkü çocuk tam da oyunla üzerinden atlamaya çalıştığı mesafeyi bu ikisiyle birden adlandırır. Bu atlama oyununu da kendisinin kendinden ayrılabilir bir parçası işlevi gören bir şeyi tekrar tekrar "göndererek" oynar ki bu da tam *a* nesnesinin tanımıdır.

> Küçük özne bu *fort-da* oyununu da uygulayabiliyorsa tam da hiç uygulamadığı için oynayabiliyordur, zira bu radikal eklemlenişi hiçbir özne kavrayamaz. Bu oyunu küçük bir makaranın, yani *a nesnesinin* yardımıyla uygulayabilmektedir. Bu nesneyle oynamanın işlevi bir yabancılaşmaya atıfta bulunur, (sonsuz bir tekrarda arttığını hayal etmenin güç olacağı) farazi bir vukufa değil; oysa söz konusu olan sonsuz tekrar öznenin radikal salınımını açığa çıkarır. (Lacan 1986, s. 239)

Bu örnek birkaç önemli noktayı gün ışığına çıkarıyor. Bir kere, tekrarın —yukarıda ileri sürüldüğü gibi— belli bir unsurun (veya unsurların) tekrarı değil, esasen belli bir konfigürasyonun tekrarı olduğunu görmemizi kolaylaştırıyor. *Vorstellung*'un *Repräsentanz*'ı olan şey oyunun ta kendisidir.[11] Şöyle de diyebiliriz öznenin çizgisel bir kökeni olmadığı için tekrar vardır (ya da öbür türlü söylersek: Bir özne olduğu için tekrar vardır — Zira özne tam da salt çizgisel nedensellikteki bir işlev bozukluğunun sonucudur). Bir öznenin kökeni her zaman ve zorunlu olarak bir sıçrama içerir, tekrar da

11. Bu noktaya Lacan da dikkat çekmiştir; bkz. Lacan 1986, s. 63.

en temelinde iki uç arasında ileri geri gidip gelen mükerrer sıçramadır. Bu özel düzeyde tekrar, söz konusu boşluğu doldurmaktan ibaret olan ve kurucu sıçramayı çizgisel bir hikâyeye dönüştüren fantazinin açıkça zıddındadır. Yine fantazi de, en temelinde, (öznenin) kökenler(i) ile ilgili fantazidir.

Bu meseleyle bağlantılı olarak içimden kısa bir süreliğine yan yola sapıp *Hamlet*'teki oyun sahnesinin (tuzaklı oyun-içinde-oyun sahnesinin) bir temsilden ibaret olmayıp aynı zamanda ve daha önemli olarak, en saf haliyle tekrar olduğunu ileri sürmek geliyor. Sahnenin kendisinin tekrar olarak yapılandırılmış olması da bunu gayet iyi gösterir — bir başka oyunu (Gonzago'nun Öldürülmesi'ni) tekrar etmekle kalmaz, iki kere icra eder: Önce sessizce, sözsüz oyun olarak, sonra sözlerle ve işin içine oyunculuğu daha fazla katarak. Oyundaki sözsüz oyun versiyonu, başvurduğu araçlar ve kapsamı bakımından o en uç noktadaki tutumluluğuyla, tekrarın temelinde yatan mantığı çok net bir biçimde işaret eder:

*Bir Kral, bir Kraliçe sarmaş dolaş, öpüş kokuş girer. Kraliçe diz çöker, bağlılık andı içer. Kral onu yerden kaldırır, başını omuzuna kor, sonra bir çiçek tarhının içine uzanır, uykuya dalar. Bunun üzerine Kraliçe çıkar. Derken bir başka adam gelir, Kral'ın tacını başından alıp bir öpücük kondurduktan sonra, kulağına zehir akıtır, gider. Kraliçe dönüp, Kral'ın öldüğünü görünce saçını başını yolar. Zehri akıtan adam iki-üç pandomimacıyla döner, Kraliçe'nin yasına katılırmış gibi yapar. Cenaze dışarı taşınır. Zehir akıtan adam Kraliçe'ye armağanlar yağdırarak, aşk ilan eder. Kraliçe ilkin soğuk davranırsa da, sonunda "he" der.**

Bu metinde tam olarak bir rüya gibi olmasa da analiz sırasında yapılan, Freud'un eserlerinde aktardıkları kabilinden bir rüya anlatımını andıran bir şeyler vardır. Aynı zamanda son derece veciz ve soyuttur, ayrıca bazı ilginç ayrıntılar içerir (mesela kralın "bir çiçek tarhına" uzanması gibi — ki bunun hem Hamlet'in babasının hayaletinin bahsettiği "portakal bahçesi"ne hem de onun "hayattan, tahttan, avrattan acele affediliverdim/çiçeğe durmuş günahların göbeğinde" sözüne yapılan bir gönderme olduğu söylenebilir). Bu anlatım bizim hikâyeyi bilmemiz sayesinde doldurduğumuz, ama gayet

* *Hamlet*'ten yapılan alıntılarda Can Yücel çevirisini kullandık. –*ç.n.*

iyi bilinen arka planını dikkate almadan, orada anlatıldığı kadarıyla okumaya çalıştığımız takdirde son derece çarpıcı bir hal alan kayıp halkalarla doludur. Bu anlatının indirgemeciliğinin, bu anıtsal hikâyenin zirvesinin gözlerimizin önünde mekanik bir suretle beliriver-mesinin neredeyse komik bir yanı da vardır.

Bu benzetmeyi biraz daha ileri götürerek, Shakespeare'in oyununun, tıpkı analiz çalışması gibi, bize bu hikâyenin "belirtik" biçimini ardındaki "örtük" düşüncelerle ve (güya) gerçek olaylarla ilintilendirmek için gereken donanımı verdiğini söyleyebiliriz. Ama —yine analizde olduğu gibi— işler bununla bitiyor değildir kesinlikle. Ayrıca işin içine, sahnenin insanı yakalayan niteliğini açıklayan oyuncul bir tekrar unsuru da karışır ki bu hiç de şaşırtıcı değildir. Bir an durup düşünürsek, oyunun gerçekte (ama gizlice) olup bitenleri temsil etmesi, bu olayların bir eskizini çizmesi, bu sahnenin yarattığı cazibeyi açıklamaya yetmeyeceğini açıkça görürüz. Aslında, oyun sahnesinde anlatının odağı o kadar çok cani kral üzerinde, oyunla onun vicdanını rahatsız etme çabası üzerindedir ki bu tuhaf performansın, tam da tekrar yönüyle, Hamlet için oynadığı rolü gözden kaçırırız. Hamlet, oyunu sahneleyerek, hatta yöneterek ve Claudius'tan beklediği tepkiyi alarak, babasının hayaletinin sözlerinin (sağlam?) bir teyidinden ötesini elde etmiş olur. Kendi *fort-da* oyununu oynamaya koyulur, zira oyun sahnesi Hamlet için tam da budur. Bu aile dramının kıvrımları içerisinde salınan, bir ortaya çıkıp bir kaybolan nesne Hamlet'in kendisidir. Oyunun bütününden bariz biçimde anlaşıldığı üzere, buradaki olaylar Hamlet'in varlık sorununu kışkırtır: Olmak mı olmamak mı sadece (henüz gerçekleştirilmemiş bir eylem olarak) intihar olasılığı üzerine düşünmek demek değildir, aynı zamanda olmakla olmamak arasındaki bir başka tür salınımın da ifadesidir: öznenin olmayışının çoktan varlığının bir parçası olarak orada olduğu bir salınımın. Olmak-olmamak, bir varım, bir yokum....

Tiyatro ile tekrar arasındaki ilişki konusunda belirtilmesi gereken bir nokta daha var. Zira göründüğü kadarıyla tekrarda bünyevi olarak teatral —melodramatik, abartılı veya yapmacık anlamında değil tiyatroya ait anlamında teatral— bir unsur karışıyor işin içine. Bu de en azından bir yere kadar yukarıda dikkat çektiğimiz şu noktayla açıklanabilir: Tekrar esasen bir konfigürasyonun tekrarıdır;

hiçbir şeyi temsil etmez, ama kendisi bizatihi temsil ettiği şeyin içeriğidir: Tekrarın kendisi *Vorstellung*'un *Repräsentanz*'ıdır. Tekrar ile temsil arasındaki, tekrarın temsil edilenden önce geldiği bu ilişki Fransızcadaki tiyatro terminolojisinde gayet iyi ifade edilir. Tiyatroda işe "tekrarlar"la başlarız, zira provalara Fransızcada *répétitions* (tekrarlar) denir ve en sonunda da *prömiyere*, yani ilk gösterime ulaşırız. Tekrarlar bir ilk olayı tekrar etmez, ona giden yolu açarlar...

Artık Lacan'a ve verdiği ikinci tekrar örneğine dönelim. Bu örnek birçok küçük çocuğun paylaştığı tuhaf bir alışkanlıkla ilgili: Çocuklar aynı hikâyenin tekrar tekrar anlatılmasını talep etmekle kalmazlar, ayrıca bu hikâyenin *metin* düzeyinde aynı olmasını, ayrıntılarda belirgin bir tutarlılık olmasını da talep ederler. Hikâyenin anlamının ve olay örgüsünün tekrarlanması yetmez, tam manasıyla tekrar edilmelidir. Lacan bu konuda işin aslını hemen belirtir:

> Tekrar sırasında çeşitlendirilen, değiştirilen her şey sadece bizi anlamına yabancılaştırır. Yetişkin, hatta yaşı ilerlemiş çocuk faaliyetlerinde, oyunlarında yeni bir şey talep eder. Ama bu kayma (*glissement*) oyuncul olanın asıl sırrını, yani en köklü farkı başlı başına tekrarın yarattığını gizler. (Lacan 1986, s. 61)

Çeşitleyerek tekrar etme ile metin düzeyinde tekrar etme arasındaki bu farkta tam olarak söz konusu olan nedir? Buna en kısa şu cevap verilebilir: Bir şeyi yüzlerce farklı yoldan anlatabilmemiz ile bir şeyi sadece tek bir yoldan kesinlikle (her kelimeyi tekrar etsek bile) anlatamayacak olmamız arasındaki farktır. Bu örnekte yabancılaşmanın anlamlandırıcı çifti tam da böyle tekrar edilmektedir. Metinsel, mekanik, basmakalıp tekrar küçük öznenin, görünüşte monoton hikâyeyi oluşturan sahnelerin ardında kendi varlığı veya anlamındaki temel bir yarılmaya ya da uyuşmazlığa dair heyecan verici hikâyeyi tekrar eder. Bu düzeyde, Lacan'ın vurgusu Deleuze'ün *Fark ve Tekrar*'daki başlıca teziyle örtüşür gibidir: Temsilin daimi başarısızlığı son kertede bizi, kusursuz tekrar eden tek şeyin farkın kendisi olduğu sonucuna götürür. Gelgelelim, Lacan'la Deleuze, tam da temsildeki başarısızlık meselesiyle ilgili canalıcı bir noktada anlaşamazlar. Deleuze'e göre, görünürdeki tekrar başarısızlığı ya da imkânsızlığı, bir perspektif kaydırmasıyla, farkın saf olumlama olarak koyutlanmasına yol açar: Tekrarlanan tek şey farktır, tek aynılık da farkın kendisinin aynılığı. Tekrarın görünüşteki başarısızlığı gerçekten de farkın zaferidir; fark da Deleuze'cü ontolojide tekrarın varlığı olarak koyutlanır. Tekrarın motoru bir tür olumsuzluk değildir (başarısız olduğumuz için tekrarlıyor değilizdir), farkın kendisinin olumlanmasıdır. Lacan'ın anlayışı farklı ve daha radikal olduğu iddia edilebilecek bir yöne sapar. Tekrarın motorunun başarısızlık olduğunu (ilk seferinde hedefi ıskaladığımız için tekrar ettiğimizi) Lacan da söylemez —bu noktada Deleuze'le hemfikirdir—, ama ona göre farkın kendini tekrar eden ve tekrar isteyen varlık olduğu da söylenemez. İşin içine karışan bir şey daha vardır. Meseleyi basitleştirip yukarıdaki örnekle bağlantılandırırsak şunu söyleyebiliriz: Çocuk tekrar talep eder çünkü tekrar başarısız olsa bile yine de bir şey gerçekleştirir ki bu tam da onun görmek istediği şeydir, onun görmek istediği veya görebileceği formda ortaya çıkan bir şey. Başka bir deyişle: Tekrarın başarısızlığının kendisi de bir noktada başarısız olur, yani *bir şey tekrarın saf başarısızlığını bozar*: Geçici, ele avuca gelmeyen, bir an algılanıp sonraki an kaybolan bir şey. Bu şey de öznenin tekrar tekrar görmek istediği şeydir. Onu büyüler, ondan asla bıkmaz. Bu şey *tyche* ile bağlantılıdır, Gerçek boyutuyla da aynı zamanda da Lacan'ın *a* nesnesidir, yani öznenin Gerçek'teki kendi kayan yıldızı, bir anlığına da olsa kendini dışarıda görmesini sağlayan nesnedir. Lacan'ın yukarıda alıntıladığımız pasajda vurgulayıp tekrara bağladığı "köklü fark"ı yaratan tam da bu nesnedir. Çeşitleme ve yenilikten farklı bir düzene ait bir farktır bu.

Komediye Dönüş

Artık komedi sorununa dönüp şu tezi ileri sürmek istiyorum: Hikâyedeki çeşitlilik, renklilik, (büyük çocuklar ve yetişkinler olarak bulunduğumuz) yeni bir şey talebi — bütün bunlar metin düzeyindeki tekrar talebinin içerdiği köklü farklılığı/heterojenliği bir şekilde gizliyorsa, o zaman komedi tam da bu tür bir tekrara dönmek demektir. Başka şeylerin yanı sıra, bu tekrarın tekrarıdır komedi. Bu özellik, komedinin neden çoğunlukla biraz "düşük" düzeyde, "çocuksu" ve "aptalca" bir şey olarak görüldüğünü de, en azından kısmen, açıklamaya da yardımcı olur.

Şimdi trajedi ile komedi arasındaki farkı tekrar açısından tartışmaya geçmeden önce, bir ön tespitte bulunmamızda fayda var. Trajedi —en azından Shakespeare'den beri ve özellikle Shakespeare'le birlikte (ama tabii ki sadece onunla değil)— monolitik bir tür değildir. Trajedilerde gayet komik sekanslar (pasajlar, epizotlar) bulabiliriz; bunlar trajediyi komediye (veya trajikomediye) dönüştürmez, aksine trajik türün yapısını etkilemeden kendi özgüllükleri içinde varolurlar. Yine *Hamlet* örneğini ele alırsak, mezarlık sahnesinin koca bir ilk bölümü boyunca iki soytarı Ophelia'nın ölümünü tartışır. Aralarındaki diyalog —konusu kasvetli olsa da— komik diyaloğun kusursuz bir örneğidir: Ophelia'nın Hıristiyan usulünce gömüleceğine göre "kendini, kendini savunma maksadıyla boğmuş" olması gerektiğinden başlayıp bunun nasıl olabildiğiyle ilgili bir tartışmayla devam ederek ayrıcalıklı sınıfı "kendilerini boğmada, kendilerini asmada öbür dindaşlarından daha serbest" oldukları için suçlamakla biter. Hamlet'in Polonius'la konuşmalarının çoğunlukla komik bir yapısı vardır. Oyun sahnesinden hemen önce gelen şu ünlü (ve kısa) konuşmayı ele alalım:[12]

> HAMLET: Lordum, bir zamanlar üniversitede sahneye çıktım demiştiniz, değil mi?
>
> POLONIUS: Evet, evet, Lordum, epiy de alkışlanmıştım.
>
> HAMLET: Hangi role çıktınızdı?
>
> POLONIUS: Jül Sezar'ı oynadım. Ayan Meclisinde öldürüldüm. Brutus kanıma girdi.
>
> HAMLET: Vay gaddar herif vay, o meclislik öküze nasıl kıymış öyle?.. Oyuncular hazır mı?

Bu kısa konuşma, bize komik gelmesi için trajedinin geri kalanının oluşturduğu arka plana ihtiyaç duymaması, kendi başına ayakta kalabilmesi anlamında kesinlikle komiktir. Şimdiki tartışmamız bakımından önemli olan bu tür komik sekansların ilkesel olarak trajik yapıdan net bir biçimde ayrılarak ve bir komedi tartışması içinde ele

12. Oyun sahnesini açan bariz komik ton, sahnenin kendisiyle ilgili olarak söylenenlerle alakasız değildir: Sunulan/temsil edilen olaylar trajik olmakla ve piyesin trajik yapısına şüphesiz uymakla beraber, oyunun onu (mekanik tekrar da dahil) ilginç bir çocuk oyunu perspektifine yerleştiren bir veçhesi daha vardır.

alınabilmeleridir. Şu ya da bu (trajik) *oyunu* bütünlüğü içinde incelemek için elzem olsalar da oyunun *trajik* yapısını incelemek açısından elzem değildirler. Zira oyunun kompozisyonu içerisinde bariz biçimde farklı bir kaynaktan çıkarlar (deyim yerindeyse "trajediden çıkarak", onun zemini üzerinde gelişmiş değildirler). Komediye gelince, tabii ki o da tam anlamıyla trajik epizotları olmasa bile, gayet ciddi veya lirik vs. epizotları içerebilir. Nitekim "trajedi" ile "komedi" arasındaki farklardan bahsettiğimizde, bir oyunda şu ya da bu türe dayanak oluşturan ve bu sınıflandırmayı "gerekçelendiren" yapıya göndermede bulunuyoruzdur, şu ya da bu oyundaki bütün epizotların toplamına değil.

Tekrara dönersek: Komedinin "mekanik", metin düzeyinde tekrarlarla dolu olduğu, oysa trajedide bu tür tekrarla karşılaşmadığımızı söylemek âdettendir. Ama bunu biraz farklı bir biçimde formülleştirirsek daha ilginç ve kavramsal açıdan üretken bir şey elde edebiliriz belki: Trajedinin metin düzeyinde, mekanik tekrara tahammülü yokken, komedi ise, tahammülü olmanın da ötesinde ona yaslanır. Kendini tekrar eden bir trajedi artık trajedi değildir (tekrarı feci korkunç olsa bile, asıl trajediye özgü epik vakardan yoksun olacaktır). Ama kendini tekrar eden trajedi artık trajedi olmasa da, bu onu komedi haline getiriyor değildir. Bu nokta çok önemlidir. Komedi trajedinin tekrarı değildir, yapısal olarak trajediden önce gelen veya ondan bağımsız olan bir şeyin tekrarıdır. Trajediden komediye giden dolaysız bir yol yoktur; trajediyi tekrar ederek komedi elde edemeyiz. Bu bakımdan, trajedideki (yukarıda anlattığımız) komik sekanslar ile genelde trajikomedi adı verilen şey arasında ayrım yapma konusunda dikkatli olmamız gerekir. Trajedinin tekrarı işte bu ikinci, trajikomedi kategorisine aittir.

Bütün modernlik (ve postmodernlik) dönemi boyunca manidar bir yükseliş yaşayan trajikomedi türü, trajedinin tekrarı perspektifinden bakarak kavranmalıdır (komedinin gelişimi perspektifinden bakarak değil). Trajik pradigma içinde cereyan eden bir gelişmedir bu. Bütün o epik şaşaasıyla trajik olanın kendisinin son tahlilde gerçekten sefil bir şeyin maskesinden, kendi tekrarından sonra hayatta kalamayacak bir maskeden ibaret olduğuna dair bir farkındalığı beraberinde getirir. Trajik olayların tekrarı onları halelerinden yoksun bırakıp sıradan bir şey, bir tür vakayı adiye haline getirir. Gerçekten sefil olan trajik bile değildir, trajik bir azamete malik değildir. Bu "trajediden de beter", modernliğin büyük deneyimlerinden/keşiflerinden biridir: Ölümü, mesela, onur ve haysiyet boyutu içine kaydedip bir "ikinci ölüm"le ilişki içine sokabilecek o eşsiz Ana Göstereninden yoksun bir çıplak hayat. Bir şey tekrarlandığında da korkunç ve mahvedici olabilir (tekrar ille de bunu ortadan kaldırıyor değildir), ama artık trajik değildir ki bunun da modernliğin en üst trajedisi olduğu söylenebilir. Örneğin Paul Claudel trajedinin bu şekilde sona erişinin ontolojik boyutunu araştırmıştır; trajikomedi ise trajediyi trajedinin ötesinde tekrar eden ve bize komediyi hatırlatan mekanik boyutunu araştırır. Yine de sırf bu tür bir tekrarla komediye çıkılabileceği sonucuna varma ayartısına karşı koymamız gerektiğine inanıyorum ben kuvvetle. Bizi sahiden güldürebilirse de komedi değildir. Ancak trajedi fonu önünde mümkün olabilir. Bunu kusursuz bir biçimde tanımlayan terim "trajedinin komedisi"dir.[13] Trajedinin komedisi kesinlikle varolan bir şeydir ve bir ölçüde ciddi eleştirel ilgi konusu da olmuştur. Ama ben yine de bunun trajedinin bir alttürü, hatta bir selefi olduğunu ileri süreceğim. Öte yandan, bu kitabın etrafını kuşatıp tartışmayı amaçladığı şey başka: "komedinin komedisi".

Bu bölümde tartıştığımız tekrar sorunu trajedi ile komedi arasındaki farkın bazı canalacı unsurlarını tanımlamamıza yardımcı olabilir. Her ikisinin de etrafında döndüğü veya her ikisinin de biçim verdiği ortak bir hassas nokta olduğunu söyleyebiliriz: Bu nokta da simgesel yapının gerçek çıkmazı, özneliğin kurucu sıçrayışı, birincil bastırmanın öbür yüzü olarak varlık ile anlam arasındaki yarılmadır. Trajedi esasen, tam da tekil bir öznel yazgıyı simgesel yapıda onun kör noktasını, bünyevi çıkmazını oluşturan yer düzeyine çıkarma anlamında bir yüceltim çalışmasıdır. Böyle deyince, trajedinin bu çıkmazı şu ya da bu ibretlik hikâyeyle "temsil ettiği"ni söylemiş olmuyoruz tam olarak. Trajedi daha ziyade —Deleuze'ün terminolojisini kullanacak olursak— bu çıkmazı kılık değiştirerek tekrar eder. Bürünülen kılık da gerçek çıkmazın deformasyonu veya ona giydirilen bir maske değildir. Daha ziyade şudur söz konusu

13. "Trajedinin komedisi", 2006 Haziranı'nda Berlin'de yapılan, iki tür arasındaki bağlarla ilgili çok ilginç bir konferansın başlığıydı.

olan: Gerçek ancak bir maskeden maskeye varolur. Trajik maske o trajik ihtişamını ancak, yerini işgal ettiği bu gerçek çıkmazdan alır. Şimdi ikinci bir adım olarak mekanik, metin düzeyinde bir tekrarı buraya uygulayacak olursak, sadece bürünülen kılığı tekrar etmiş oluruz, işgal ettiği yeri değil. Başka bir deyişle, tekrar, tekrar ettiği şeyin tekilliğini tekrarlamayı başaramayacak, ancak içi boş jestleri tekrarlamış olacaktır.

Trajedinin gerçek çıkmazı, ona şu ya da bu biçimi vererek tekrar ettiğini (onu yeniden güncelleştirdiğini) söyleyebiliriz. Başka bir deyişle, trajedi evrensel çıkmazı bu çıkmazın (farklı) somut örneklerini üreterek tekrarlar. Yukarıda I. Kısım'da, komedinin somutluğunun başka bir yerde olduğunu iddia etmiştim: Bu düzeyde komedi gayet basmakalıptır, bir durumun ya da karakterin inceliklerini bir kenara koyar, psikolojik derinliklerini ve saiklerini görmezden gelir, bunları birkaç "tekli özelliğe" indirger ve sonra da sürekli bunlarla oynar ve bunları tekrar eder. Walter Benjamin'in "Kader ve Karakter"de söylediği gibi: Sözgelimi *Cimri* gibi bir komediden cimrilik hakkında hiçbir şey öğrenmiş olmayız, oyun bu fenomeni daha anlaşılır hale getirmez; daha ziyade, onu yoğunluğu gittikçe artan bir kabalıkla tasvir eder, münferit bir özellik biçiminde üretir. Bu aydınlatıcı tespit sadece komik karakterler için değil, komik durumlar için de geçerlidir.

Nitekim komedi öznel bir anlam ve yazgıyı (trajedinin yaptığı gibi) öznenin Ana Göstereni ile arasındaki kurucu kopukluğu belirginleştirecek şekilde kullanmak yerine, Ana Gösterenlerden oluşan bir demet hizmeti görür. Ama şakaların (çoğunun) yapısından farklı olarak, Ana Gösterenler komedinin sahnesine. Son sözü söylemek üzere değil, orada tekrar edilmek (ve başka komik tekniklere maruz bırakılmak) üzere girerler. Tekrarlanmaları olumlanmaları anlamına gelmez. Bir karakterin aynı tepkiyi on kere tekrar etmesinin işin içine dahil olan Ana Gösterenin istikrarı üzerinde illaki yankıları olur. Ki komik tekrarın yankıları da çoğunlukla tekrar edilen konuma istikrar kazandırma yönünde değil, daha ziyade o konumu sarsma yönünde işler.

Nitekim komedi sanatındaki ilk canalıcı adım doğru Ana Gösterenleri yaratmak/çekip çıkarmak ve öne çıkarmaktır. Yani, bütün o keyfilikleriyle, bir karakterin ya da durumun "özünü" değil de hassas noktalarını aktaran Ana Gösterenleri. Söz konusu hassas nokta da, bir karakter veya durumun —kimyasal bir element gibi— "tepkimeye hazır" ve/veya "patlamaya hazır" olduğu ve diğer elementlere asla basitçe verili olmayan, aksine sürekli (yeniden) müzakere edilmesi gereken bir bağla bağlandığı noktadır. Komedi sanatındaki ikinci canalıcı adım ise, bu Ana Gösterenler arasında kurduğu (çoğunlukla hasmane) oyundur: Bileşimler, yeniden çiftlenmeler, simetrik ve asimetrik tekrarlar, karşı konmaz biçimde geri dönen engeller...

Bu anlamda komedi her zaman Ana Gösterenlerin komedisidir, ya da şöyle diyelim: Ana Gösterenlerin deneysel kimyasıdır. Komedinin bir başka önemli özelliğiyle bağlantılıdır bu: Öncelikle bugünle meşgul olmasıyla. Bu özelliğe Agnes Heller dikkatimizi çekmişti (Heller 2005). Komik deneyim bugüne sıkı sıkıya bağlıdır; büyük ölçüde geçmişle ilgili olan ve trajedide önemli bir rol oynayan yasın tersine, komik deneyimi kurduğu söylenebilecek hiçbir merkezi ve geçmişe yönelik duygu hali yoktur. Bu bugün bağlılığın doğaçlamanın komedi aktörlerine özgü bir ayrıcalık olmasında da görülebilir ("*tragedia dell'arte* diye bir şey yoktur, sadece *comedia dell'arte* vardır," *a.g.y.*, s. 13). Buna şunu da eklemek isterim: Komedinin hep hazır ve nazır bugünle olan bağı sadece komik deneyim düzeyinde değil, yapı düzeyinde de görülebilir. Komedi için geçmişteki nedenler ve gelecekteki sonuçlar yoktur düpedüz. Komedi bir şeyin *neden* olduğunu açıklamaya neredeyse hiç uğraşmaz, ama bir şeyin *nasıl* işlediğini göstermekte son derece ustadır —yani, bir şeyin işlemesini ve devam etmesini sağlayan bugüne ait mekanizmaları göstermekte ustadır. Komik unsurlar daima *bugün içinde* (başkalarına) tepki gösterirler ve çoğunlukla gösterdikleri tepkiyi *zorunlu olarak* ve kaçınılmaz olarak gösterdikleri yolunda bir izlenim vermelerine rağmen, aynı zamanda —bütün bunlar her zaman gözlerimizin önünde cereyan ettiği için— tam da bu zorunluluğa dahil olan köklü bir olumsallık, zorunsuzluk da sergilerler.

Neden sorusuna gösterilen bu ilgisizlik aslında, komedinin yapısının, neden-sonuç ilişkisinin ve bu ilişkinin zamansal mantığının (önce-sonra) yerine farklı unsurların yan yana getirilmesi ve aralarındaki (aktif veya pasif) bağlantıları geçiren yapısının çok ilginç özelliklerinden biridir. Bu pespektiften bakıldığında, komik tekrar

—ki her zaman bugün yapılan bir tekrardır— verili bir yapının zemininin veya önkabulünün ta kendisini yeniden harekete geçirir ve onun bir nesne gibi görünmesini sağlar. Bu tam da metinsel tekrarın ürettiği heterojen unsurdur/nesnedir (durumun ya da karakterin birkaç Ana Gösterene indirgenmesi de bunu kolaylaştırır). Bu ışıkta bakıldığında, komedi ile trajedi arasındaki fark şöyle bir şey olacaktır: Komedi bu tekil nesneyi tekrar ederken, trajedi onu öznel bir yazgının içine dahil eder. Trajedide bu, belli bir (trajik) yazgıya yüce bir ışıltı katan gizemli tekillik, *je ne sais quoi* olarak ortaya çıkarken, komedide bir karakterin veya durumun "temel yan ürünü" olarak ortaya çıkar. Bu tekil nesneyi kendi içlerinde taşıyor gibi görünen trajik *kahramanların* tersine, komik *karakterlerin* bunu kendi dışlarında taşıdıkları, dolayısıyla da (kendi irade ve eylemlerinden az çok bağımsız olarak) bu nesnenin onlara asılıp kaldığı da söylenebilir.

Toparlarsak: Trajedi, belli konfigürasyonları sahneye koysa da bizi Gerçekle yüzleştirir; Gerçek'e daima şu ya da bu yüzü, hayal gücümüzdeki bir şeyle titreşime giren şu ya da bu yarılmanın yüzünü verir: Bunu oyun sayesinde deneyimleriz, hissedebiliriz. Komedi ise bizi Gerçekle yüzleştirmez, onu tekrar eder. Deyim yerindeyse, dışarıda tekrar eder. Ve bizatihi bir öznenin hayatında onun hayat dramasına renk katan fark ve çeşitlilik sayesinde oluşan tekrardan önce gelen tekrarın tekrarı olarak kurulmuştur. Öznenin kuruluşunun "mekanik" bir tekrarıdır, bu kuruluşun sonucu olan yazgının, ancak kılık değiştirmiş tekrar olabilecek bir yazgının açımlanması yoluyla temsili değil. Öznel bir yazgının temsili değildir, öznenin temsil burcu altında ortaya çıkmasını sağlayan olayın tekrarıdır.

Yukarıda kabaca çizdiğimiz psikanalitik hatlara dönecek olursak şunu söyleyebiliriz: Trajedi esasen (eksen niteliğindeki ama ulaşılması imkânsız birincil bastırmadan başlayarak) bir öznenin yazgısının bürünebileceği farklı biçim ve anlamlara bağlıdır. Psikanalizde anlam düzeyidir bu, kişinin öznel anlam ve arzusunun farklı katman ve biçimlerini işleme düzeyidir. Ama ayrıca bu yorum ve farklı anlamlardan yararlanma meselesinin öbür yüzünü oluşturan birincil bastırma sorunu da vardır ortada. Lacan'a göre, ona ancak tekrar yoluyla, tekrar çalışması yoluyla yapılacak bir yeniden inşası üzerinden ulaşılabilir. Birincil olarak bastırılmış olan gösteren bizim herhangi bir biçimde "hatırlayabileceğimiz" bir şey değildir, çünkü tam da öznel belleğin kurulmasından önce (ya da onunla birlikte) ortadan kalkmıştır. Bu gösterenin yeniden inşa edilmesinin özne için travmatik bir şey olacağını söylemek de yanlış olacaktır. Aksine, analizde travmatik olanın (bu hariç) her şey olduğunu söyleyebiliriz. Özne burada bir şey hissetmez, ama bastırılmış temsillerle uğraşırken ve de (onun için hiç de komik sayılamayacak olan) tekrarlama zorlantısı ile uğraşırken çok şey hissedebilir. Tekrarlama zorlantısı tekrarın, şu kısa tespit dışında burada üzerinde durmayacağım özgül bir kategorisidir: Komedi sorunuyla bağlantılı olarak, zorlantılı tekrar zorlantılı bir biçimde şaka yapma, fıkra anlatma, komik hareketler yapma (ki bu da komedinin özgül, "patolojik" bir tarzı sayılabilir) ile yan yana konabilir. Bu tarzı tanımlamanın en basit yolu bunda tekrarın kendisinin, onun tarafından üretilen heterojen, şaşırtıcı unsuru perdeleyen peçe olarak kullanıldığını söylemek olacaktır; tekrar (önceki) tekrarın gerçek sonuçlarını gizleyen peçe olarak kullanılmaktadır. Olayı böyle formülleştirirsek, bu tür tekrarın niye sürekli daha fazla yoğunlaşmaya ihtiyaç duyduğu da daha bir netleşir: Ortada ne kadar tekrar varsa, onun yan ürün olarak ürettiği şeylerin üzerini örtmek için daha bir o kadarına ihtiyaç duyulur — ve bu gittikçe daha fazla artar...

Kayıp gösterenin yeniden inşasının kendi içinde travmatik olmaması, öznenin bu eksikle kurduğu ilişkinin fena halde travmatik olmasını engellemez. Mesele şudur ki travmatik olan bu gösterenin anlamı ya da içeriği değildir. Bu gösteren içeriği yüzünden değil, onun yerine ortaya çıkan öznenin olumsallığı yüzünden bastırılmıştır. Öznenin yazgısı zaman içerisinde bu gösterenin olası bütün anlamlarına, bütün maskelerine bürünerek açımlanmak, bütün bu anlamlara hayat vermek ve belki bir de analiz esnasında bunları işlemektir. Ama canalıcı nokta şudur ki özne bütün bu anlamların toplamı veya saf fark olarak yaşadıkları içsel farklılaşma değildir ve varlığı kendi anlamı karşısında yerinden edilmiş konumdadır. Komik tekrar, esasen bu iki terim arasındaki, anlam ile varlık arasındaki, "Hiçbir anlamımın olmadığı bir yerdeyim" ile "Olmadığım yerde bir anlamım var" arasındaki salınımın tekrarıdır. Nasıl? Komedi şüphesiz temel bir anlamsızlık çekirdeğinin çok yakınında hareket eder, ama bunu yapma tarzı çok ilginç bir biçime bürünür: Bize anlamsızlığın kendisini göstermeye çalışmaz; kaldı ki bu zaten imkânsız bir şey olurdu, zira bu yol çıkarsa çıkarsa bir anlam yokluğuna çıkarır bizi ki anlamsızlık/saçmalık da salt bir anlam yokluğundan öte bir şeydir. Komedi şu canalıcı noktayı gayet iyi bilir ve uygulamaya koyar: Anlamsızlıkla *ancak bir anlam bizi şaşırttığı* zaman, ancak o noktada gerçekten karşılaşırız. Komedinin şu ya da bu ölçüde yaratıcı binlerce yoldan tekrarladığı (açığa çıkardığı değil, tekrarladığı, çünkü açığa çıkarma komedinin işi değildir) şey, tam da anlamın sahiden hatalı (*erratic*) bir biçimde üretildiği işlemdir. Her şey gayet hatalı bir yoldan anlam kazanır. Daha da doğrudan söyleyelim: Anlamın kendisi bir yanlıştır, yanlışın bir ürünüdür; anlam bir yanlışın yapısına sahiptir. Bu olgunun tekrarlandığı komik mekanizma sözel komedide daha bariz olmakla birlikte, komedinin diğer türlerinde de kesinlikle görülür.

Lacan'ın da hem şakalarla hem de tekrarla bağlantılı olarak vurguladığı şey budur: yenilik meselesi değil, beklenmedik bir bulgu karşısında hissedilen sürpriz unsuru. Sürpriz, şaşırma yenilikten başka bir şeydir. Gayet iyi bildiğimiz, hatta beklediğimiz bir şeye de şaşırabiliriz (ama yine de [tekrar] gerçekleşmesi bizi şaşırtır) — komedinin başlıca mekanizmalarından biridir bu. Sürpriz nedir tam olarak? Sürprizde tam ne olmuş olur? Sürprizi tam da öznenin kendi anlamı ile varlığı arasında salındığı bir yönünü kaybetme ânı olarak, geçici bir askıya alma olarak tanımlayabiliriz. Ne yanda durduğumuzun artık net olmadığı bir andır — şakanın dinleyicisi miyiz yoksa bir parçası mı? Bir resme bakanlardan mıyız yoksa içindeki bir nokta mı?.. Yine de bu yönsüzlük hissi, mesela anlamın bütünüyle kaybedilişinin değil, beklenmedik bir yerde bir anlamın ortaya çıkmasının sonucudur.

Bir çocuk anababasının bir önceki geceki hikâyeyi kelimesi kelimesine tekrarlamasını talep ettiğinde, —kulağa tuhaf gelecek ama— bir sürpriz bekliyordur. Ve o sürprizi de bulur.

Komedi bu talebi tekrarlayan ve karşılayan bir pratiktir — bunu da kendi türüne özgü "laboratuvar koşullarında" yapar, ama Gerçekle kurulan her türlü ilişkinin dışında olduğu söylenemez. Komik bulgular ve bunların durmaksızın tekrar edilmesi, sürprizlerinin tekrar edilmesi — bütün bunlar öznenin Gerçekle kurduğu zorlu, engelli ilişkiyi sahnelemeyen, ama tekrar eden bir pratik oluştururlar.

Komedi öznenin yarılmışlığını ve (onun varlığı olarak) *a* nesnesini tekrar eder, sonsuza dek tekrar eder — özne bu nesnede kendini tanısın diye değil (burada "tanınacak" hiçbir şey yoktur ki!); zorla öznenin psikotik bir biçimde nesne derekesine düşmesini sağlayabilmek için de değil; bunu tam da özne ile nesnenin uyuşmazlıklarının sınırında tekrar eder.

Komedi ve sahici komik tekrar ancak işler ciddiye binip özne ile varlığı arasındaki bu yarılmanın Gerçeğine mümkün olduğunca yaklaştığımız zaman ortaya çıkar. Tam da öznenin kuruluşunu ilgilendiren bir eklemleme ile uğraştığımız içindir ki bu eklemlemeye sadece ve sadece (komik) tekrar yoluyla ulaşabiliriz. Ona giden yol cehennem alevleri arasından, bedenin yanıp tükenmesinden ya da İsa'nın Çilesi'nden değil, aynı ölçüde temel önemde olsa da çok daha az derinden hissedilen bir şeyden geçer.

Komedinin ancak sahnede gördüğümüz şeyler bizi aslında ilgilendirmediğinde mümkün olduğunu ve komedinin koşulunun bizim kayıtsızlığımız ve işin içine dahil olmamamız olduğunu duyarız sık sık. Ben, tekrarla ilgili bu düşüncelerden yapılan bir çıkarsama bâbından farklı bir perspektif önermek isterim: Bizi gerçekten ilgilendiren şeyler, tam da varlığımızın çekirdeğiyle ilgili şeyler ancak komedi olarak, nesneyle oynanan gayrişahsi bir oyun olarak izlenebilir ve icra edilebilir. Komedide gayrişahsi olan öznenin kendisidir. Kayıtsızlık da canımızın en çok yandığı, en çok etkilendiğimiz noktada devreye giren *pathos* dolu mesafe değildir, daha ziyade birincil bastırmada söz konusu olan o duygulanımsızlığa benzer; zira birincil bastırma öznenin kendisinin bastırması değildir, aksine öznenin kuruluşuyla örtüşen ve bu kuruluşu belirleyen bastırmadır. Başka bir deyişle, son derece ciddi şeylere ancak komedide yaklaşılabiliyorsa bunun nedeni, başka bir yaklaşımın çok korkunç olacak olması, bizi bütünüyle ezecek, mahvedecek olması değil, canalıcı noktayı ıskalayacak olmasıdır. Zira söz konusu olan —yani bu tekrarın tekrarladığı— şey, kendimizin (olduğumuz her şeyin) bir yokluğa indirgenmesi değil, varlığımızın yok olması değil, *ortaya çıkmasıdır* — anlamın dışında, ama ondan ayrılamayacak şekilde ortaya çıkması.

(ELZEM) EK: FALLUS

[Trajedi] kesinlikle doğaçlamalarla başlamıştır — ki aynı durum Komedi için de geçerlidir; birincisi Dithyrambos yazarlarıyla, ikincisi ise hâlâ birçok şehrimizde kurumsal olarak varlığını sürdüren fallik şarkıların yazarlarıyla birlikte ortaya çıkmıştır.

ARISTOTELES, *Poetika*

Tin'in kendi içinden yarattığı *derinlik*... ve bu bilincin kendisinin aslında ne söylediğinden bihaber olması, Doğanın canlı varlıkta en yüksek işi gören organı, yani üreme organını işeme organıyla birleştirerek naif bir biçimde ifade ettiği yüce-ve-bayağı birlikteliğinin aynısıdır.

HEGEL, *Tinin Fenomenolojisi*

KEYİF EX MACHINA

ŞU ÂNA KADARKİ tartışmamızda komediyi şu konfigürasyona bağladık: Önce hayali bir Birlik'te veya Bir'de bir kopuş söz konusu olur, sonra da bu kopmayla günışığına çıkan ikili oyun devreye girer. Bu oyunun doğası da aynı anda iki şey yapmasındadır: Hem söz konusu olan ikinin bünyeleri icabı birbirlerine bağlı olduklarını ve birbirlerinden bütün bütüne ayrılamayacaklarını gösterir, hem de ne kadar uğraşırlarsa uğraşsınlar asla ("tekrar") kaynaşıp sorunsuz bir Bir haline gelemeyeceklerini. Kısacası, komedide (hayali) bir Birlik ne zaman ikiye ayrılırsa, bu iki parçanın toplamı bir daha asla başlangıçtaki Bir'e karşılık gelmez; bu bölünme sırasında bir fazla ortaya çıkar ve Bir'i sürekli rahatsız eder. Komedinin kendine özgü matematiğinin şu aksiyom üzerine kurulu olduğunu söyleyebiliriz:

$\frac{1}{2} + \frac{1}{2} \ 1 + x$ (burada x komik nesne adını verdiğim şeye karşılık gelmektedir)

Buradan da düpedüz komik nesnenin Formülü'nü çıkartabilir:

$$x = 1 - \left(\frac{1}{2} + \frac{1}{2}\right),$$

Ve şunu ekleyebiliriz (umarım matematikçiler bu spekülatif eki yaptığım için beni bağışlarlar): x=0 olduğu sürece ortada komik bir nesne ve komedi yoktur. Komedi, x'in 0'dan büyük (veya küçük) olduğu durumu adlandırır.

Komedi söz konusu olduğunda, felsefe tarihi içinde komedi hakkında bir kurucu metnin olmayışına hayıflanabiliriz (ya da —Umberto Eco'nun yaptığı gibi— Aristoteles'in *Poetika*'sının kayıp ikinci kitabını en ünlü varolmayan kitap konumuna yükselterek bundan epik bir hikâye çıkarabiliriz). Yine de, komedi hakkındaki kurucu Metin'in kaybedilmiş olmasının tam da komedinin kendisini kuran ve başlatan *gag* olması olasılığını bir kenara bıraktığımızda, geriye şu olasılık kalmaktadır: Doğru yere bakmıyoruzdur. Komedinin temel matrisininin iki yarının toplamından bir Bir üretmekte yaşanan zorluklarla ve aralarına giren beklenmedik üçüncü unsurda olduğunu fark ettiğimizde, en azından bir kısmında tam da bu sorularla cebelleşen büyük ve temel bir felsefe metni *olduğunu* hatırlamamamız mümkün değildir. Üstelik söz konusu kısmın *porte-parole*'ünün en büyük Yunan komedi yazarı Aristophanes'ten başkası olmadığını hatırladığımızda, doğru yolda olduğumuz anlaşılır. Aklımdaki metin Platon'un *Şölen*'i elbette.

Platon'un *Şölen*'inin konusunun aşk olduğu herkesçe bilinir, benim de burada gösterişli bir yeni yorum icra edip metnin asıl konusunun komedi olduğunu ortaya çıkarmak gibi bir niyetim yok. Yine, bu diyaloğun dramaturjisi içerisinde hem zirve noktasını oluşturan hem de Platon'un konuyla ilgili görüşlerini sunanın da Sokrates'in konuşması olduğuna şüphe yoktur. Ama Sokrates'in dışında konuşan başka birçok kişinin olduğu ve aşk hakkında konuşurken, aynı zamanda kendilerinden ve kendi görüşlerini etkilemiş olan şeylerden (mesela doktorun konuşması, konuşan kişinin doktor olmasından büyük ölçüde etkilenmiştir) bahsettikleri gerçeği de ortadadır. Üstelik daha da ilginç bir olgu daha söz konusudur: Sokrates'in konuşmasının parlaklığına ve felsefi (ve de psikanalitik) önem ve ağırlığına rağmen, Aristophanes'in konuşması (bütün o mitolojik, fantazmatik veya soytarıca boyutlarıyla) başrolü ondan çalıp *Şölen*'in en ünlü parçası, herkesin bildiği ve çoğunlukla (hatalı bir biçimde) Platon'un aşk hakkındaki görüşleri gibi sunulan parça haline gelmiştir. (Aşkın kayıp diğer parçamızı aramak olduğuyla ilgili ünlü hikâyeden bahsediyorum elbette.)

Komedyenin —Aristophanes'in— bu (ilk?) felsefi şölendeki performansı kesinlikle, gördüğü bütün ilgiyi hak eden tam bir gösteri, başlı başına bir eylem niteliğindedir;[1] gerçi bu ilgiyi gösterenler bi-

1. Tam aşk hakkında konuşma sırası Aristophanes'e geldiğinde tutan (o yüzden konuşmasını daha sonra yapmak zorunda kalır) ünlü hıçkırıkları da buna ek-

raz talihsiz bir biçimde bu performansın canalıcı bir noktasını gözden kaçırmışlardır: Yani Aristophanes'in aşk hakkındaki konuşmasını komediye bağlayan noktayı.

Bu konuşmanın bildik özetine hemen herkes aşinadır: Başlangıçta, insanlar iki yarının kaynaşmasından oluşmuş bir Birlik'tiler; "bütün", kendiyle yetinen ve kendine yeterli varlıklardı ve bu da onları kibir ve küstahlığa sürüklemişti. Tanrılar bunu onaylamayarak insanları ikiye bölmeye karar verdiler. O zamandan beri de her bir yarı diğer yarısını özlemektedir. Diğer yarımızı bulduğumuz zaman ortaya çıkan aşk da bu özlemin bir kez daha diğer yarımızla Bir olmasından ibarettir. Hikâyenin bu versiyonunda, aşkta karşılaştığımız öteki öznenin eksiğini giderdiği farz edilen tamamlayıcıdır.

Lacan, *Psikanalizin Dört Temel Kavramı*'nda —epey şaşırtıcı bir biçimde— Aristophanes'in konuşmasının bu üstünkörü versiyonunu kabul eder ve ona şöyle eleştirel bir değerlendirmeyi layık görür:

> Aristophanes'in miti, kendimize tamamlayıcı arayışımızı, yaşayan varlığın aşkta aradığı şeyin öteki olduğunu, kendisinin cinsel öbür yarısı olduğunu söyleyerek duygulandırıcı ve yanıltıcı bir biçimde tasvir eder. Analitik deneyim aşkın gizemine dair bu mitik temsilin yerine, öznenin cinsel tamamlayıcı değil de kendisinin sonsuza kadar kaybedilmiş bir parçasını (sadece cinsiyetli bir canlı oluşunun, artık ölümsüz olmayışının yarattığı parçasını) arayışını geçirir. (Lacan 1986, s. 205)

Lacan'ın burada dikkat çektiği noktanın şaşırtıcı bir yanı yoktur: Cinsellik (insan cinselliği), tamamlayıcılık ve simetri mantığını takip etmek şöyle dursun, bu mantıktan daha en baştan ve esastan kopar. Lacan'ın o ünlü düsturunda dediği gibi, "cinsel ilişki diye bir şey yoktur"; cinsel "eşler" arasındaki ilişkiyi düzenleyen (ve garanti altına alan) hiçbir istikrarlı formül yoktur. Bir başka ünlü düsturunda da, aşkın muhakkak "insanın sahip olmadığı şeyi vermesini" gerektirdiğini söylemesi bundandır.

Lacan alıntısında şaşırtıcı olan, Aristophanes'in konuşmasını tamamlayıcılık tezine indirgemesi, bizatihi Lacan'ın üç yıl önce (*Aktarım* başlıklı seminerde yaptığı *Şölen* yorumunda) dikkatle işaret

---

lenebilir. Aristophanes'in konuşması, sırası en nihayet geldiğinde de, kelimenin düzanlamıyla "yersizdir".

ettiği çok önemli bir ayrıntıyı bir kenara bırakmasıdır. Bu ayrıntıyı değerlendirebilmek için, Aristophanes'in anlattıklarına daha yakından bakalım.

İnsanların ikiye bölünmesi (tanrıların bu eylem için gayet somut ekonomik ve güvenlikle ilgili gerekçeleri vardır: "İkiye böleceğim onları, böylece hem zayıf düşecekler, hem de sayıları artıp bizim için daha faydalı olacaklar"[2]) tam bir felaket ve hüsran yaratır. Plan işlemez; ki tamamlama fantazisi de tam da bu başarısızlık ve felaketin büründüğü biçimdir.

> Her yarı öbür yarısını özleyip, üstüne atılıyor, kollarını birbirine sarıp yeniden bir bütün haline gelmek arzusuyla kucaklaşıyor, birbirinden ayrı hiçbir şey yapmak istemeyerek, açlıktan ve işsizlikten ölüp gidiyorlarmış. Yarılardan biri ölünce, sağ kalan, bir başkasını arıyor, ona sarılıyormuş, rasgele sarıldığı bu insan bir erkek yarısı da olabiliyormuş dişi yarısı da (ki bugün bir bütün olan bu dişi yarıya kadın diyoruz). (Platon 1972, s. 49 [191b])

Bu tuhaf ve nahoş gelişme karşısında tanrılar bir kez daha müdahale etmeye karar verirler. Ama biraz farklı bir düzeyde. İlkine göre ufak bir müdahale gibi görünse de bu ikinci müdahale insan ırkının doğasıyla ilgili içerimleri bakımından aslında çok daha radikaldir, çünkü bu müdahaleyle birlikte insan hayatına ilk defa cinsellik, cinsel üreme ve cinsel tatmin girmiş olur. Önceki "cinsler" kelimenin bildik anlamıyla tam manasıyla cinsel değillerdi; cinsel organları (ve de yüzleri) dışarıdaydı ve tohumlarını birbirlerine değil, "ağustosböcekleri gibi" yere saçarak çocuk yapıyorlardı. İşte Zeus da ikinci müdahalesiyle burada devreye girmiştir. İnsanların cinsel organlarını öne taşıyarak "içeride üreme"yi ve onun başlıca yan ürününü, yani kendisinden başka hiçbir amaca hizmet etmeyen tatmini icat etmiştir. Bütün bunların ardındaki düşünce gayet serinkanlı bir üslupla anlatılır.

> Maksadı şu imiş: Çiftleşme erkekle kadın arasında olursa, insan soyunun çoğalmasını sağlamış olacak, yok eğer erkekle erkek arasında olursa, [en azından çiftleşme] arzularını tatmin ederek, başka işlere yönelecekler, yani hayatlarında başka amaçları olacak. (Platon 1972, s. 49 [191c-d])

2. Platon 1972, s. 48 (190d).

İşte bu: Aslında çok da büyük bir şey gerekmiyordur, fazladan beklenmedik, ilave bir tatmin ("keyif *ex machina*"), insanların birbirlerine ölene dek sarılmak yerine işlerine güçlerine dönmelerine yeter. Kültürel olarak bizim durduğumuz yerden bakıldığında bu alıntıda üreme amacı dışında "heteroseksüel" bir keyiften bahsedilmese bile yine de bütün bunların bizi nereye götürdüğü konusunda yeterince net bir tablo elde ederiz: Platon'un Aristophanes'in ağzından dediği gibi "çiftleşme arzusunu" nispeten bağımsız bir biçimde "tatmin" etmeye götürür bizi bunlar.

Aristophanes cinsellik kazanmayla ilgili bu ara fasıldan hemen sonra aşk ve arzunun kayıp öbür yarımıza duyduğumuz özlemden kaynaklandığıyla ilgili konuşmasına kaldığı yerden devam etse de bu ilginç ayrıntı üzerinde dikkatle durulmayı hak ediyor.

Cinsel organların nakli (kesilip başka bir yere bağlanmaları ve orada sabitlenmeleri) yaşanan bölünmenin kaderine de tamamlayıcılık perspektifine, yani iki unsurun kaynaşıp Bir olması arzusuna da gerçekten ek bir faktör dahil ediyormuş gibidir. Bu ek faktör de —gelin buna "x faktörü" diyelim— komik nesne adını verdiğim şeyle çok yakından ve çok fazla ilintilidir. En genel düzeyde, bu "x faktörü" bir tamamlayıcı tatmin (herhangi bir ihtiyaç veya talebe tekabül etmeyen ya da böyle bir ihtiyaç veya talebin tamamlayıcısı olmayan tatmin) faktörüdür. Daha en baştan artı-keyif olarak keyiftir (bedenden kaynaklanmayan bir şey olarak keyif). Bir yarının ümitsizce diğer yarısını araması (ve bulunca da yine aynı ölçüde ümitsizce onunla birlikte büyümeyi istemesi) perspektifinden bakıldığında, "x faktörü" dediğimiz şey şöyle tanımlanabilir: Aradığımız ve özlediğimiz şeyi elde etmekle kalmaz, *üstüne* istemenin aklımıza bile gelmediği bir şey (vaziyeti daha da karıştıran bir şey) daha elde ederiz. Buradaki canalıcı nokta, karşımızdakinin, daima bir tür eşdeğerliğe dayalı olan bir telafi mantığı olmamasıdır. Elde ettiğimiz şey hiçbir şeyin eşdeğeri değildir: Aslına bakılırsa, yaderk bir ilavedir, beraberinde kendine ait bir mantık getiren bir eklentidir. Bu mantık bir öncekine eklenir; onu enlemesine keser ve deyim yerindeyse insanları iki farklı nedensellik zincirinin kesişme noktalarına yerleştirir. Son kertede şurası açıktır ki cinsel birleşme (ve tatmin) özlem olarak ufukta kalan farazi organik birleşme veya kaynaşma için ancak bir engel, ketleyici bir unsur olabilir. Cinsel birleşme yerel bir düzeyde işleyen bağımsız ve kendi başına ayakta duran bir unsur, bir ilavedir ve küresel bütün açısından bakıldığında lüzumsuz ve istenmeyen bir şey olmaması mümkün değildir. Cinsel organların yerinin sabitlenmesinin ikisi arasında bir tür ilişki kurulmasını sağlayan şey olduğu gibi, aynı zamanda bu ikisi "*arasına giren*" şey (mantığı birleşme ve kaynaşma mantığına düpedüz aykırı şey) olduğunu da söyleyebiliriz. (Cinselliği dışlamayı gerektiren uyumlu ve bütüncül aşk veya adanmışlık fantazilerine güç kazandırabilen uyumsuzluk tam da budur kuşkusuz; bu fantaziler aşkın kendisinin tam da bu uyumsuzluğun içerisinde ortaya çıktığını ve cinselliğin bertaraf edilmesinin aşkı da sakatladığını —tam da iki mantığın birbirini kestiği noktada sakatladığını— unuturlar.)

Nitekim Aristophanes'in konuşmasının bu veçhesini kavramsal olarak değerlendirip kavramaya çalışırsak, bizi kelimenin tam anlamıyla yarılmaya/bölünmeye getiren şey sadece bu ikinci müdahaledir ("cinsel organların öne alınması"), dememiz gerek. Yani basit bir ikiye bölünmeden veya teşrihten öte bir şey olan bir yarılma. Her bir "yarı"ya onları (bölgesel ve dolaylı olarak) birbirine bağlayan ve aynı zamanda onları (nispeten) bağımsız hale getiren (ki böylece kendi işlerine bakıp kendi başlarının çaresine bakabilirler) bir şey de ekleyen bir bölünme veya yarılmadır bu. Cinsel organ sevilen nesnenin üzerine, deyim yerindeyse her iki yarının üzerine sabitlenir. Bu tuhaf ayrıntı tabii ki Lacan'ın dikkatinden kaçmamış, Aktarım hakkındaki seminerinde tam da bununla komedi arasındaki bağa dikkat çekerek şu yorumu getirmiştir:

> Platon'un yazısında eşi benzeri görülmeyen, sersemletici bir şeydir bu – aşka kanma imkânı, en hafif deyimle, cinsel organlar konusu üzerinde yapılan bir işlemle tartışılmaz bir ilişkisi olan bir şeye havale edilmiştir... Bu sadece cinsel organının burada sevilen nesneden hem kopma hem de onunla birleşme imkânı olarak ortaya çıktığı anlamına gelmez, aynı zamanda düpedüz bu nesnenin üzerine konmuş gibidir... Platon'un burada, ilk ve tek seferliğine, aşk gibi son derece ciddi bir konu hakkında konuşurken, düpedüz cinsel organı devreye sokmasına şaşmamak mümkün mü?
>
> Bu da komik olanın temel itici gücü konusunda size anlattıklarımı, yani komik olanın son kertede daima fallusa bir atıf içerdiğini doğrular. Bundan bahsedenin Aristophanes olması da rastlantı değildir. Bunu yapabilecek tek kişi odur. (Lacan 1991, s. 115-6)

Burada Lacan'ı sadece tek bir noktada düzeltebilirim: Ele aldığı pasaj Platon'un cinsel organı devreye soktuğu tek pasaj değildir.[3] Fallusun komedinin nihai atıfı olması meselesine birazdan döneceğiz, ama şimdilik Platon'un cinsel organların üst üste bindirilmesi yoluyla cinselleşme anlatısının imalarını biraz daha takip edelim.

Kelimenin tam anlamıyla yarılma/ayrılma, teşrihten öte bir şey olan ve her iki terim arasında him nispi bir özerklik hem de olası bir ilişki içeren bir yarılma/ayrılma neden sadece burada ortaya çıkmaktadır? Çünkü öteki*nden* ayrılma, her şeyden önce kendinden,

3. *Timaios*'ta da, cinsel arzunun ve cinsel farklılığın ortaya çıkışıyla ilgili tartışmanın son bölümünde bu türden epey ünlü bir pasaj vardır. Bütünüyle aktarmaya değer:

> Bundan ötürü, tanrılar o zaman bizde cinsi temas isteğini uyandırdılar; bizde başka bir can, kadınlarda da başka çeşit bir can meydana getirdiler; her ikisini de şu şekilde yarattılar. Ciğerleri geçtikten sonra, havanın baskısı ile dışarıya atılmak üzere, böbreklerin altına giren sıvıların vücudumuza aktığı yolun başında, tanrılar, baştan başlayarak boyundan ve belkemiğinden aşağıya inen koyu ilik kemiğinde, bundan önceki sözlerimizde tohum adını verdiğimiz kemik iliğinde, bir delik açmışlardır. Bu kemik iliği canlı olduğu ve kendine [dışarı çıkan] bir yol bulduğu için bu yolun bulunduğu kısımda kuvvetli bir çıkarma isteği yaratmış, böylece dünyaya çocuk getirme sevgisini doğurmuştur. Bunun içindir ki erkeklerin cinsel organları, tıpkı aklı kıt olan hayvanlar gibi, tabii olarak serkeştir ve hükmetmeyi sever; kendini azgın iştahlara kaptırarak her yanda hükmünü geçirmek ister. Kadınlardaki rahim, aynı sebeplerden dolayı, onlarda çocuk yapma arzusuyla yaşayan bir canlıdır. Rahim normalden uzun bir zaman verim vermezse, tehlikeli bir şekilde huylanır, vücudun her yanında dolaşır, nefes borularını tıkar, soluk almaya engel olur, büyük acılara yol açar, her çeşitten başka hastalıklara sebep olur; bu hal kadının arzusu ve erkeğin sevgisi iki cinsi birleştir[ene]... kadar devam eder. (Platon 2001, s. 108-9 [91a-c]. Alıntıda birkaç değişiklikle Erol Güney ve Lütfi Ay'ın çevirisi kullanılmıştır—*ç.n.*)

Bilindiği gibi, histeri hastalığının adı bu pasajın son bölümünden ilhamla konmuş (Yunancada rahim anlamına gelen *hystera*'dan) ve uzun bir zaman histeriye bedenin içerisinde dolaşıp çeşitli yerlerinde sorunlar yaratan bir "gezen rahim"in yol açtığı düşünülmüştür. Hikâyenin "erkek" kısmına gelince, Platon'un izahı, erkeklik organıyla ilişkili olarak Hegel'in bahsettiği şeye, yani "yüksek ve alçağın [paradoksal bir biçimde] yan yana getirilmesi"ne dair ilginç bir "açıklama" sunmaktadır. "İşeme organı" ruhunu ve dışarı çıkma imkânını, izlediği yolun öbür ucunu baştan başlayarak aşağı uzanan canlı iliğe bağlayan bir işlemle kazanmıştır, bu ilik artık dışarı sidikle aynı açıklıktan çıkmaktadır. Bu pasajda ayrıca cinselliğin insanlara, organizma içindeki organizma olarak, adeta hayatın asalağı olarak yaşayan bir hayat olarak "dışarıdan dayatılmış" gibi sunulduğunu görüyoruz.

kişinin (bünyesi gereği yerinden edilmiş bir biçimde bize ait olan) kendi keyfinden (keyfinin işgal ettiği yerden) ayrılmasına dönüşür. Keyif, —Bergson'un terimlerini kullanacak olursak— düpedüz organizmamızın ve hayatlarımızın üzerine kaplanmış bir şey olarak bize aittir. Yani Aristophanes'in konuşması "insanlık durumu"nun, psikanalitik açıdan iki kere ilginç sayılabilecek bir veçhesine değinir. Sadece kastrasyon boyutuna yaptığı bariz atıf yüzünden değil, asıl kastrasyon kavramını çoğunlukla yanlış anlaşılan bu terimin özünü yakalayan şaşırtıcı bir perspektife yerleştirdiği için ilginçtir.

Lacan'da kastrasyon kavramı tam da insan ile keyfi arasındaki ilişkiyi kurucu bir "kaplama" ilişkisi olarak kuran şeydir aslında. Kastrasyon özne (veya beden) ile keyif arasındaki dolaysız olduğu farz edilen bağdaki kopmadır, ama bir "ilave keyif" formuna bürünen bir kopmadır; bedeni, içeriden, kendi keyfinden ayıran ve *aynı zamanda* ona bağlayan mesafeye karşılık gelir. Kastrasyon kavramının yarattığı bildik yanlış anlama, onda otomatik olarak sadece bir çıkarıp atma işlemcisi, yani bir eksiklik işlemcisi görmemizdir. Halbuki Lacan'ın bu kavramla ilgili olarak getirdiği devrim tam da kastrasyonu, bir eksik ile bir fazlanın, "artık keyif yok" ile "daha çok keyif"in yapısal kesişme noktasına yerleştirmesinden gelir. Fransızcada bu iki anlama da gelebilen *plus-de-jouir* teriminin son derece zarif bir biçimde ifade ettiği bir kesişmedir bu. Başka bir deyişle, bedenin kendi keyfinden ayrılmış olması salt acı verici bir kaybı ya da yoksunluğu ima etmez: Bu ayrılık öncelikle, keyfin nispeten özerk olarak ortaya çıkıyor olmasına (keyif kimin keyfiyse onunla araya konan belli bir mesafe sayesinde ortaya çıkıyor olmasına) atıfta bulunur. Keyif ancak bu mesafe sayesinde keyif haline gelebilmektedir ki Lacan da işte bu anlamda kastrasyonun bildiğimiz şekliyle keyfin koşulu olduğunu ilan etmektedir. Kastrasyon keyfin budanması değildir, aksine tam da bir ilave biçimine bürünerek, yani pek dolaysız bir biçimde olmasa da temelden özneye ait olan bir şey, zorunlu bir mesafe üzerinden özneye ait olan bir şey biçimine bürünerek ortaya çıkmasıdır. Kastrasyon (insani) keyfin mantığına ve dinamiklerine bir mesafe sokan şeydir ki bu mesafe sayesinde keyif hiçbir zaman kendisiyle veya onun "taşıyıcıları" sıfatıyla bizlerle örtüşmez, ama kaçınılmaz olarak kendi keyfimizle nasıl *ilişki kurduğumuz* sorusunu gündeme getirir. Daha da başka türlü söylersek: Kastrasyon keyfin esasen *ex machina* keyif olmasından sorumlu olan *machina*'dır.[4]

Kastrasyon keyfe nispi özerkliğini veren şeydir, onun nesneleşebilmesini (nesne olarak keyif) ve mesafe kazanabilmesini sağlayan şeydir. Yani: Keyfin "id" sıfatıyla, neden her yöne gidebildiğini, kendini neden hem en bildik hem de en yadırgatıcı faaliyetlerde bulup gerçekleştirebildiğini açıklar. Bu aynı zamanda şu anlama gelir: Gevşek bir biçimde "kastrasyon korkusu" denen şeyi, yani varlığınızın nispeten bağımsız bu parçası üzerindeki denetimimizi bütünüyle kaybetme korkusunu mümkün kılan ve onun için alan açan şey keyfin bu nispi bağımsızlığıdır. Başka bir deyişle, ampirik "kastrasyon korkusu" zaten hep kastrasyonun bir *sonucudur* — bir şey ancak önceden ayrılabilecek olduğunu gösterdikten sonradır ki onun bizden ayrılacağından korkarız. Žižek'in verdiği örnekleri (bkz. 4.

4. Daha net konuşup kastrasyon kavramının iki alan içerdiğini söylememiz gerek: Ayrılık alanı ve içselin dışsallığı alanı. Bunlardan birincisi keyifle, ikincisi ise (gösterenle ilintili simgesel anlam olarak) anlamla ilgilidir. Biz şimdiki tartışmamızda çoğunlukla ilkiyle uğraştığımız için, gelin ikincisini en azından Slavoj Žižek'in şu net formülünden okuyalım:

> O halde, göstereni fallus olan simgesel kastrasyon ne menem bir şeydir? Fallusu bir gösteren olarak tasavvur ederek işe başlamak gerekir – gerekir de ne demektir bu? İktidarı "simgelemekle" kalmayıp onları elde eden özneyi fiilen iktidarı uygulama konumuna da getiren nesneleri geleneksel atama ayinlerinden biliriz. Şayet kral elinde bir asa tutup başına da taç takmışsa sözleri bir kralın sözleri olarak kabul edilecektir. Bu tür nişaneler dışsaldır, doğamın birer parçası değildir: Bunları kuşanırım; iktidar uygulamak için takınırım. Bu halleriyle beni "kastre/hadım ederler": Benim dolaysız biçimde olduğum şey ile icra ettiğim işlev arasına bir mesafe sokarlar (yani hiçbir zaman bütünüyle gördüğüm işlev düzeyinde değilimdir). O meşhur "simgesel kastrasyon" işte bu anlama gelir. "Simgesel bir şey, sadece simgesel olarak icra edilen bir şey olarak" (bir şeyden mahrum kaldığımda "simgesel olarak kastre edilmiş" olduğumu söylediğim anlamda) kastrasyon değil, tam da simgesel düzene yakalanmış olmam, simgesel bir vazife üstleniyor olmam hasebiyle meydana gelen kastrasyon. Kastrasyon, dolaysız biçimde olduğum şey ile bana bu "otorite"yi kazandıran simgesel vazife arasındaki mesafenin ta kendisidir... Fallusu da dolaysız bir biçimde varlığımın hayati gücünü, erkekliğimi vs. ifade eden bir organ olarak değil, işte tam da böyle, bir nişane olarak, bir kralın veya yargıcın nişanelerine büründüğü gibi büründüğüm bir maske olarak düşünmek gerekir – fallus kuşandığım, bedenime onun "organik bir parçası" olmaksızın takılan, yani sonsuza kadar onun tutarsız, aşırı eklentisi olarak dışarı sarkıp duran bir "organsız beden"dir. (Žižek 2004, s. 87)

dipnot) bir kere daha düşünelim: Beni mesela resmen yargıç rolüne tayin etmiş olan nişaneler benden alınacak olursa, bunu bir "simgesel kastrasyon" olarak yaşayabilirim. Ama aslına bakılırsa bu düzey ikincildir: Gücün benden bu şekilde alınabilmesi için, zaten benim organik parçam olmayan, bana sadece bir mesafe sayesinde, yani zaten simgesel kastrasyonun sonucu olan bir ilave olarak ait olan bir şey şeklinde varolması gerekir. Keza keyif kastrasyonun zıddı değildir. Aksine onunla paradoksal görünen iki yoldan birden bağlantılıdır: Hem ilk başta sadece kastrasyonla birlikte ortaya çıkıp mevcut statüsünü kazanan şeydir hem de bizatihi kayıp olarak "kastrasyon"a maruz kalabilecek şey. Keyif kastrasyonun bir uzantısıdır, ama aynı zamanda tam da keyif üzerindeki kontrolümüzü kaybedebileceğimiz alan olarak ortaya çıkar.

Keyfi temelde üzerimize "kaplanan" bir şey olarak tanımlayınca, insanlık durumunda keyfin bu yeri (yerinden edilmişliği) tarafından belirlenerek işbaşı yapan komedinin çok önemli bir kaynağına değinmiş oluruz. Bu yerinden edilmişlik, psikanaliz esnasında (semptom sıfatıyla) son derece çarpıcı bir hal alan ve çoğunlukla komedi malzemesi olarak kullanılan başka yerinden edişlerin ve metonimik kaydırmaların da kökeninde yatar. Cimri Harpagon'un hazine sandığı (özne ancak ve ancak bu nesne sayesinde herhangi bir tatmin bulabilmektedir), kurucu nitelikte, temel yerinden edilmişliği, ayrılabilirliği ve nispi özerkliği sayesinde, keyfin maruz kaldığı bu metonimik yer değiştirme işleminin numunelik bir örneğidir. Komedi bunu aşırı, abartılı durumlar üzerinden sahnelese de bu hiç de bu durumların insanın normal işleyişine zıt anormallik örnekleri, sapkınlıklar olduğu anlamına gelmez. Harpagon insan doğasının olası sapmalarından birinin ete kemiğe bürünmüş hali değildir, bu doğanın kendisinin ete kemiğe bürünmüş hali değildir. Komedi normdan bir sapma veya normun tersine çevrilmesi değil, radikalleştirilmesidir; (insani) normun kendisini en uç noktaya taşıyan bir prosedürdür; normun kendisinin kurucu aşırılığını ve fazlalığını üretir ve teşhir eder. İnsani norm keyfin temelden yerinden edilişi, olası nesneleşmesi, ayrılabilirliği, bağımsızlığı, (başka bir yerde sabitlenme olarak) hareketliliğidir. Güçlü, belirgin komik karakterler her zaman aynı zamanda iki şey birdendirler: Hem (artık her neyse semptomlarının) keyfini çıkaran kişilerdir ve tam da bu nedenle aynı zamanda kendilerini fena halde açığa çıkarmışlardır, zira keyfini çıkardıkları şey orada dışarıda yatmaktadır, herkes üzerinden geçip ona takılabilir.

Bu da bizi bir kez daha komik karakterlerin "yaralanmazlığı", mutluluklarının bozulamazlığı meselesine getiriyor. Peki nasıl oluyor da takıntılarının o kıymetli nesnesine en sonunda ne olursa olsun, hatta geri dönülmez şekilde onu kaybettikleri zaman bile bu kayıp onları ezip çaresizliğe sürüklüyormuş gibi görünmüyor? Komedinin bu özelliği çoğunlukla önemsizlik teorisiyle açıklanagelmiştir: Komedi abesliklerden ve abes durumlardan oluşur ve komik karakterin en sonunda kaybettiği şey de zaten en baştan beri önemsiz, abes ve gülünçtür. Bu teori kesinlikle savunulamaz: Onunla doğrudan doğruya çelişen çok sayıda komik ve trajik ("ciddi") malzeme vardır. Komediye konu olan tutkuların (aşk, kıskançlık, tamahkârlık, hırs vs.) aynıları trajediye veya ciddi dramlara da konu olabilir.

Murnau'nun *Son Adam* filmi çok iyi bir örnektir: Hiçbir şekilde komedi denemeyecek bu filmin bütün draması bir üniforma etrafında döner. Hayatı boyunca otel kapıcısı olarak çalışmış olan yaşlı bir adam o kadar seçkin olmayan bir başka işe (temizliğe) atanır ve o güzel üniformasını giymesine artık izin verilmez. Ama hem evin erkeği olarak statüsü hem de yaşadığı (yoksul) mahalledeki statüsü (işe gidip gelirken gururla giydiği) bu süslü üniformaya bağlı olduğu için onu kaybetmeye tahammülü yoktur. Bu yüzden de işten eve gelip giderken üniformayı giymeye devam edebilmek için karmaşık ayarlamalar yapar (tam otele girmeden önce bir yerde üniformayı çıkarıp bir yerlerde saklar)... Sonuçta adamın biri üniformasını kaybetmiştir. Son derece abes ve önemsiz bir kayıp, diyebiliriz. Ama *Son Adam* son derece hüzünlü ve hislendirici bir filmdir; film boyunca yaşlı adamın kaybettiği üniformanın temel bir şey olduğundan kimse bir saniye bile şüphe duymaz: Adamın (Simgesel düzen içinde) bir şey olarak varolmasını sağlayan şeyin ta kendisidir üniforma, tek şeydir. Aynı tema şüphesiz komedi olarak da filme alınabilirdi; ama aradaki fark tabii ki üniformasına duyduğu bağın daha az ciddi olmazdı — aksine, daha da bağlı olurdu. Peki o zaman fark nedir?

Farkın perspektiften geldiğini söylemek yanlış değildir, ama spesifik bir şey söylememiz gerek; o halde gelin meseleye şu açıdan yaklaşalım. Hikâyenin "trajik"[5] işlenişi de "komik" işlenişi de *kendi başına* önemsiz olan, ama birinin varoluşunun veya kaderinin ekseni haline gelmiş bir özellik etrafında dönerdi. Trajik bir hikâye bize genellikle bunun nasıl olduğunu gösterir (yani, bu kısa devreyi doğuran koşulları açıklayan bir anlatı sunar) ve öncelikle de bunun sonucunda ortaya çıkan bireysel yazgıyı anlatır. Bize bir giysi gibi önemsiz bir şeyin belli durumlarda bir kahramanın simgesel evreni içinde, nasıl o kahramanın bütün varlığıyla sıkı bir bağ kurabildiğine dair numunelik ve ikna edici bir sav sunar; üniformasından olmanın kahraman tarafından nasıl varlığından olmak gibi yaşanabileceğini gösterir.

Böyle bir temanın komik işlenişinde ise vurgu Simgesel'in bu genel işleyişinin belli bir insanı *nasıl* etkileyebildiği üzerinde değil, *etkiliyor olmasında*, durmadan etkiliyor olmasındadır. Vurgu belli bir insanın yazgısı içerisinde üretebileceği varoluşsal deneyimler, duygular vs. üzerinde değil, bu işleyişin, bütün tuhaflığıyla (tekrar tekrar) sergilenmesi üzerindedir. Tam da fizyolojik olanla simgesel olanın, biyolojik olanla kültürel olanın kesişiminin ürünü olan insan doğasının kendine özgü bir işleyiş tarzı ve bu işleyişten yine kendine özgü bir biçimde etkilenme tarzı vardır. Komedi bunlardan birincisi, trajedi (veya "ciddi drama") ise çoğunlukla ikincisi üzerinde odaklanır. Komik karakterler belli bir simgesel yapıya yakalanıp onu izleyen, ona meydan okuyan, direnen ve kendi yazgıları üzerinden onun çıkmazlarına ve sorunlu noktalarına işaret eden bireyler değildirler. Bu tasvir trajik ya da "ciddi" kahramanlara daha uygundur. Komik karakterler ise yapının karşısında yer alan özneler değildirler, yapının kendisinin özneleşmiş noktalarıdırlar. Yapının ipini koparıp kendi başlarına, yani yapının geri kalanından bağımsız olarak hareket eden hassas, sorunlu noktalarıdırlar. Abartma ve yoğunlaştırmanın son derece önemli komedi teknikleri olmasının nedeni de budur.

Chaplin'in *Asri Zamanlar*'ında bunun çok güzel birkaç örneğini buluruz. Mesela, Charlie'nin aynı civata sıkma hareketini saatlerce

5. Burada Murnau'nun filmi ile gerçek anlamıyla trajedi arasındaki önemli farkları bir yana bırakıp "trajik" terimini o denli özgül olmayan anlamında kullanıyorum.

yaptıktan sonra artık bu hareketi yapmadan duramaz hale geldiği ve civataya uzaktan yakından benzeyen her şeyin peşinden koşup elindeki İngiliz anahtarıyla sıkıştırmaya çalıştığı fabrika sahnesinde. Bunu sadece zavallı bir işçinin ("öznenin") nasıl bir makineye dönüşmekte olduğunu örneklenmesi olarak görmek sahnenin çok önemli bir komik boyutunu kaçırmak olur. Burada bize gösterilen şey daha ziyade, bir makinenin Charlie'nin şahsında bir insan haline gelmesidir — yani makinenin "kendinden geçip" öznel tikler geliştirmeye başlamasıdır (eteğinin arkasında iki düğme olan güzel bir sarışın çıkagelir, Charlie de düğmeleri "sıkmak" için kızı kovalamaya başlar; sonra koşa koşa fabrika binasının dışına çıkıp fallik bir yangın musluğunu "sıkmaya" başlar, ta ki alet sonunda su püskürtmeye başlayıncaya kadar; sonra koca göğüsleri kapatan ceketinin üzerinde iki iri düğme olan iriyarı bir kadın gelir, Charlie de tabii ki onları "sıkmak" ister...). Bir diğer müthiş fabrika sahnesi, besleme makineli sahne tezimizle çelişiyormuş gibi görünebilir. Burada Charlie yapısal mekanizmanın çığrından çıktığı öznel bir uzantı değildir, makinenin "iradesine" göre beslenen çaresiz bir nesneye indirgenmiştir; makine çığrından çıkınca ("birkaç vidası eksilince" de diyebiliriz tabii) tamamiyle onun abuk sabuk hareketlerine maruz kalır. Ama bu noktada her şey daha ilginç bir hal alır. Sahnenin başlangıcında Charlie düpedüz makinenin bir parçası olmuştur ve sonrasında o besleme makinesinin "elinde" ne kadar oyuncak haline gelirse, makine de o kadar Charlie haline gelir. Makinenin kendisi komik bir karakter gibi davranmaya başlar, hedefini, hatta ikide bir Charlie'nin suratına yapıştırdığı pastayı bile sistematik olarak ıskalar. (Bu sahnenin çekimi sırasında besleme makinesini en baştan beri Chaplin yönlendirmiştir tabii ki...).

Yukarıda komik stratejilerin simgesel yapıların (hem temel, kurucu düzeyde hem de kültürel olarak belirlenmiş, belli simgesel pratiklerde) işleyişini sergilemeye odaklandığını söylemiştim. Bu da komedilerin sık sık, hatta en bayağı, en "kaba saba" durumları içerdikleri zaman bile verdikleri o "bilimsel" izlenimin nedeni açıklar. Komik yaklaşımı tarif etmek için genellikle kullanılan kelime "mesafe"dir. Ama bu mesafe çoğunlukla savunulduğu gibi komedinin koşulu değil, bünyesi gereği ürettiği sonuçtur. Komik perspektif kaymasının sonucudur.

Komik karakterler, bir kural olarak, seyircileri kendileriyle özdeşleşmeye davet etmezler, aksine bunu önlemek için ellerinden geleni yaparlar. Mesela ne? Özdeşleşmenin (simgesel özdeşleşmenin) özü bizim kendimiz hakkında bilmememize izin verdiği şeyde yatar. Belli bir özellikle ("Ana Gösteren"le) özdeşleşiriz ve bu özelliğin bizim münferit keyif tarzımızla ilişkisi —özdeşleşmeyi ayakta tutan ilişki budur— bilinçdışı kalır. Özdeşleşmenin formülünü şöyle yazabiliriz: $\frac{S_1}{a}$; kesir çizgisinin altında *a* nesnesi, üzerinde de Ana Gösteren vardır. Başka bir deyişle, özdeşleşmenin işleyebilmesi için, (Ana) Gösterenle gösterene (onun öbür yüzü olarak) bağlı olan keyif arasındaki eklemin kendisinin gizli kalması gerekir. Burada çok net olmak lazım: Gösterene (onun öbür yüzü olarak) bağlı olan keyfin sır olarak kalması gerektiği ve onu teşhir etmenin özdeşleşmenin sihrini bozacağı değil söylediğim. I. Kısım'da gördüğümüz gibi, bu hiç de şart değildir: Efendinin (ya da simgesel bir kendilik olarak varolan herhangi bir öznenin) müstehcen, keyif düşkünü yanını teşhir etmek gerçek anlamda komediyi kurmaya yetmez; demek ki özdeşleşmenin sihrini bozmak yetmez. Şimdi bu noktada durup daha geniş bir perspektife geçersek, (herkesin) keyfin(in) kamusal teşhirinin, günümüzdeki hâkimiyet sisteminin ayrıcalıklı tarzı haline geldiğini görmeden edemeyiz. "Bakın nasıl da keyfediyorlar/keyfediyoruz!" günümüzde kimseyi mahcup etmeye[6] ya da kamusal bir otoriteyi gözden düşürmeye değil bu otoriteyi pekiştirmeye hizmet edecek formüldür. $\frac{a}{S_1}$ şeklinde yazılabilecek bu tersine çevirmenin yıkıcı hiçbir yanı yoktur. Ana Gösteren bile isteye teşhir edilen bu keyfin hakikati ve dayanağıdır, işte bu yüzden de insanlara bunu yapabilmek için kuyruğa giriyorlar: Çünkü onu teşhir ederek, (aynı) Ana Gösterene aidiyetlerini, iktidar düzenine aidiyetlerini teşhir etmiş oluyorlar.

O halde, S_1 ile *a*'nın (konumlarının) bu şekilde tersine çevrilmesinin yıkıcı yahut özellikle komik herhangi bir yanı yoksa, Ana Gösterenin öbür, keyif düşkünü yanını teşhir etmek büyüsünü bozmaya yetmiyorsa, yetebilecek olan nedir? Bunun cevabı açık ve nettir: Bunu yapabilecek işlem, iki unsurun birbirine *eklemlendiği* tek noktayı kesin bir biçimde saptayıp teşhir eden işlemdir. Farklı herhangi bir

6. Bu konuda daha fazla tartışma için bkz. Miller 2006; Laurent 2006.

hâkimiyet biçiminin işleyebilmesi için gerçekten gizli kalması gereken şey, şu veya bu (örtük) içerik, şu veya bu keyif değil, S_1 ile *a*'nın eklemlendiği nokta, tam da birbirlerinin üzerini "kapladıkları" noktadır. Bunların eklemlenme noktasını göstermek demek bu eklemlenmeyi bozma, sökme sonucunu üretmek demektir. Bu, elbette, şakaların ve komik sekansların işleyişiyle ilgili tartışmamızla ilintilendirilebilir. Şakanın sonunda, bir Ana Gösteren anlatısını ve semantik alanını şaşırtıcı bir biçimde diker: "Mucizevi bir şekilde" belli bir miktar haz da veren yeni bir anlam üretir. Yeni anlam şakanın sonunda sabitlenir (ya da şakayı sabitler) ve haz da gülerek tüketilir. Hâkimiyet karşısında şaka yapmanın içerdiği bütün muğlaklığın da kaynağı da bu mekanizmadır. S_1 ile *a* eklemi gözümüzün önünde üretildiği için açıkça görülür durumdadır ve hâkimiyetin kıskacına karşı koyabilmesini sağlayan da budur. Ama aynı zamanda, —hem mecazi anlamda hem de düzanlamda— şakanın son sözü olan Ana Gösteren muzafferane bir biçimde onaylanmış olur: haz (gülme) onun hâkimiyetini onaylar. Şaka üretimi mekanizmasının ($S_1 \rightarrow a$), özdeşleşme nihai olarak yeniden devreye sokuluşu ($\frac{S_1}{a}$) sırasında bulanıklaştığını söyleyebiliriz. Oysa komik bir sekans iki unsur arasındaki eklemlenmeyi daha kapsamlı bir biçimde teşhir eder. Oval Ofis örneğimizde bunu her iki kahramanımızın da kendi Ana Göstereninde (Kim-Kim?) ısrar edişinde görebiliriz; George'un hikâyeyi okuyuşunda anlama karar veren "kim?" göstereni iken, Condi'ninkinde "Kim"dir. Bunlar aynı zamanda birbirlerinin *a*'sını da oluştururlar: "kim?" Ana Gösteren olarak "Kim"in gülünç anlamsızlık-içindeki-anlamı iken, "Kim" Ana Gösteren rolü oynayan "kim?"in gülünç anlamsızlık-içindeki-anlamıdır. Sonradan çıkan yeni unsurlarla —Tabiy/Tayyip...— da pekiştirilen bu çifte oyun sayesinde S_1 ile *a*'nın eklemlenme noktası, birbirlerinden çıkmaları, diyaloğun (şakalarda olduğu gibi) sadece dönüşüm gerçekleştiğinde bir anlığına algılanabilen temel mekanizması değil, diyaloğun dokusunun, malzemesinin ta kendisidir. Bu perspektiften bakıldığında bir komik sekans şaka eldiveninin içi dışına çıkarılmış hali gibidir.

Wozu Phallus in dürftiger Zeit?*

ARISTOPHANES'İN *Şölen*'deki mitini tartışırken, kastrasyonu özneyi aynı zamanda hem kendi keyfinden ve/veya simgesel işlevinden ayıran hem de ona bağlayan mesafe olarak algılamamız koşuluyla, komedinin yapısının ekseni olarak, (Monty Python'un "tam cepheden çıplaklık" lafını biraz değiştirerek söyleyelim) "tam cepheden kastrasyon" gibi bir şeyi devreye sokmuştum.

Bu da bizi günümüzde Lacancı (ya da daha genelde psikanalitik) teorinin belki de en ihtilaflı noktalarından birine getiriyor. Burada mesele bünyevi bir mesafeden ya da örtüşmezlikten ibaretse, niye adını sadece böyle koymuyoruz? Niye erkek cinsel organına açık bir göndermede bulunarak "kastrasyon" diyoruz? Lacan kastı çoğunlukla yanlış anlaşılsa da kastrasyon teriminde ısrar eder. Akıl yürütmesinin anahtarı, ilk olarak, fallusa kastrasyonun göstereni (ama karşıtının, yani eksiksiz bir keyfin, bereket simgesinin veya bu tür bir şeyin göstereni değil) demesidir. Gelgelelim, bunu anlamaya çalışırken "fallus"un simgesel bir işlev olduğunu, penisle hiç alakası olmadığını tekrar edip durmakla yetinirsek fazla yol kat etmemiş oluruz. Zira o zaman önceki soruyu aynen tekrarlayabiliriz: Bu salt simgesel işleve niye (mesela "gapus" değil de) fallus diyoruz o halde? Lacan fallik işlevin simgeselliğine dair karmaşık savını geliştirirken hiçbir noktada aklından şöyle bir şey söylemek geçmemiştir: "Ama sonuçta buna ne ad verildiği önemli değildir." Lacan fallusun kastrasyonun göstereni olduğunda ısrar ederken şu soruyu da gündeme getirir: İnsan türünün erkeklerine has bu anatomik özellik insan ilişkilerinde, hem de her iki cins için de (terimin Lacancı anla-

* Dar bir zamanda fallus neye yarar? *–ç.n.*

mıyla) neden bir kastrasyon göstereni işlevi görebilmekte ve *görmektedir*? Buna verdiği cevap biraz abes görünebilir, ama bütün o abes gerçekçiliğiyle kavramsal açıdan son derece anlamlı bir cevaptır bu. Erkeğin cinsel organı tam da o anatomik tuhaflığıyla gayet bariz biçimde şu özellikleri akla getirir (ve sergiler): Göreli keyif özerkliği (en başta da her-zaman-pek-de-öngörülemeyen iniş çıkışları); yerel —ya da en azından yerelleştirilebilir— doğası (beden ile keyif arasındaki mesafe); keyfin dışlanabilen, ayrılabilen veya bağlanabilen, eklenebilen bir şey oluşu.[7] Bunlar tam da Lacan'ın kastrasyonla ilişkilendirdiği özelliklerdir. Erkeğin cinsel organında bir erkekle keyfi arasına —ama aynı zamanda bir kadınla keyfi arasına da— giren şeyin ne olduğunu gayet açık biçimde görebiliriz. Bununla kastım şundan başka bir şey değil: Bir kadının kendi keyfi ile kurduğu ilişki de sadece organik, dolaysız bir ilişki değildir, aynı zamanda kendi imkânını tam da imkânsızlığı yoluyla ayakta tutan bir mesafeyi beraberinde getirir. Zannedilenin aksine, kadının keyfinin dolaysız olmasıyla ilgili iddiaların hatası en çok, kadının tam da bize en "organik" veya "fiziksel" gelebilecek keyif hallerinin bazılarını ele aldığımızda barizleşir. Çoğunlukla bir tür fiziksel işlev bozukluğu biçimine bürünen klasik histeri semptomlarını ele alalım. Bu semptomların esnekliği hakkında, bedenin hangi parçasının

7. Şu alıntıyla karşılaştırın:

> Şüphesiz, cinsel ilişkilerde sadece fallus bulunmaz. Gelgelelim, bu organın sahip olduğu ayrıcalık, bir şekilde onun *jouissance*'ını (keyfini) tecrit etmenin mümkün olmasıdır. Şedit kelimelerle söylersek... cinsel tertibatı oluşturan şeylerin meydana getirdiği bütün alan içerisinde, son derece bölgesel, son derece istisnai olduğunu söyleyebileceğimiz bir özelliği vardır tam da. Aslına bakılırsa, asıl çiftleşme organının kabarma ve inme işlevlerinin bu denli tecrit edilebildiği, kusursuz bir biçimde tanımlanabilen ve orgazm denen bir eğri çizdiği çok sayıda hayvan yoktur – iş bir kez bitmişse, bitmiştir. (Lacan 2007, s. 75)

Bu alıntı 1970 yılına ait, ama Lacan daha 1958 yılında bile "Fallusun Anlamı" baylıklı *écrit*'sinde benzer bir noktayı dile getirir:

> Bu gösterenin –terimin düz (tipografik) anlamıyla– cinsel birleşme (*copulation*) sırasında hem gerçek hem de simgesel olarak kavranan şeyin en belirgin yanı olduğu için seçildiği söylenebilir, zira birleşmede (mantıksal) *copula*'nın eşdeğeridir. Ayrıca şişebilirliği sayesinde, üreme sırasında aktardığı can suyunun imgesi olduğu da söylenebilir. (Lacan 2006, s. 581)

keyif çıkmazını "üstlenip" "onun adına konuşacağı" konusunda tekinsiz bir biçimde karar verebilmeleri hakkında düşünecek olursak, insanın keyfini onu taşıyan bedenden, içeriden, ayıran mesafeye dair daha net bir resim elde edebiliriz belki. Lacan'ın demek istediği bunun her iki cins için de geçerli olduğu ve fallusun her iki cins için de bu mesafenin göstereni işlevi gördüğüdür; zaten cinsel fark öznenin bu gösteren karşısında benimsediği ilişki tarzıyla tanımlanır.

Bu bağlamda bunun tam da Otto Weininger'in yanıldığı nokta olduğundan bahsetmeden geçmek olmaz: Kadının keyfinin kastre edilmemiş olduğu fantazisidir onu yanıltan. Aşağıdaki pasajda, özelikle de yaptığımız tartışmalarla birlikte okunduğunda gayet özlü şeyler söylemektedir:

> Kadın *yalnızca* cinseldir, erkek cinseldir *de*... Erkekte cinsel bakımdan uyarılabildiği çok az beden parçası vardır ve bunlar da *yerleri* bakımından bile katı bir biçimde belirlenmiş durumdadır. Kadındaysa cinsellik bütün bedenine yayılmış durumdadır, neresinden dokunursanız dokunun heyecanlanır... Erkekte cinsellik sadece bir ilave olduğu, her şey olmaktan çok uzak olduğu için de cinsellik erkekler için arka plandan psikolojik olarak ayırt edilebilir (ayrılabilir), o da *bunun farkında olabilir*... Kadında cinsellik cinsel-olmayan bir bölgeye yansıtılamaz çünkü zamansal olarak sınırlı patlamalar şeklinde cereyan etmez, ayrıca dışarıdan bakıldığında bölgesel bir şekilde görülebileceği anatomik bir organı da yoktur. (Weininger 1993, s. 78-9)

Fallus ile kastrasyon arasındaki bağlantıyı bundan daha net ifade etmek zordur: Kadının fallusu olmadığı için, kastrasyonu bilmez; keyifle kurduğu ilişkinin dolaysız, her şeyi kucaklayıcı olmasının ve her şeye nüfuz etmesinin nedeni de budur. Onda eksik olan kopuştur ("arka plandan ayrılma"dır) ki keyifle düşünümsel bir ilişkiyi, asla dolaysız olamayacak olan, fakat belli bir mesafe gerektiren farkındalık ya da bilinci devreye sokan şey de bu kopuştur. Buradan (Weininger'e göre) kadınların kelimenin tam anlamıyla bilince sahip olmadıkları, aslında düşünmekten âciz oldukları sonucu çıkar. Kadın keyfiyle (kastre edilmiş olmadığıyla) ilgili bu fantazinin keyfin ayrılabilirliğinin gözle görülür herhangi bir anatomik, fiziksel işareti olmamasına dayandığını çok net görebiliriz: Çünkü kadınların durumunda keyfi dışlanmış/dışlanabilecek bir şey olarak düşünemeyiz (veya *göremeyiz*), kadın bariz biçimde bu keyfin içine batmış durumdadır. Psikanaliz (özellikle de Lacancı psikanaliz) tam da cinsel farkın bu şekilde imgeselleştirildiği noktada, (cinsel fark "metafiziği" noktasında) müdahalede bulunur. Kastrasyon (yukarıda anlatılan anlamda) evrensel bir özelliktir ve cinsler arasındaki farkta önemli bir rol oynuyorsa bile, tam da onların ortak noktaları, kesişme noktaları olarak oynuyordur.

Peki Weininger ile Lacan arasındaki canalıcı fark nedir? Weininger'e göre fallus, erkeklere özgü anatomik bir özellik olarak, kastrasyonun dolaysız bir kanıtı ve ifadesidir. Bu perspektiften bakıldığında fallus bir gösteren değildir, simgesel bir işlev değildir; daha ziyade, Simgesel'in anatomik olanaklılık koşuludur. "Ona sahip" olmayanlar Simgesel'e ait varlıklar olma sıfatını kazanacak donanımdan yoksundurlar; onunla düşünümsel bir ilişki kurmayı başaramayıp keyfin dolaysızlığı içine batarlar. Oysa Lacan'ın yaptığı bu muhakemenin sırasını tersine çevirmektir: Anatomik bir özellik olarak fallus (düğüm noktasını cisimleştirmeye geldiği) Simgesel'in (öteden beri varolan) arka planı önünde anlamlı hale gelir. Böylece Lacan fallus karşısındaki büyülenmişliği sürdürmek şöyle dursun, bu anatomik özelliğin neden daha derin bir anlamın ve tarih boyunca kadınlar hakkındaki söyleme fena halde damgasını vurmuş olan bütün o "öteki cins" metafiziğinin aracı işlevini görebildiğine dair bir açıklama sunar — çünkü imgesel düzleme dayanmış, bu anatomik özellik de bu düzlemin perdesi üzerine taşınıp bir Özsel Gizem olarak sabitlenmiştir. Lacan (bizlerin dile ait varlıklar olmamızdan —ki beden ile keyfi arasına kurucu nitelikte bir yarılma sokan şey *tam da bu olgudur*— kaynaklanan) belli bir simgesel çıkmaz veya güçlüğün, *tam da bu simgesel çıkmaz sayesinde ve bu çıkmazın fonu önünde* bir yüce Gizem halesine bürünen özgül bir yerelleştirilmiş insani keyif imgesine bağlandığı bu üzerinde konuşulamayan veya hiç konuşulmamış noktayı keşfetmiş, bu noktayı açığa çıkarmıştır işte.

Fallus, *imgesel* işlevi bakımından, Simgesel ile bedensel arasındaki travmatik bağlantı noktasını, "imkânsız" eklemi perdeleyen peçedir. Daha da doğrusu, o imgesel Kudret boyutuyla, fallus tam da söz konusu eklemin "iktidarsızlığı"nı ve imkânsızlığını (yani sonsuzca güç oluşunu) perdeler ve sürdürür. Yani (simgesel sıfatıyla) fallik işlevin insan bedenine demir attığı noktayı perdeler. İmgesel düzlemde fallus kastrasyonun nihai peçesi olarak takılır — *büyüleme* gücünü de bu konumdan alır. "Görmek mi istiyorsun? Bak Buna (artık daha öteye bakmana gerek kalmayacak)!"

Bu bağlantı açıkça dile getirilmediği sürece, fallusu imkânsızlığın zorunlulukla birleştiği alan —Lacan'ın "yazılmamayı kesmez" diye çok incelikle bir biçimde formülleştirdiği konfigürasyon— içerisinde konumlar. Yazılamadığı için yazılmamayı kesmez, asla kesilmez, tam da imkânsızlığı için zorunlu olarak kalmayı sürdürür. Psikanaliz de işte bu noktaya müdahale eder; Lacan'ın fallusun tahtından indirilmesine kendi yaptığı katkı olarak görerek kayda değer bir feminist gurur duymasının nedeni de budur. Lacan (ve psikanaliz) geleneksel olarak kadirimutlak fallus (bu arada fallus Lacan'ın ortaya çıkmasından çok önceleri simgesel olarak ve simgesel bir iktidar olarak işlemekteydi) ile anatomik bir özellik arasındaki bağlantıyı açıkça dile getirerek fallusun zorunluluk modundan çıkarılıp olumsallık moduna sokulması işine canalıcı bir katkıda bulunmuştur. Fallus yazılmamayı kesmiştir.

> Analiz arzunun bedensel bir olumsallığa dayanarak kaydedildiğini varsayar. Bu "olumsallık" terimini neye dayandırdığımı hatırlatayım. Fallusa... analitik deneyim onu yazmamayı keser. Olumsallık dediğim şeyin zirvesi işte bu "yazılmamanın kesilmesi"nde [*cesse de ne pas s'écrire*] bulunur.... Bunun sayesinde görünürdeki fallik işlev zorunluluğunun sadece olumsal bir şey olduğu ortaya çıkar... Kadim zamanlarda hep Gizemler arasında zikredilen fallus, psikanaliz sayesinde ve ancak bir olumsallık olarak, yazılmamayı kesmiştir. Ama bu kadar, ötesi değil. "Kesilmeme/durmama" alanına, yani bir yandan zorunluluğun, bir yandan da imkânsızlığın bağımlı olduğu alana girmiş değildir. (Lacan 1998, s. 94)

Nitekim psikanaliz, anatomik bir özelliğin, yerini işgal etmeye başladığı simgesel çıkmaz veya açmaz yüzünden istisnai bir simgesel önem kazanmasını sağlayan bağlantı hakkında yüksek sesle konuşmuştur. Simgesel olan ile anatomik olanı birbirinden ayıran ve birbirine bağlayan aralığı (tam da bunların birbirlerine eklemlenmesini sağlayan aralığı) teşhir eden bu jest sayesindedir ki çok önemli bir bilgi üretilmektedir: Anatomiyi yazgımız olarak düşünmeye devam etmeyi imkânsız kılan bilgiyi.

Gelgelelim bu, fallusun sayesinde önem kazandığı simgesel çıkmazın gerçek olmadığı, kolayca bertaraf edilebileceği anlamına gelmez. Peki ama psikanalizin kastrasyon adını verdiği bu (evrensel) çıkmaz nedir tam olarak? Farklı farklı çeşitli açılardan ileri sürdüğüm gibi, organik olan ile simgesel olanın bitişme noktası, *eklemi* olarak tasarlanabilir bu. Bu eklemin asla çizgisel veya sorunsuz olmayan, daha ziyade bir sıçramayı ve I. Kısım'da formüle ettiğim üzere, bir sızıntıyı beraberinde getiren bir yanı vardır. Psikanalizin bu noktayı cinselliğe bağlaması ve yarattığı özgül etkiye "kastrasyon" adını vermesi temel önemdedir ve aynı zamanda da psikanalizin —sadece "muhafazakâr" ahlakçılar tarafından değil, "liberal" kültürcüler tarafından da— en sık olarak saldırılan yönünü oluşturur. Psikanalizin "cinsel indirgemeciliği" ve güya "bariz fallosantrizm"i, hedeflerini o kadar uzak ara ıskalayan itirazlardır ki bunlar üzerinde ısrar edilmesinin kendisi semptomatik görülebilir. Semptomatiktir, çünkü psikanalizin cinselliği keşfinde gerçekten çığır açıcı olan şeyin köklü bir biçimde tekzip edilmesini içerir. Psikanaliz cinsellik üzerinde odaklanmış, onu günışığına çıkarmış ve (hemen) her şeyi onunla açıklamaya çalışmış değildir. Bu perspektif, cinselliğin insan doğasının (tevazu sebebiyle üstü örtülmüş olsa da) yerleşiklik kazanmış bir alanı olduğunu; bu alanın da kendi içinde sorunsuz olmakla birlikte, insanın diğer boyutlarıyla, özellikle de kültür ve getirdiği kısıtlamalarla ilişkisi bakımından sorunlu olduğunu varsayar. Oysa Freud'un asıl keşfi, tam tersine, cinselliğin (insanlığın soru ve sorunlarına) bir çözüm değil, başlı başına bir sorun, bir soru olduğuydu; cinsellik diğer farklı insani fenomenleri açıklayabilecek bir şey olmak şöyle dursun, bizatihi bir açıklama gerektiriyordu.

Freud'un demek istediği, cinselliğin ancak kültürel kodlar ve kısıtlamalarla karşılaştığı zaman sorunlar yaratan doğal bir insani alan olduğu değildi; onun asıl canalıcı vurgusu insan cinselliğinin tam da "doğa" ile "kültür" arasındaki karşılaşmanın ta kendisi olduğu, bunların her zaman güç, sorunlu ve sapkın bir nitelik arz eden eklemlenişlerine verilen ad olduğuydu. Bu eklemlenme kelimenin tam anlamıyla cinselleşmenin mahallidir. Ne demek bu yani? İnsan cinselliği sadece cinsel organları (ya da üreme organlarını) içerdiği için cinsel değildir. Daha ziyade, insan doğasının kuruluşunda, deyim yerindeyse cinsel etkinliğin kendisini cinselleştiren, ona fazladan bir yatırım yükleyen (üreme etkinliğini cinselleştiren, de denebilir) bir şey vardır. Bu nokta kulağa paradoksmuş gibi gelebilir, ama insan cinselliğini mesela hayvan veya bitki cinselliğinden ayıran şey, tam da insan cinselliğinin cinselleşmiş olması değil midir? (Şöyle fiyakalı bir lafla da söylenebilir belki bu: "Seks seksidir!) Cinselliğin bu kurucu nitelikteki çiftlenmişliği onu sadece kendi üreme amacı karşısında değil, aynı zamanda ve öncelikle kendi kendisi karşısında da zaten-hep yerinden-edilmiş hale getiren şeydir. Cinsel etkinliğin açık seçik bir tanımını sunmaya çalıştığımız anda başımız belaya girer. Belaya girer çünkü insan cinselliği şu paradoksla yoğrulmuştur: Seks "saf" çiftleşme hareketinden ne kadar uzaklaşırsa (yani faaliyeti sırasında içerdiği unsurların çeşitliliği ne kadar genişlerse), o kadar cinselleşir. Cinsellik tam da kendini kendisinden ayıran bu kurucu ara içerisinde cinselleşir. Cinselliğin insan hayatı içinde doğal yerini işgal ettiği, bu yerin tanınıp cinselliğin de diğer insani etkinlikler gibi münasip ölçüde dikkate alınması gerektiği şeklindeki basit iddia kadar psikanalize uzak bir şey olamaz. Freud' un keşfinin merkezi tam da insan cinselliğinin hiçbir "doğal" veya önceden tesis edilmiş yerinin olmadığıydı; kuruluşu itibarıyla yersiz yurtsuz, parçalı ve dağınık olduğu, ancak "kendinden" veya güya doğal nesnesinden sapmalar esnasında varolduğuydu; cinselliğin kendi kurucu tatmininin bu "yersiz yurtsuzluğu"ndan başka bir şey olmadığıydı. Başka bir deyişle, Freud'un temel hamlesi cinselliği tözsüzleştirmekti: Cinsel olan münasip bir şekilde tarif edilip etrafı kuşatılacak bir töz değil, tam da etrafının böyle kuşatılmasının veya sınırlandırılmasının imkânsızlığıdır. Biyolojik, organik ihtiyaç ve işlevlerden ne bütünüyle ayrılabilir (zira onların alanı içerisinde doğar, onlarda ikamet ederek başlar) ne de onlara indirgenebilir. Cinsel olan insan etkinliğinin veya hayatının ayrı bir alanı değildir, bu yüzden de insan hayatının bütün alanlarında ikamet edebilir.[8]

Biyolojik beden ile Simgesel arasındaki bu paradoksal eklemlenme bünyesi gereği (insan cinselliğinin yaratıcı kaynağını oluşturması anlamında) cinsel olduğu içindir ki yarattığı sonuca kastrasyon adı verilmektedir. Kastrasyonun göstereni olarak (eksiğin gös-

8. Bu argümanı şuradaki yazıda daha kapsamlı bir biçimde ve Freud'a daha ayrıntılı atıflar yaparak geliştirmiştim: "Psychoanalysis", *The Edinburgh Companion to Twentieth Century Philosophy* içinde (Edinburgh University Press, 2007).

tereni de denir) "fallik gösteren", *türsel cinselleşme noktası olarak* biyolojik olan ile Simgesel olan arasındaki (ya da doğa ile kültür arasındaki) kayıp halkanın gösterenidir denebilir. Tam da bu nedenledir ki psikanalizin, kastrasyon terimini daha nötr bir şeyle değiştirme, mesela insanlık durumunu temelde paradoksal, sınırlı, sonlu, yaralanmaya açık bir şey olarak tarif etme yönündeki uzlaştırıcı "felsefi" girişimlere direnmesi gerekir... Zira bu psikanalizin çoktan gizeminden soyduğu bir şeyi yeniden gizemlileştirmekten başka bir şey değildir. Kastrasyon kavramının kültürel olarak (insani sınırlarla ilgili az çok dokunaklı sloganlar haline getirilerek) nötralize edilmesi, Freud'a karşı Jung'un başlattığı geleneğin bir parçasıdır. Yani: İnsan cinselliğinin bünyesindeki gerçek çıkmazın keşfedilmesi ve de bu çıkmazın tek tek bütün öznelerin güncelliği içerisinde işletilmesi (çıkmazın yazgısı da tekrar tekrar burada karara bağlanır) şu ya da bu kültürel arketipe tercüme edilir; ki arketipin de söz konusu çıkmaza vakur bir cila çekmesi ve onu saygıdeğer bir Gizemin sisiyle sarmalaması kaçınılmaz bir şeydir. Vurgulu bir "fallikleştirme" jestinin daniskası budur işte — fallik gösteren terimi değil. Fallosantrizm denen şeye fallus teriminin kullanımıyla ilgili siyaseten doğrucu bir kısıtlama ile karşı çıkılabileceğini sanmak çok yanlış olacaktır. Tarihin son derece net bir biçimde gösterdiği gibi, fallusun adı doğrudan anılmayıp da Gizemler alanına havale edildiğinde de fallosantrizm gayet iyi, hatta çok daha iyi işleyebilmektedir. Zaten ancak psikanalizin ortaya çıkışıyla birlikte fallosantrizmden gerçekten bahsedilebilmeye başladığını da unutmamamız gerek.

Nitekim (Freudcu-Lacancı) psikanalizi fallosantrizmle suçlayanlar psikanalizin temel edimini fena halde yanlış anlamış olduklarını ortaya koyuyorlar. Lacan fallik gösteren adını kullanarak ve fallusun anlamlandırıcı, simgesel işlevi üzerinde ısrar ederek erkeğe özgü anatomik bir özelliği idealize ediyor —ve böylece "kurtarıyor"—, onu insan gerçekliğinin nihai göndermesi düzeyine çıkarıyor değildir kesinlikle. Onun yaptığı bunun tam tersidir: Yüzyıllar boyunca tam da fallusun *sadece kültürel* bir anlama —yani İnsanın Gizemi'ni içinde barındıran ve insanın içinde bulunduğu evrenin hiyerarşik yapılarını doğrudan doğruya bu yüce Gizem'den kaynaklanıyormuşcasına dayatan (hem dini hem de başka türlü) ritüellere ve simgesel pratiklere— sahip olduğu zemine önce Freud, sonra da

Lacan çıkıp şöyle derler: Sürpriz! O meşhur Gizem fallustan başka bir şey değildir, gücünü de kastrasyonun simgesel işleyişinden alır. Kastrasyonun gösterenine "fallik gösteren" demek Fallus'un gizemini hem gerçek hem de kavramsal bir yüceltimden arındırma işlemine tabi tutmak demektir. Gerçek fallusun sözde-nötr bir simge içerisinde kültürelleştirilmesi değil, daha ziyade, sahip olduğu kültürel anlam ve önemin "gerçekleştirilmesi"dir bu — yani, bu anlam ve önemi, tam da üstü örtülerek yüce Anlam efekti üretmiş olan Gerçeklik parçasına tekrar bağlama edimidir.

Kendine has bir yolu izleyerek, tam da "en yüce" ile "en aşağılık" arasındaki, katıksız manevi-simgesel olan ile maddi ve anatomik bakımdan müstehcen olan arasındaki bu tür bağlara zaten hep işaret etmiş olan insan pratiğinin komedi olduğunu söyleyemez miyiz peki?

İnsan toplumu ve kültürü, büyük ölçüde, kestirmeden "kastrasyon saygısı" diyebileceğimiz şey etrafında inşa edilmiştir. Çocuklarımıza verdiğimiz terbiyenin bütün unsurları (dik dik bakma, parmağınla işaret etme, laf yetiştirme, büyüklerini say, sana garip gelen insanlarla alay etme) kastrasyon saygısının tarzlarından ibarettir. Bunlar hem belli bir mesafeyi devreye sokar hem de bu mesafeyi talep ederler, böylece de birbirimizin keyfini (artık bundan ne kadar kaçınılabilirse) çiğnemememizi mümkün kılarlar. Saygı örtüsü ve utanınca yanaklarımızda oluşan kızarma aslında artlarında, arkalarında hiçbir şey olmadığını gizlerler çoğunlukla; ama bu "art"ın/"arka"nın, her şeyin yüzey olduğunu ve "arka" denen şeyin de metafizik bir yanılsamadan ibaret olduğunu beyan ederek kolayca bertaraf edilebileceği anlamına gelmez bu. Komedi saygı kurallarını ve taleplerini çiğnemeyi sever. Örtüleri indirmeyi, kat kat perdeleri yıkıp geçmeyi ve kapalı dolapları açmayı da sever. Ama çoğunlukla doğrudan doğruya bunların ardında bir şey yok demez. Aksine: Örtünün ardında her zaman çıplak bir kıç, perdenin ardında yarı çıplak bir hanım ve elbette dolapta her zaman bir sevgili vardır. Komedi bu çifte konfigürasyona fena halde muhtaçtır. Hatta komedide her zaman bir art vardır da diyebiliriz. Ama komiklik şuradadır ki bunların ardında olan —sürpriiz!— (görünüşe bakarak) bekleyebileceğimiz bir şey değildir. Mladen Dolar komedilerin meşhur dolaptaki sevgili sahnesi konusunda önemli bir noktaya dikkat çekmiştir. Kıskançlık temasıyla ilgili klasik trajik başyapıt *Othello*'yu düşünelim — Othello Desdemona'nın dolabında gerçekten bir sevgili bulsa ne olurdu? Her şey anında bir komediye, hatta farsa dönüşüverirdi (Dolar 2005a, s. 203).

Bu bağlamda komedi ile trajedi arasındaki bir başka önemli farkı daha formülleştirebiliriz. Trajedi için arkada hiçbir şey olmaması, dolabın boş olması şarttır; kahramanın son aşamada onu mahvedecek olan sonsuz ihtirasının mekânı haline gelecek olan şey tam da bu hiçliktir. İster Oidipus olsun ister Othello, kahraman arkada bir şey olduğuna kanidir. Ama perdenin ardında bulduğu şey özne olarak kendisi, kendi ihtirasıdır ve onu en sonunda mahvedecek olan da bu yüzleşmedir. Öte yandan komedi bu sonsuz ihtirasın yerine sonlu, abes bir nesne koyar: Öznenin uçurum misali olumsuzluğu yerine onun öbür, "nesnel", nesneleşmiş yüzünü koyar.

Bu jest bu "arka" boyutunu veya mekânını yüceltimden arındırır, ama *aynı zamanda da muhafaza eder*. Komedi aksi takdirde öteye sahneye dair ağza alınmaz, sonsuz Gizem gibi görünecek olan şeye maddilik ve beden kazandırır daima. Şüphesiz her zaman arkada bir şey vardır. Görmek mi istiyorsunuz? Bakın o halde! Dolapta her zaman bir sevgili, eteğin altında da çıplak bir kıç vardır elbette. Başka ne bekliyordunuz ki? İşin anahtarı tam da şuradadır: Komedide en azından belli belirsiz beklediğimiz şeylere ve olaylara şaşırırız çoğunlukla. Hatta bizi şaşırtan şeyin çoğunlukla tam da pek de şaşırtıcı bir şey olmaması olduğunu, arkada yatanın tam da şu — Groucho Marx'ın ünlü repliğini bir kez daha alıntılamadan durmak güç— olması olduğunu bile söyleyebiliriz: *Aptal gibi görünüp aptal gibi konuşuyor olabilir, ama bu sizi yanıltmasın. O gerçekten de aptal*. Yani mesele, her şeyin yüzey olmasından ibaret değildir: Tabii ki öyledir öyle olmasına ama bu doğrudan doğruya söylenemez veya gösterilemez. Komedi görünüş-hakikat, yüzey-derinlik ikiliğine muhtaçtır ve bu ikilikle oynar. Ama bunu tam belli bir noktada ikisini birbirine bağlayan bir yoldan ya da öznenin sonsuz ihtirasını (arkadaki) somut —ve dolayısıyla zorunlu olarak "sıradan"— bir nesne ile donatan bir yoldan yapar. Yukarıda Othello ile yaptığımız zihinsel deneyi ters yönde de, mesela Molière'in *L'Avare / Cimri* eseriyle de yapabiliriz. Başkaraktere hükmeden ihtirası göz önünde bulundurduğumuzda görürüz ki Harpagon trajik bir kahraman da olabilirdi: Varoluşunun tek motoru olan tamah onu haz ilkesinin çok ötelerine taşır ve onun hayatını da çevresindekilerin hayatlarını da mahvetme tehlikesini beraberinde getirir. Ama komedide bu ihtirasın son derece somut bir şekli ve büyüklüğü vardır: Harpagon'un bahçede gömülü, düzenli olarak ziyaret edip saydığı hazinesi, on bin gümüş akçe. Bu oyunda komik olan sadece Harpagon'un paraya tapması değil, öncelikle öznenin sonsuz ihtirasının bu sayılabilir nesnede ete kemiğe bürünmesidir. Gelgelelim, bu Harpagon'un ihtirasının gerçekliğini ve sonsuzluğunu azaltmaz — onu komikleştiren de budur. Komiktir çünkü bu nesneye bağlıyken aynı zamanda hem gerçektir, hem sonsuz, hem de yüceliğinden arınmış.

Komedi Lacancı kastrasyon kavramının çok önemli bir boyutunu anlamamıza işte tam da böyle yardım edebilir: Kastrasyon sadece bir eksik değildir (eksik, sonsuz arzu ve ihtirasın kökeni olurdu daha çok), her zaman şu ya da bu somut biçime —örneğin, dolaptaki sevgili biçimine veya on bin gümüş akçe biçimine— bürünerek gelir.

SONUÇ NİYETİNE BAZI TESPİTLER

GELİN ŞİMDİ fallus ile komedi ilişkisi sorununa dönelim. Lacan fallus (ya da fallusun ortaya çıkışı) ile komedinin temel boyutlarından biri arasındaki bağlantıya gerçekten de işaret etmiş ve üzerinde yorumda bulunmuş[9] olsa da, bu bağlantıyı o icat etmiş değildir. Aslında nedeyse bütün komedi teorisyenleri ve tarihçilerinin, özellikle de komedinin kökenleri ve başlangıçlarıyla ilgilenenlerin işaret etmiş oldukları bir şeyi tartışıyoruz. Bu Ek bölümünün başında Aristoteles'in komedinin kökenlerinin "fallik şarkılar" icra etme ayiniyle bağlantılı olduğu yolundaki tezini alıntılamıştım. Fallik şarkılar Dionysos ayinleri sırasında söyleniyordu. Bu ayinlere katılanlar geçit resmi içinde yürüyerek hayvan derilerinden yapılma devasa bir fallus taşıyor ve muğlak imalarla dolu müstehcen şarkılar söylüyorlardı. Komedinin kökenlerine ilişkin bu teori büyük ölçüde kabul görmekte ve ilk zamanlarda komedilerin sanneye konmasıyla ilgili (belgelenmiş) kurallar da bu teoriye güçlü bir destek vermektedir: Aktörler çoğunlukla üzerine büyük deri fallusların bağlandığı (bu falluslar bazen de mesela kırmızıya boyanarak dikkat çekicilikleri artırılıyordu) kostümler giyiyorlarmış (bkz. Silk 2002, s. 8).

O kadim zamanlardan beri komedi epeyce, hem de birçok farklı yönde gelişmiştir şüphesiz. Modern komedide kişilerde fallusun ortaya çıkması epey nadir rastlanan bir şeydir, ama hiç yoktur denemez. Komedinin kalbinde, fallusun kendisi illaki gösterilmediği zamanlarda bile, sahiden de güçlü bir fallik atıf olduğunu kabul edecek olursak, bunu şu mülahazalara bağlayabiliriz.

Analizimize kattığımız farklı noktalardan çıkarılabilecek belki de en önemli kavramsal sonuç, komedinin, bütün o özgüllüğü ile,

9. Örneğin bkz. *The Ethics of Psychoanalysis* (Lacan 1992), s. 314.

esasen *copula*'ya* dayalı bir tür olduğudur. Daha önce böyle dedim ama sadece ikiye dayalı bir tür değildir — daha ziyade, komedide çok öne çıkan iki, çiftleme ve diğer bütün ikilik çeşitleri komedinin en temel yanını, yani *copula*'nın işleyişini araştırmaya yarayan araçlardır. Komedinin oynadığı ve inşa ettiği uzun ikilikler veya karşıtlıklar dizisine daha önce dikkat çekme şansımız olmuştu. Bunlardan bazıları (mesela Bergson'un mekanik/canlı çifti) komik karşıtlığın özünü yakalamaya diğerlerinden daha çok yaklaşıyormuş gibi görünüyorsa, bunun nedeni, tam da komedinin (gizli veya açık) kalbini meydana getiren karşıtlığı veya ikiliği ifade etmeye en çok yaklaşmalarıdır. Bu da hayat-gösteren ikiliğidir; ya da başka olası ve daha kapsamlı formüllere başvurarak söylersek; biyolojik-simgesel, doğa-kültür ikiliğidir. Bu karşıtlık bütün karşıtlıklar arasında bir diğerinden ibaret değildir, ama temel niteliğinde olduğu ve diğerlerinden önce varolduğu için ayrıcalıklı olduğunu iddia etmek de istemiyorum. Bu karşıtlığın biricikliği içerdiği iki terim arasındaki *ilişkinin* konfigürasyonunda yatar, yani aralarındaki karşıtlığın temeldeki örtüşmelerinden, aralarındaki ilişkinin de temeldeki ilişkisizliklerinden geliyor olmasında. İnsanlık durumu bu iki alanın örtüştüğü alan olarak tanımlanabilir. Ama bu formülasyon yanlış olmasa da fena halde yanıltıcı ve insanı iki ilkeden oluşuyor gibi gören dini okumalara sonuna kadar açık olabilir. Dolayısıyla canalıcı nokta şudur: Burada söz konusu olan zaten iyice oturmuş iki kendiliğin örtüşmesi değil, kendi içerisinde örtüşen her iki tarafı da yaratan bir arakesittir. Psikanaliz bunu anlamamıza yardım edebiliyorsa, bunun nedeni tam da en önemli keşiflerinden birinin bu tür bir mantık diyalektiği saptamaktan ibaret olmasıdır: Biyolojik veya bedensel olanın çoktan simgesel veya kültürel olduğu noktalara, aynı zamanda da kültürün tam da çözmeye çalıştığı (bunu yaparken de yenilerini ürettiği) bedensel işlev çıkmazlarından kaynaklandığı noktalara odaklanmıştır psikanaliz. Başka bir deyişle, insanlar ne biyolojik olanla simgesel olanın, ne de fiziksel olanla metafizik ola-

* Roma hukukunda "cinsel birliktelik", gramer ve mantık terimi olarak "bir önermenin özneyle nesneyi birbirine bağlayan kısmı" (Türkçede *-dir* eki), anatomide "başka parçaları birbirine bağlayan parça", müzikte "kısa bağlayıcı pasaj" anlamında kullanılan bu terimi çevirmeden bırakmayı tercih ettik. *–ç.n.*

nın bileşiminden oluşmuşlardır — bileşim (*composition*) imgesi yanıltıcıdır. İnsanlar, daha ziyade, hem iki unsur arasındaki farkın hem de bu farkın tanımladığı halleriyle iki unsurun kendilerinin doğduğu ve böyle doğan iki boyut arasındaki ilişkinin sürekli müzakere edilmekte olduğu çok sayıda noktadan meydana gelirler.[10]

Bu tuhaf arakesitten önce "saf hayat" veya "saf Simgesel" diye bir şey yoktur. Simgeseli doğuran nokta bu paradoksal eklemdir; bütünüyle bağımsız, özerk bir alan olarak Simgesel ise üretilen bir şeydir — arakesitin yarattığı hareketin çeperinde üretilir ve geriye dönerek kendi yaratım noktasını, deyim yerindeyse kendi "doğumunu" etkiler. Bu arakesit öyle bir tabiattadır ki onu bir arakesit olarak göremeyiz; üzerine parmak koyup, "*Voilà*, 'doğa' işte burada 'kültür' haline geliyor" diyemeyiz. Bu geçiş ancak ikinci noktadan, yani çoktan gerçekleşmiş olduğu yerden bakılarak fark edilebilir ve tesis edilebilir. Başka bir deyişle, tasvir edilen çifte döngüsel hareket aslında Möbius şeridinin yüzeyindeki harekete tekabül eder: Bir

10. Yaptığım incelemenin bu veçhesi, Agnes Heller'in yakın bir tarihte yayımlanan etkileyici ve tam anlamıyla felsefi komedi araştırmasında dile getirdiği bir noktaya yakınlaşıyor. Heller komediyi "insan hayatındaki iki başlangıç *a priori*'si", yani toplumsal/kültürel *a priori* ile genetik *a priori* arasındaki iç içe geçme bölgesine yerleştirir. Temel savı şöyle:

> Bu ikisi arasında başlangıçta bir bağlantı olmadığına ve bu bağlantıyı ancak tek bir insanın deneyimi kurabileceğine göre, ortada iki *a priori* olduğundan bahsetmek felsefi açıdan doğrudur... Toplumsallaşma sürecinde bu iki *a priori* bir araya gelmelidir; bireyin hayatta kalabilmesi için bile bu ikisinin iç içe geçmesi gerekir. Ama —benim hipotezim de bu— bu iki *a priori* bütünüyle iç içe geçemez; aralarında bir gerilim kalır. Başka bir metafor kullanacak olursak, iki *a priori* arasında kapanmaz bir uçurum kalır. Ben buna varoluşsal gerilim ve varoluşsal uçurum adını veriyorum. Burada sunulan gülme ve ağlama tasavvuruna göre, bunların her ikisi de uçurumun üzerinden sahiden atlamanın imkânsızlığına verilen tepkilerdir; gülme ve ağlama toplumsal *a priori* ile genetik *a priori*'nin bütünüyle iç içe geçememesine verilen tepkilerdir... İnsan, ağlarken kendisi gibi bir mahlukun benliğiyle özdeşleşip dünyanın adaletsizliğinden, kaderden ve kayıptan kederlenir; oysa gülerken dünyanın ya da dünyayla ilgili bir fikrin konumunu benimser ve kendisininkiler de dahil insanların budalalıklarına güler. (Heller 2005, s. 201)

Bu izahla benim burada sunduğum izah arasında bazı benzerlikler var, ama hem şu âna kadar sürdürülen tartışmadan hem de sonuç bölümünden anlaşılacağı üzere bazı önemli farklar da var.

tarafın en uç noktasından başlar ve öbür tarafa hiç geçmeden kendimizi o tarafın en uç noktasında buluruz. Bu da bizi komediyle ilgili bu tartışmanın 1. Kısmında dikkat çektiğimiz bir noktaya —daha doğrusu, iki noktaya— geri götürüyor. Birincisi, Möbius şeridin topolojisinin ortaya koyduğu şey, gerçekliğimizi yapılandıran kayıp halkanın iki komşu unsur arasındaki bir kayıp halka, böylece kesintiye uğramış olacak olan bağlantı değildir — kayıp olan tam da iki komşu unsur arasındaki bağlantıdır; birbirlerine "uymalarını" mümkün kılan şey budur. İkincisi, komedi bu kurucu kayıp halkayı bir şey olarak zuhur etmeye zorlar — bunu da, bir taraftan öbürüne (daima fantazmatik) geçiş ânına dair kendi versiyonunu sunmaya çalışarak değil, iki taraf arasında bir kısa devre üreterek ve onu imkânsızın mümkün bir ifadesi olarak ayakta tutarak ("onunla oynayarak") yapar. Komedi, kendine özgü bir yoldan aynı gerçekliğin iki heterojen boyutunu eklemleyen *copula* türü olduğunu işte burada bütünüyle teyit eder.

Fallus bu *copula*'nın ayrıcalıklı gösterenidir, çünkü bu *copula* ancak bir kayıp halka fonu önünde varolur. Fallusun komedide oynadığı önemli rolü izah eden şey de budur bana kalırsa. Fallusun anlamı da komedinin anlamı da, en azından bir dereceye kadar, aynı şey etrafında döner: Hayat ile gösteren arasındaki kayıp halka. Fallus bu kayıp halkanın gösterenidir, ama komedide sadece gösteren biçimine bürünerek ortaya çıkmaz. Bu gösteren komedide daha çok bir nesne biçimine bürünerek ortaya çıkar.

Fallusun hiçbir şekilde sadece bir gösteren olmadığını vurgulamam gerek. İnsan deneyiminde üç farklı biçimde veya boyutta ortaya çıkar: (1) Kastrasyonun göstereni olarak, gösterilensiz gösteren, insanları kendileri karşısında kuruluşları itibarıyla yerinden-edilmiş hale getiren kopuşun kendisinin göstereni olarak. (2) Bir imge olarak, yani çekirdeğindeki eksiği perdeleyen göz kamaştırıcı bir tamlığın imgesel/hayali alanı içinde. (3) Kısmi bir nesne olarak (yani kısmi nesnelerden oluşan bir dizinin içerisinde bir nesne olarak); bu nesne bu haliyle aynı zamanda gerçek bir keyif odağıdır ve simgesel kastrasyonun (nesne bu kastrasyon fonu önünde ortaya çıkar, ama onun koyduğu engellerden kaçma eğilimindedir) yarattığı kopukluk tarafından dolayımlanır — komedi de tam burada devreye girer.

Fallusun komedideki kaderinin, ortaya ancak komik bir nesne olarak, yani kendisini üreten Simgesel'in çelişkilerini kendi içinde maddileştiren bir nesne olarak ortaya çıkmak olduğu söylenebilir. Komedi tam da toplumsal dokunun ana malzemesi niteliğindeki bu çıkmazlarla serpilir.

Komediyi *copula* türü olarak tanımlamak demek aslında onu bu dokunun en hassas ve netameli noktasına, tekrar tekrar yaratılmakta, parçalanıp kaynaştırılmakta, katılaştırılmakta veya dönüştürülmekte olduğu noktaya yerleştirmek demektir. Bu mesela, komedinin neden çoğunlukla toplumsal kriz anlarında serpilmiş olduğunu da açıklar. Bunu, insanların zor zamanlarda hayatta kalabilmek için komediye ve gülmeye ihtiyaç duyduklarını iddia ederek izah eden açıklama yetersizdir ve meselenin tamamını kuşatamaz; bunu biraz farklı ve daha kesin terimlerle formülleştirmek gerekir. Kritik durumlarda komediyi devam ettirmenin bir direniş biçimi; özneyi (özneliği) bütünüyle sözgelimi kurban konumundaki bir "acı çeken beden"e veya her şeyi absorbe eden başka bir belirlenime indirgeme eğilimine (kritik durumlarda ve "zor zamanlar"da sık sık rastlanan bir eğilimdir bu) direnme yolu olduğu bir vakıadır. Nitekim komedinin koruyup ayakta tutmamıza yardımcı olabileceği öznelik alanı, şüphesiz, çiftdeğerlidir. Son kertede verili durumun veya düzenin baskıcılığını ayakta tutmaya yardım eden çünkü onu katlanılır hale getirip insanın içinde fiilen özgür kalabileceği yanılsamasını besleyen o mesafe işlevini görebilir. Ama öte yandan tam da her türlü olası değişimin gerçekleşebileceği zemini kuran ve bu değişim sırasında seferber edilen fazladan, boş bir öznelik mekânı da olabilir. Komedinin hareketi işte tam da bu türden bir öznelleşmiş boş mekân üretmekte çok iyidir.

Komedinin paradoksal gerçekçiliği hakkında birkaç tespitle bitireyim. Daha önce de belirttiğim gibi, komedi gerçekçilik (mesela trajediye göre daha gerçekçi olduğu ve ayaklarının yere daha sağlam bastığı varsayılır) ile bütün insani ve doğal yasalara meydan okuyan ve insanın "gerçek hayat"ta asla kurtulamayacağı şeylerden kurtulabilmesini sağlayan bariz bir gerçekdışıcılığın tuhaf bir örtüşmesini beraberinde getirir. Komedinin bu gerçekdışıcı, "inanılmaz" yanı o meşhur canlılığıyla da bağlantılıdır: Ölmez, imha edilmez türden bir hayat, ne olursa olsun yerine geri dönen bir şeyin sebatı... Komedinin asıl gerçekçiliğini (ki "gerçeklik ilkesi"nin gerçekçiliği değil, insanı kuran temel bir uyumsuzluğun, komedinin acı verici, hatta trajik değil şaşırtıcı ve eğlenceli bir biçimde üretken gördüğü bir uyumsuzluğun gerçekçiliğidir bu) tam da burada, makullükten bütünüyle uzak bu ısrarda bulabileceğimizi iddia edeceğim ben. Komedinin bu uyumsuzluğu sergilemekte kullandığı başlıca formlardan biri, Alain Badiou'nun Beckett hakkındaki kitabında komediyle ilişkili olarak *l'increvable désir* adını verdiği şeye çok yakın olan bu son derece "inanılmaz" sebattır (Badiou 1995, s. 75). Badiou terimi komik arzunun özgül bir yanına bağlar: *l'increvable désir* ölmeyecek, ya da "mortu çekmeyecek" arzuya atıfta bulunur. Artık burada söz konusu olanın ne olduğunu saptamanın zamanı geldi: Tabii insanlar ölmekte, acı çekmekte, kendilerini hiçbir çıkışı olmayan korkunç durumlar içinde bulmaktadırlar. Komedi bunları inkâr etmez. Onun yaptığı başka bir şey eklemektir; bu şey de arzunun (veya dürtünün — aslında *l'increvable désir* dürtünün gayet güzel bir tarifi olabilirdi) ölümsüzlüğüne duyulan inanca filan değil, arzunun ve dürtünün gerçekliği ile güya gerçekçi gerçekliğimizi belirleyen (aynı zamanda da gayetle gerçek olan) bütün o hatlar arasındaki — gündelik hayattan da gayet iyi bildiğimiz— uyumsuzluğa karşılık gelir. Başka bir deyişle, komedi arzu ve dürtünün yapılarından yola çıkarak öldüğümüz zaman hayatımıza ait bir şeylerin yaşamaya devam edeceği gibi vaazlar vermez; bunun yerine, *biz konuşurken de*, yani hayatımızın her ânında *hayatımıza ait bir şeylerin kendi hayatlarını yaşadığına* dikkatimizi çeker.

Komedi-fıkrası diyebileceğimiz müthiş bir fıkra var, çünkü tam da komedinin bu temel mantıksızlığıyla (bu da insan arzusunun Gerçeğinin mantığıdır aslına bakarsanız) ilgili bir fıkra bu. Muzo ile Haso hakkındaki eski Yugoslav-Bosna fıkralarından biri olan bu fıkranın kültürler-aşırı bir mantığı olduğu için, çevirme riskini göze alacağım.

Haso Muzo'ya Sahra çölündeki maceralarını anlatmaktadır.

"Çölde yürüyorum. Etrafım tekmil kum, bir Allahın kulu yok, hiç ama hiçbir şey yok... Güneş ortalığı kavuruyor, susuzluktan boğazım yanıyor. Birden önümde bir aslan belirmesin mi? Ne yapayım, nereye saklanayım? – Hemen bir ağaca tırmanıp..."

"Bir dakka ya, Haso, daha demin etrafta kumdan başka bir halt yok demedin mi sen, ağaç nerden çıktı?"

"Ya Muzocuğum, karşına bir aslan çıktı mı insanda böyle soru soracak hal mi kalır! Koşup karşına çıkan ilk ağaca tırmanıverirsin."

Burada insan gerçekliği ve getirdiği kısıtlamalar inkâr edilmiyor, aksine insan arzusunun —gerekirse— orada olmayan bir ağaca tırmanabilen ya da çölün ortasında birdenbire bir ağaç yeşertiveren Gerçeği tam manasıyla tanınıyor.

—

KAYNAKÇA

Aristophanes (1962), *The Complete Plays of Aristophanes*, New York: Bantam Books.

Aristoteles (1982), *Aristotle's Poetics*, New York: Norton; Türkçesi: *Poetika*, çev. İsmail Tunalı, İstanbul: Remzi, 2011.

Badiou, Alain (1995), *Beckett: L'increvable désir*, Paris: Hachette.

— (2006). *Logiques des mondes*. Paris: Seuil.

Benjamin, Walter (2004), "Fate and Character", *Selected Writings* içinde, haz. Marcus Bullock ve Michael W. Jennings, cilt 1, Cambridge, MA: Harvard University Press.

Bergson, Henri (1996), *Gülme: Komiğin Anlamı Üstüne Bir Deneme*, çev. Yaşar Avunç, İstanbul: Ayrıntı.

Bloch, Olivier (2000), *Molière/Philosophie*, Paris: Albin Michel.

Canova, Marie-Claude (1993), *La comédie*, Paris: Hachette.

Cavell, Stanley (2010), *Mutluluğun Peşinde: Hollywood'un Yeniden Evlilik Komedisi*, çev. B. Baş, B. Göl, D. Koç Pala, İstanbul: Metis.

Clemens, Justin ve Russell Griggs, haz. (2006), *Jacques Lacan and the Other Side of Psychoanalysis*, Durham: Duke University Press.

Critchley, Simon (2002), *On Humour*, Londra ve New York: Routledge.

Deleuze, Gilles (1994), *Difference and Repetition*, New York: Columbia University Press.

Deleuze, Gilles ve Leopold von Sacher-Masoch (1991), *Masochism*, New York: Zone Books.

Descartes, René (1993), *Les passions de l'âme, Oeuvres philosophiques* içinde, *Tome III*, Paris: Garnier Frères.

Descartes, René (1993), *Meditations on First Philosophy*, Indianapolis: Hackett; Türkçesi: *Meditasyonlar*, çev. İsmet Birkan, Ankara: Bilgesu, 2007.

Dolar, Mladen (1986), "Strel sredi koncerta." Theodor W. Adorno, *Uvod v sociologijo glasbe* içinde. Ljubljana: DZS.

— (2005a), "Comedy and Its Double", *Schluss mit der Komödie!/Stop That Comedy!* içinde, haz. Robert Pfaller, Viyana: Sonderzahl.

— (2005b), "Nothing Has Changed", *Nothing/Nichts*, haz. Alenka Zupančič, *Filozofski vestnik*, özel sayı, no. 2, Ljubljana.

— (2006), *A Voice and Nothing More*, Cambridge, MA: MIT Press.

Eco, Umberto (1992), *The Name of the Rose*, Londra: Vintage; Türkçesi: *Gülün Adı*, çev. Şadan Karadeniz, İstanbul: Can, 2010.

Freud, Sigmund (1969-75), *Studienasgabe*, Frankfurt: Fischer.

— (1976), *Jokes and their Relation to the Unconscious*, Harmondsworth: Penguin; Türkçesi: *Espriler ve Bilinçdışı ile İlişkileri*, çev. Emre Kapkın, İstanbul: Payel, 1993.

— (1977), *On Sexuality*, Harmondsworth: Penguin; Türkçesi: *Cinsellik Üzerine*, çev. Emre Kapkın, İstanbul: Payel, 2006.

— (2001), *Papers on Metapsychology, The Standard Edition of the Complete Psychological Works of Sigmund Freud* içinde, haz. James Strachey, cilt 14. Londra: Vintage; Türkçesi: *Metapsikoloji*, çev. Ayşen Tekşen Kapkın, Emre Kapkın, İstanbul: Payel, 2002.

Gailus, Andreas (2006), *Passions of the Sign: Revolution and Language in Kant, Goethe and Kleist*, Baltimore: Johns Hopkins University Press.

Goldznik, Jean (1992), "Introduction", Marivaux (1992) içinde.

Gouhier, Henri (1991), *Le théâtre et l'existence*, Paris: Vrin.

Hegel, G. W. F. (1977), *Phenomenology of Spirit*, Oxford University Press; Türkçesi: *Tinin Görüngübilimi*, çev. Aziz Yardımlı, İstanbul: İdea, 2011.

Heller, Agnes (2005), *Immortal Comedy: The Comic Phenomenon in Art, Literature and Life*, Lanhem: Lexington Books.

Hyppolite, Jean (1978), *Genèse et structure de la Phénoménologie de l'esprit de Hegel*, Paris: Aubier-Montaigne.

Janko, Richard (2002), *Aristotle on Comedy: Towards a Reconstruction of Poetics II*, Londra: Duckworth.

Kierkegaard, Søren (1983), *Fear and Trembling / Repetition*. Princeton: Princeton University Press; Türkçesi: *Korku ve Titreme*, çev. İbrahim Kapaklıkaya, İstanbul: Ağaç Kitabevi, 2010.

Kleist, Heinrich von (1990), "Über die allmähliche Verfertigung der Gedanken beim Reden", *Sämtliche Werke und Briefe, Vol. 3, Erzählungen. Anekdoten. Gedichte*, Frankfurt am Main: Deutscher Klassiker.

Lacan, Jacques (1986), *The Four Fundamental Concepts of Psycho-Analysis*. Harmondsworth: Penguin.

— (1988), *The Seminar of Jacques Lacan, Book II: The Ego in Freud's Theory and in the Technique of Psychoanalysis*, New York: Norton.

— (1991), *Le séminaire. Livre XVII. L'envers de la psychanalyse*, Paris: Seuil.

— (1992), *The Seminar of Jacques Lacan, Book VII: Ethics of Psychoanalysis*, Londra: Routledge.

— (1994), *Le séminaire. Livre IV. La relation d'objet*, Paris: Seuil.

— (1998), *Le séminaire. Livre V. Les formations de l'inconscient*, Paris: Seuil.

— (2004), *Le séminaire. Livre X. L'angoisse*, Paris: Seuil.

— (2006), *Écrits*, New York: Norton.

— (2007), *The Seminar of Jacques Lacan, Book XVII: The Other Side of Psy-*

choanalysis, New York: Norton.

Laurent, Éric (2006), "Symptom and Discourse", Clemens ve Grigg (2006) içinde, s. 229-53.

Legatt, Alexander, haz. (2002), *The Cambridge Companion to Shakespearean Comedy*, Cambridge: Cambridge University Press.

Marivaux (1992), *La fausse suivante: L'école des mères, La mère confidente*, Paris: Flammarion.

Marivaux (1993), *Le jeu de l'amour et du hazard*, Paris: Hachette.

Marx, Karl (2010), *Louis Bonaparte'ın On Sekiz Brumaire'i*, çev. Tanıl Bora, İstanbul: Birikim.

Miller, Jacques-Alain (2006), "On Shame", Clemens ve Grigg (2006) içinde, s. 1-28.

Molière (1971), *Oeuvres complètes*, Paris: Gallimard.

Nietzsche, Friedrich (1978), *Thus spoke Zarathustra*, Harmondsworth: Penguin; Türkçesi: *Böyle Buyurdu Zerdüşt*, çev. A. Turan Oflazoğlu, İstanbul: Cem, 1999.

Pfaller, Robert (2006), "The Familiar Unknown, the Uncanny, the Comic", *Lacan: The Silent Partners* içinde, haz. Slavoj Žižek, Londra ve New York: Verso.

Platon (1972), *Şölen*, çev. Azra Erhat-Sabahattin Eyüboğlu, İstanbul: Remzi.

— (2001), *Timaios*, çev. Erol Güney-Lütfi Ay, İstanbul: Sosyal.

Plautus (1995), *Amphitryon, Plautus: The Comedies* içinde, haz. David R. Slavitt ve Palmer Bovie, cilt I, Baltimore: Johns Hopkins University Press.

Purdie, Susan (1993), *Comedy: The Mastery of Discourse*, New York: Harvester Wheatsheaf.

Regnault, François (1996), *La doctrine inouïe: Dix leçons sur le théatre classique français*, Paris: Hatier.

Robinson, David (1989), *Chaplin: His Life and Art*, Londra: Paladin Books.

Santner, Eric L. (2006), *On Creaturely Life*, Chicago: University of Chicago Press.

Scott, Nathan A. (1965), "The Bias of Comedy and the Narrow Escape into Faith", *Comedy: Meaning and Form*, haz. Robert W. Corrigan, San Francisco: Chandler Publishing.

Shakespeare, William (1986), *The Complete Works*, Hertfordshire: Omega Books.

Silk, M. S. (2002), *Aristophanes and the Definition of Comedy*, Oxford: Oxford University Press.

Simon, Alfred (1963), *Samuel Beckett*, Paris: Belfond.

Smith, Emma, haz. (2003), *Shakespeare's Comedies*, Malden, MA: Blackwell.

Sternberg-Grenier, Véronique, haz. (2003), *Le comique*, Paris: Flammarion.

Weininger, Otto (1993), *Spol in značaj*, Ljubljana: Analecta.

Žižek, Slavoj (1999), *The Ticklish Subject*, Londra ve New York: Verso; Türkçesi: *Gıdıklanan Özne*, çev. Şamil Can, Ankara: Epos, 2005.

— (2002), *İdeolojinin Yüce Nesnesi*, çev. Tuncay Birkan. İstanbul: Metis.
— (2004), *Organs without Bodies: On Deleuze and Consequences*. New York: Routledge.
— (2006), *The Parallax View*, Cambridge, MA: MIT Press; Türkçesi: *Paralaks*, çev. Sabri Gürses, İstanbul: Encore, 2008.
Zupančič, Alenka (2003), *The Shortest Shadow: Nietzsche's Philosophy of the Two*. Cambridge, MA: MIT Press; Türkçesi: *En Kısa Gölge: Nietzsche'nin "İki" Felsefesi*, çev. Seyhan Bozkurt, İstanbul: Encore, 2005.

- Benjamin, metanın kendisine ruh atfediyor.
  - Yıldızlardan ebediyete (kitap)
  - pathos evrenine kayıtlılık keli
  - Geçmişteki bir olay için duyduğumuz "tiksinti"nin şimdiki zamandaki bir olayla mücadelede kullanılması.

BENJAMIN, WALTER

- zamansallık egemen tarafından gaspedilebilir Benjamin'e göre
- Öte dünya zamanların sonunda değil de mekanların sonunda var olan.

~~A~~ UR FENOMEN (KÖK FENOMEN), GOETHE

↳ KÖK FENOMEN TEORİSİ

↳ KROMATİK RENK TEORİSİ, GOETHE

- "Geçmiş ne zaman alıntılanabilir"
  ↳ Hiçbir zaman. Geçmiş ancak "bir yerde" alıntılanabilir.

- Benjamin'in Pul sahası metni.

→ Suçun ve Kefaretin ötesi (kitap)

↳ Hınç duyma hakkı.

- Yıkıcı ama zararlı bir duygu değil "hınç" Benjamin için.
- AKIŞIN* KESİNTİYE UĞRATILMASI

→ ~~B~~ pulun damgalandığında, puldaki suretin damgayla bölünmesi

- Durgunluk konumunda diyalektik
- Taksa pulu → Egemenin kesintiye uğratılması.